学/者/文/库/系/列

初窥人生

——现代启蒙主题阅读十二讲

谭 伟 著

哈尔滨工程大学出版社
Harbin Engineering University Press

内容简介

本书以“读文化经典，悟人生智慧”为核心理念，精心设计了十二讲内容，每一讲围绕一个主题展开，涵盖感恩与回报、自然与家园、自省与自信、自爱与自强等多个维度。这些主题既是人生的重要课题，也是传统文化中反复探讨的核心议题。我们希望通过对这些主题的解读，引导读者深入思考人生的意义与价值，进而使其在日常生活中践行传统文化所倡导的美德与智慧。本书的定位是一本阅读写作读物，旨在帮助读者在阅读中提升写作能力，在写作中深化阅读理解。

图书在版编目（CIP）数据

初窥人生 ： 现代启蒙主题阅读十二讲 / 谭伟著 . 哈尔滨 ： 哈尔滨工程大学出版社， 2025. 6. -- ISBN 978-7-5661-4811-7

Ⅰ. H09

中国国家版本馆 CIP 数据核字第 2025H4X554 号

初窥人生——现代启蒙主题阅读十二讲

CHUKUI RENSHENG——XIANDAI QIMENG ZHUTI YUEDU SHIERJIANG

选题策划 史大伟
责任编辑 刘思凡
封面设计 李海波

出版发行 哈尔滨工程大学出版社
社　　址 哈尔滨市南岗区南通大街 145 号
邮政编码 150001
电　　话 0451-82519989
经　　销 新华书店
印　　刷 哈尔滨市海德利商务印刷有限公司
开　　本 787 mm×1 092 mm　1/16
印　　张 11.5
字　　数 250 千字
版　　次 2025 年 6 月第 1 版
印　　次 2025 年 6 月第 1 次印刷
书　　号 ISBN 978-7-5661-4811-7
定　　价 58.00 元

http://www.hrbeupress.com
E-mail:heupress@hrbeu.edu.cn

前　言

在浩瀚的历史长河中，中华民族孕育了无数璀璨的文化，中华文化经典如同熠熠生辉的星辰，照亮了人类文明的天空。它们不仅承载着古人的智慧与情感，更蕴含着深刻的人生哲理与道德准则。而今，我们身处信息爆炸的时代，面对纷繁复杂的世界，如何在喧嚣中寻得内心的宁静，如何在快节奏的生活中汲取传统文化的滋养，成为我们亟待解决的问题。正是基于这样的思考，我们倾心编撰了这本《初窥人生——现代启蒙主题阅读十二讲》，期望能为读者开启一扇通往了解传统文化的智慧之门。

本书以“读文化经典，悟人生智慧”为核心理念，精心设计了十二讲内容，每一讲都围绕一个主题展开，涵盖感恩与回报、自然与家园、自省与自信、自爱与自强等多个维度。这些主题既是人生的重要课题，也是传统文化中被反复探讨的核心议题。我们希望通过对这些主题的解读，引导读者深入思考人生的意义与价值，从而在日常生活中践行传统文化所倡导的美德与智慧。

在每一讲的编排上，本书精心设计了六个板块，力求全方位提升读者的阅读与写作能力。

“主题解读”板块以优美而富有哲理的语句为切入点，深入剖析主题内涵，这些语句不仅能够激发读者的情感共鸣，更能为其写作提供丰富的素材与灵感。它们如同一盏盏明灯，照亮读者的思考之路，让读者在品味文字之美的同时，领悟到人生的真谛。

“名言精粹”板块则精选了与主题相关的经典名言，这些名言或出自古代圣贤的经典著作，或源自历代文人的智慧结晶。它们言简意赅，却蕴含着深刻的道理。通过对这些名言的解读，读者可以从不同的角度领悟传统文化的精髓。同时，这些名言也能成为议论文写作中的有力论据，帮助读者在写作中展现深刻的思想与独特的见解。

“人物逸事”板块通过讲述传统文化中的经典故事，展现了古人的高尚品德与智慧抉择。这些故事不仅具有极高的文学价值，更蕴含着丰富的文言文词汇与语法知识。读者在阅读这些故事的过程中，既能积累作文素材，又能提升文言文的阅读与理解能力，可谓一举多得。

“诗词精华”板块则选取了与主题相关的经典诗词，从诗词鉴赏的角度出发，引导读者品味诗词的意境与情感，感受中华诗词的独特魅力。通过对诗词的深入解读，读者不仅能提升语文素养，更能从中汲取人生的智慧与力量，学会用诗意的眼光看待世界。

“阅悟人生”板块是本书的核心所在。我们深知，阅读的根本目的不仅仅是获取知识，更是体悟人生哲理，学会做人。因此，这一板块着重引导读者从阅读中提炼出人生的智慧，将传统文化的精髓融入日常生活中，真正做到“文以载道，以文化人”。我希望读者在阅读本书的过程中，不仅能提升阅读与写作能力，更能收获人生的启迪与成长。

“写作锦囊”板块是本书为读者精心打造的实用写作指导板块，旨在帮助读者在提升阅读素养的同时，掌握高效、系统的写作技巧，真正实现“读写结合，相辅相成”。

本书的定位是阅读写作读物，旨在帮助读者在阅读中提升写作能力，在写作中深化阅读理解。我们相信，通过阅读本书，读者能够在传统文化的滋养下，开启一段精彩的人生旅程，用智慧与美德书写属于自己的人生篇章。愿这本书能成为你人生道路上的良师益友，陪伴你走过春夏秋冬。

著　者

2025年4月

目　　录

第一讲：感恩与回报……1

第二讲：自然与家园……17

第三讲：自省与自信……32

第四讲：自爱与自强……45

第五讲：善良与宽容……60

第六讲：自律与规则……75

第七讲：学习与思考……90

第八讲：责任与担当……105

第九讲：谦恭与谦逊……120

第十讲：勇气与坚持……134

第十一讲：惜物与惜时……148

第十二讲：诚实与守信……161

第一讲：感恩与回报

【主题解读】

一、感恩：生命的温暖底色

感恩是一种深刻的情感体验，它源于对生命中美好事物的感知与珍惜。在人生的旅程中，感恩如同一盏明灯，照亮我们前行的道路，温暖我们的心灵，让我们在纷繁复杂的世界中找到内心的宁静与力量。

感恩父母，是感恩的起点。父母赋予我们生命，用无私的爱呵护我们成长。从呱呱坠地到蹒跚学步，从懵懂无知到成熟稳重，父母的爱始终如一。他们不仅给予我们物质上的满足，更在精神上给予我们无尽的关怀和支持。父母的爱是世界上最无私、最伟大的爱，是我们一生中最珍贵的财富。感恩父母，就是要在日常生活中多关心他们、多陪伴他们、多理解他们，用实际行动回报他们的养育之恩。

感恩朋友，是感恩的延续。朋友是我们生命中的重要组成部分，他们在我们孤独、迷茫时给予陪伴与支持。朋友的陪伴如同一盏灯，在黑暗中照亮我们前行的路；朋友的支持如同一把伞，在风雨中为我们遮风挡雨。无论是快乐还是悲伤，朋友总是与我们同在。感恩朋友，就是要珍惜这份珍贵的情谊，用心去呵护，用真诚去回报。在朋友需要帮助时伸出援手，在朋友失落时给予安慰，让友谊在感恩中更加深厚。

感恩自然，是感恩的升华。自然是我们赖以生存的世界，它用四季的轮回、万物的生长滋养我们的灵魂。春天的繁花似锦，夏天的绿树成荫，秋天的硕果累累，冬天的银装素裹，都是大自然赋予我们的美好。自然不仅给予我们物质上的滋养，更给予我们精神上的慰藉。感恩自然，就是要尊重自然、保护自然，珍惜自然资源，减少对自然的破坏。只有与自然和谐共生，我们才能拥有一个更加美好的家园。

感恩让我们学会珍惜，懂得在平凡的日子里发现幸福。生活中的点滴美好，无论是清晨的第一缕阳光，还是傍晚的绚丽晚霞；无论是朋友的一句问候，还是陌生人的一个微笑，都值得我们去珍惜。感恩让我们在忙碌的生活中停下脚步，用心去感受生活的美好，让生活充满温暖与希望。

感恩也是一种积极的生活态度，让我们在面对困难与挫折时，依然能够心怀感激，看到生活如向日葵般绽放。人生不可能一帆风顺，总会遇到各种各样的困难和挫折。当我们心怀感恩时，就会发现，这些困难和挫折也是生活的一部分，它们让我们更加坚强、更加成熟。感恩让我们在逆境中看到希望，在挫折中看到成长，从而拥有更强大的内心和更坚韧的精神。

感恩更是一种美德，它能够传递爱与温暖，让世界变得更加美好。当我们感恩时，我们不仅会回报那些给予我们帮助的人，还会将这份爱传递给更多的人。感恩让我们的心灵更加善良，让我们的行为更加温暖，让我们的世界更加和谐。

二、回报：感恩的延续与升华

感恩不应仅仅停留在情感层面，回报是感恩的自然延伸和具体实践。回报是一种责任与担当，是对他人善意的回馈，也是对社会的回馈。它不仅能够让感恩的情感落地生根，还能让爱与温暖在人与人之间不断传递，形成一种良性循环，让人生更有价值和意义。

回报父母，是感恩父母最直接的实践。父母对我们的爱是无私的，他们用自己的生命和心血养育我们长大。回报父母，可以是努力学习、勤奋工作，用优异的成绩和成就让他们感到骄傲，也可以是陪伴在他们身边，给予他们温暖和关爱，让他们在晚年感受到子女的孝心。无论我们身处何地，无论我们有多忙碌，都应该抽出时间陪伴父母，关心他们的生活和健康。一个电话、一次回家、一顿亲手做的饭菜，都是对父母爱的回报。这种回报不仅是对父母养育之恩的回馈，更是对亲情的珍视和坚守。

回报朋友，是在他们需要帮助时伸出援手，与他们共同成长。朋友之间的关系是建立在相互理解、相互支持的基础上的。当我们看到朋友遇到困难时，应该毫不犹豫地伸出援手，无论是物质上的帮助，还是精神上的鼓励，都能让朋友感受到我们的关心和温暖。同时，回报朋友也意味着在他们成功时为他们欢呼、在他们失落时给予他们安慰。这种互助不仅能加深彼此的友谊，还能让我们在共同成长的道路上更加坚定地走下去。

回报社会，是感恩的升华，也是我们作为社会成员的责任。社会是由无数个体组成的共同体，我们每个人都在享受社会给予的便利和资源。回报社会，可以是参与公益活动，为弱势群体提供帮助，让他们感受到社会的温暖；也可以是在自己的岗位上尽职尽责，为社会的发展贡献一份力量。一个小小的善举，可能就会改变一个人的命运；一份微薄的力量，也可能成为推动社会进步的重要因素。无论是志愿者服务、慈善捐赠，还是在工作中兢兢业业，都是回报社会的具体行动。通过这些行动，我们不仅能够帮助他人，还能够让自己的人生更加充实和有意义。

回报让我们的人生更有价值和意义。它让感恩不再是单向的情感流动，而是形成了一种良性循环。当我们回报他人时，不仅能传递爱与温暖，还能收获他人的感激和尊重。这种互动不仅能加深人与人之间的情感联系，还能让社会更加和谐美好。回报也是一种榜样力量，它能够激励更多的人去感恩、去回报，让爱与温暖在人与人之间不断传递。当我们看到自己的善行能够帮助他人、改变社会时，我们会更加坚定地走在感恩与回报的道路上。回报并不需要惊天动地的壮举，它可以从身边的小事做起。对父母多一些耐心，对朋友多一些关心，对陌生人多一些友善，都是回报的具体体现。在日常生活中，我们可以多做家务，减轻父母的负担，可以多陪伴朋友，分享彼此的快乐和烦恼；可以多参与社区活动，帮助需要帮助的人。这些看似微不足道的行为，却能够汇聚成强大的力量，让感恩与回报成为我们生活的一部分。

【名言精粹】

名言一：哀哀父母，生我劬劳。

出处：《诗经·小雅·蓼莪》

解读：这句话虽然并非直接出自对父母感恩的描写，但从情感寓意上可以深刻地联想到子女对父母的感恩之情。父母为了养育子女，付出了极大的辛劳和心血，从子女呱呱坠地到长大成人，父母倾尽全力，给予子女无微不至的关怀与呵护。子女应当铭记父母的养育之恩，尽孝道以回报，这是天经地义的责任，也是中国传统文化中“孝”的核心价值观的体现。这种感恩不仅是对父母付出的回报，更是一种对亲情的珍视和尊重，是做人的基本道德。它强调了家庭伦理的重要性，倡导子女在成长过程中，不仅要关注自身的发展，更要时刻铭记父母的恩情，用实际行动去回报父母，让这份亲情得以延续和升华，成为社会和谐与家庭幸福的重要基石。

名言二：父母在，不远游，游必有方。

出处：《论语·里仁》

解读：孔子以简练的语言勾勒出儒家孝道的实践准则。从感恩与回报的角度进行审视，这句话不仅是行为规范，更是对亲情伦理的深刻诠释。父母在世时，子女不宜远行，以便随时侍奉，避免“子欲养而亲不待”的遗憾。若必须远行，需明确去向、目的与归期，让父母安心，并确保能及时返家应对变故。古代交通闭塞，远游意味音讯难通、生死难料。子女“不远游”的本质，是以牺牲个人自由换取父母的安全感，将父母的情感需求置于自我实现之上。回报父母养育之恩并不一定要在物质上给父母提供丰富的财物，更重要的是在精神上让父母获得安慰。要让父母放心，不要让父母担心；要让父母遂心，不要让父母惊心；要让父母欢心，不要让父母伤心。当然现在正处于全球化时代，子女远行十分常见，交通便利，信息发达，子女身处国外也能在极短的时间内赶到父母身边，此时的“不远游”便不是空间意义上的，而是情感上的，子女要让父母看见生命的延续。正如费孝通所言：“中国人的代际关系是反馈模式。”“父母在，不远游”的深层密码，是让感恩成为流动的共生能量——父母曾以青春哺育幼子，子女便以成熟守护父母的“黄昏”。这种守护，未必是寸步不离的凝视，而是虽纵隔山海，依然能让父母感知：你的世界有我扎根的土壤，我的远方有你托举的力量。

名言三：羊有跪乳之恩，鸦有反哺之义。

出处：《增广贤文》

解读：这句话以动物的行为来比喻人类应具备的感恩与回报精神，生动形象且寓意深远。“羊有跪乳之恩”指的是羊羔在吃奶时会跪下，以表达对母羊的感恩；“鸦有反哺之义”则指乌鸦长大后会衔食喂养年老的父母。这两种动物的行为，虽无声却胜有声，传递出一种朴素而深刻的感恩理念。从文学的角度来看，这种比喻手法赋予了感恩与回报以生动的画面感和强烈的感染力。羊羔跪乳，乌鸦反哺，这些自然界的场景被赋予了人文的温度，成为人类道德教育的生动教材。它们不仅展现了动物本能中的温情，更隐喻了人类社会中应秉持的道德准则。这种比喻，如同在文学作品中运用的拟人化手法，将动物的行为人格化，使读者能够跨越物种的界限，感受到感恩与回报的普遍意义。它强调了感恩与回报是自然界和人类社会的共同美德，这种观念跨越了人类与动物的界限，将感恩上升到一种普遍的道德高度。在自然界的法则中，感恩与回报是生物的一种本能的体现；而在人类社会中，这种美德则被赋予了更深厚的文化内涵和道德价值。它提醒人们要像羊羔和乌鸦一样，懂得感恩并回报父母的养育之恩，这种观念在中国传统文化中深入人心，成为衡量人们道德修养的重要标准之一。

名言四：投我以桃，报之以李。

出处：《诗经·大雅·抑》

解读：这句话是中国古代文化中关于感恩与回报的经典表述。这句话的意思是别人送我桃子，我则以李子回报。它通过简洁而生动的语言，形象地描绘了人与人之间相互赠答、礼尚往来的美好场景，强调了感恩与回报的对等关系。从文学的角度来看，这句话采用了对偶的修辞手法，使语言更加工整、和谐，富有节奏感和韵律美。这种对称结构不仅增强了语言的表现力，更突出了感恩与回报之间的平衡与对等。它传递出一种朴素而深刻的道理：当别人给予我们帮助或恩惠时，我们应当以适当的方式回报对方，这种回报不仅是对他人善意的尊重，也是自身道德修养的体现。这句名言提醒我们，感恩与回报是一种基本的道德准则和人际交往的美德。在日常生活中，我们常常得受到他人的帮助和关怀，无论是朋友、家人还是陌生人，当别人伸出援手时，我们不能无动于衷，而应心怀感激，并以实际行动回报对方。这种回报不一定要等价，但应体现出真诚和尊重。比如，当朋友在你需要时给予支持，你可以在他需要时伸出援手；当老师为你付出心血，你可以在学业上努力奋进，以优异的成绩回报老师的付出。

名言五：礼尚往来。往而不来，非礼也；来而不往，亦非礼也。

出处：《礼记·曲礼上》

解读：这句话是儒家经典中关于礼仪交往的重要论述。其解读可以从以下几个方面展开：首先，礼尚往来与社会和谐。“礼尚往来”强调的是人际关系中的对等与平衡。在古代社会，礼仪是维护社会秩序的重要手段，而“礼尚往来”则是这种礼仪精神的具体体现。它要求人们在交往中既要主动施惠，也要积极回报他人的恩惠，从而形成一种和谐、稳定的社会关系。其次，礼尚往来与道德修养。从道德层面来看，“礼尚往来”体现了对他人善意的珍视和尊重。接受他人的恩惠而不回报，会被视为缺乏感恩之心；而施惠于人却得不到回应，也会让人感到被轻视。这种对等的交往方式不仅是对他人的尊重，也是自己道德修养的体现。再次，礼尚往来与文化传承。“礼尚往来”的观念在中国文化中源远流长，从古代的祭祀、朝聘到现代的节日拜访、礼物交换，这种礼仪精神一直贯穿其中。它不仅是儒家思想的重要组成部分，也深深影响了中国人的行为习惯和价值观念。最后，礼尚往来与适度原则。需要注意的是，“礼尚往来”并非单纯的物质交换，而是强调一种情感上的对等和适度。孔子曾以解骖马助丧的故事，说明“礼尚往来”并非形式上的客套，而是发自内心的尊重。因此，在实际交往中，应避免过度的物质攀比，而应注重情感的传递和尊重。总之，“礼尚往来”不仅是儒家礼仪文化的重要体现，更是中华民族传统美德的重要组成部分。它教导我们在交往中要尊重他人、感恩施惠，从而构建和谐的人际关系和社会秩序。

名言六：滴水之恩，涌泉相报。

解读：这句话并没有准确的出处，它是中国民间流传下来的谚语，是中华文化中感恩伦理的体现。这句话以“滴水”与“涌泉”作比喻，生动形象地表达了感恩与回报的深刻内涵。从语言艺术的角度来看，“滴水之恩”与“涌泉相报”对仗工整，音韵和谐，读来朗朗上口，富有节奏感和音乐美。这种对仗不仅增强了语言的表现力，更使感恩与回报的主题更加鲜明突出，给人以深刻的印象。“滴水之恩”象征着他人给予的哪怕微小的帮助，这种表达简洁而富有诗意，将微小的帮助比作一滴水，既形象又富有感染力。滴水虽小，却能滋润干涸的心田，象征着帮助的力量虽小，却能在关键时刻给人以温暖和支持。而“涌泉相报”则强调了受恩者应当以更大的回报来回应恩情，这种表达同样生动形象，“涌泉”一词不仅描绘出泉水喷涌而出的画面，更象征着感恩之心的澎湃与热烈，回报的力度和深度远超当初所受的恩惠。这种比喻不仅生动形象，更富有深刻的哲理。它体现了一种知恩图报的美德，倡导人们在得到他人帮助后要铭记于心，并以实际行动回报他人。哪怕回报远超当初所受的恩惠也不为过。这种思想不仅体现了个人的品德修养，更是社会和谐与人际关系融洽的重要基石。感恩与回报能够增强人与人之间的信任和友谊，促进社会的稳定与和谐。从文学鉴赏的角度来看，“滴水之恩，涌泉相报”这句话还蕴含着一种深刻的辩证思维。滴水虽小，却能引发涌泉般的回报，这种从微小到宏大的转变，体现了感恩的力量和回报的价值。它告诉我们，感恩不应仅仅停留在情感层面，还应付诸行动，让感恩与回报形成一种良性循环。这种循环不仅能够传递温暖与正能量，还能够让社会更加美好，让生活更加充满希望。

名言七：报怨以德。

出处：《老子·六十三章》

解读：老子主张“无为而治”，认为治理天下要从简单的事情做起，从小事着手。在这种思想背景下，“报怨以德”体现了一种超越常人的智慧和胸怀。老子认为，面对怨恨和冲突，最好的方式是以德行去化解，而不是以怨报怨。这种做法不仅能化解矛盾，还能体现出一种道德上的高尚和智慧。老子的“报怨以德”强调的是一种以柔克刚、以德化怨的处世哲学，体现了一种包容和宽容的精神。

或曰：“以德报怨，何如？”子曰：“何以报德？以直报怨，以德报德。”（《论语·宪问》）

解读：孔子的回答是对“以德报怨”这一观点的进一步思考和补充。孔子认为，如果一味地“以德报怨”，那么就会忽视那些真正对自己有恩德的人。因此，他提出了“以直报怨，以德报德”的观点。这里的“直”并不是简单的报复，而是指正直、公正的态度。孔子主张在面对怨恨时，要以公正、坦诚的方式去处理，而不是盲目地以德报怨；而对于恩德，则要以德行去回报，体现出感恩之心。

“报怨以德”出自《老子·六十三章》，而“以直报怨，以德报德”则出自《论语·宪问》。这两句话虽然都涉及了如何对待怨恨和恩德的问题，但其思想背景和侧重点有所不同。以下是对这两句话的解读和比较分析：

1. 思想背景：老子的思想强调“无为”和顺应自然，主张用柔和、包容的方式化解矛盾，因此提出了“报怨以德”。孔子的思想更注重人伦关系和社会秩序，强调道德的对等性和公正性，因此提出了“以直报怨，以德报德”。

2. 处理方式：老子主张以德行去化解怨恨，体现了一种宽容的态度。孔子主张在处理怨恨时要保持正直和公正，不能盲目地以德报怨，同时要对恩德给予回报。

3.价值观：老子更注重从整体和长远的角度来看待问题，强调以德化怨，体现了一种超然的境界。孔子更注重现实的人伦关系和社会秩序，强调道德的对等性和公正性，体现了一种务实的精神。

因此，老子的“报怨以德”和孔子的“以直报怨，以德报德”虽然在处理方式上有所不同，但都体现了对道德和人性的深刻思考。老子的思想更注重从整体和长远的角度化解矛盾，而孔子的思想则更注重现实的人伦关系和社会秩序。这两种观点都值得我们借鉴：面对怨恨时，既要保持宽容和智慧，也要坚持正直和公正；对于恩德，则要心怀感恩，以德行去回报。

传统经典中的名言远不止这些，对于感恩与回报，人们都在用自己的亲身体会来阐述感悟，现代著名数学家华罗庚就曾说过："人家帮我，永志不忘；我帮人家，莫记心上。"这句话体现了华罗庚对感恩的深刻理解，蕴含着一种高尚的人格修养和健康的人际交往理念。华罗庚认为，当别人帮助自己时，一定要铭记在心，时刻准备回报。这种铭记与回报，不仅是对他人善意的尊重和回应，更是一种对恩情的珍视和感恩之心的体现。它强调了感恩不应仅仅停留在口头上，而应通过实际行动去践行，让感恩成为一种内在的道德自觉和行为准则。同时，华罗庚也认为，当自己帮助别人时，不要总是放在心上，不要期待回报。这种态度体现了一种无私的奉献精神和豁达的处世哲学。它提醒我们，在帮助他人时，应以纯粹的善意和真诚为出发点，而不是为了获取回报。这种无私的付出不仅能够让他人感受到温暖和关怀，也能够让自己的内心更加宁静和充实。它避免了因期待回报而可能产生的心理负担和情感纠葛，使帮助他人成为一种纯粹的善行，而不是一种带有功利性的交易。

从更广泛的社会层面来看，这种感恩与回报的理念对于构建和谐的人际关系和社会环境具有重要意义。当每个人都铭记他人的帮助并时刻准备回报时，社会将充满温暖和关爱；当每个人在帮助他人而不求回报时，社会将更加和谐与美好。这种理念倡导的是一种相互扶持、相互关爱的社会风尚，它能够增强人与人之间的信任和友谊，促进社会的稳定与进步。华罗庚的这种感恩观念，不仅是一种个人修养的体现，更是一种值得我们学习和践行的社会价值观。在现代社会中，人与人之间的关系日益复杂，利益冲突时有发生。然而，正是这种感恩与无私奉献的精神，能够成为化解矛盾、增进理解的桥梁。它提醒我们在面对他人的帮助时，要心怀感激并积极回报；在帮助他人时，要无私奉献，不求回报。通过这种健康、积极的人际交往观念，我们不仅能够提升自己的道德修养，还能够为社会的和谐发展贡献自己的力量。

【人物逸事】

故事一：韩信一饭千金

淮阴侯韩信者，淮阴人也。始为布衣时，贫无行，不得推择为吏，又不能治生商贾。常从人寄食饮，人多厌之者。常数从其下乡南昌亭长寄食，数月，亭长妻患之，乃晨炊蓐食。食时，信往，不为具食。信亦知其意，怒，竟绝去。信钓于城下，诸母漂，有一母见信饥，饭信，竟漂数十日。信喜，谓漂母曰："吾必有以重报母。"母怒曰："大丈夫不能自食，吾哀王孙而进食，岂望报乎！"淮阴屠中少年有侮信者，曰："若虽长大，好带刀剑，中情怯耳。"众辱之曰："信能死，刺我；不能死，出我袴下。"于是信孰视之，俛出袴下，蒲伏。一市人皆笑信，以为怯。……汉五年正月，徙齐王信为楚王，都下邳。信至国，召所从食漂母，赐千金。及下乡南昌亭长，赐百钱，曰："公，小人也，为德不卒。"召辱己之少年令出胯下者以为楚中尉。告诸将相曰："此壮士也。方辱我时，我宁不能杀之邪？杀之无名，故忍而就于此。"

出处：《史记·淮阴侯列传》

译文：淮阴侯韩信是淮阴人，当初他还是平民百姓的时候家里贫穷，又没有什么好的品行，不能被推举为地方官吏，也做不了生意赚钱。他常常依靠别人来解决饮食问题，很多人都讨厌他。他曾经多次到下乡南昌亭长家去寄食，住了好几个月，亭长的妻子嫌他麻烦，于是就在早晨提前把饭吃掉，等韩信到了，就不为他准备饭食了。韩信也明白她的意思，很生气，就断然离开，不再去了。韩信在城下钓鱼时，有一些老妇人在河边漂洗丝绵。其中一位老妇人看到韩信饿了，就拿饭给他吃，一连几十天都是这样。韩信很高兴，对漂洗丝缥的老妇人说："我一定会重重地报答您。"老妇人听了很生气，说："大丈夫不能自己解决吃饭问题，我可怜你才给你饭吃，难道是希望你报答吗？"

淮阴屠户中有个年轻人侮辱韩信，说："你虽然长得高大，喜欢佩带刀剑，但内心其实很胆小。"他当众羞辱韩信说："如果你不怕死，就拿剑刺我；如果怕死，就从我的胯下爬过去。"于是韩信仔细打量了他一番，低下身子从他的胯下爬了过去，匍匐在地。满街的人都嘲笑韩信，认为他是个胆小鬼。汉高祖五年正月，刘邦改封韩信为楚王，定都下邳。韩信回到自己的封国后，找到了曾经给他饭吃的漂洗丝缥的老妇人，赏赐了她一千金。又找到了下乡南昌亭长，赏赐了他一百钱，并说："你是个小人，做善事没有做到底。"韩信还召见了曾经羞辱他让他从胯下爬过去的年轻人，任命他为楚国的中尉。他对众将相说："这是一位壮士。当初他羞辱我的时候，我难道不能杀了他吗？杀了他也没有什么名声，所以我就忍了下来，才有了今天。"

解读：韩信的故事展现了感恩与回报的深刻内涵。在韩信最落魄时，漂洗丝缥的老妇人的善举给予了他生存的希望。韩信后来功成名就，始终铭记的老妇人的恩情，并以千金相赠作为回报。从文学手法上看，这个故事通过对比手法，突出了韩信的感恩之心。韩信从一个落魄的少年到功成名就的将军，他人的厌恶与老妇人的善举形成鲜明对比，进一步强化了感恩与回报的主题。此外，故事通过细节描写，如"天天如此，从未间断"，生动地展现了老妇人的善良与韩信的感动。从情感表达上来看，韩信的行为不仅仅是对老妇人的回报，更是对善良的尊重和传递。这种感恩之情不仅体现了个人的品德修养，也反映了社会的和谐与秩序。

故事二：豫让士为知己者死

豫让者，晋人也，故尝事范氏及中行氏，而无所知名。去而事智伯，智伯甚尊宠之。及智伯伐赵襄子，赵襄子与韩、魏合谋灭智伯，灭智伯之后而三分其地。赵襄子最怨智伯，漆其头以为饮器。豫让遁逃山中，曰："嗟乎！士为知己者死，女为说己者容。今智伯知我，我必为报仇而死，以报智伯，则吾魂魄不愧矣。"乃变名姓为刑人，入宫涂厕，中挟首，欲以刺襄子。襄子如厕，心动，执问涂厕之刑人，则豫让，内持刀兵，曰："欲为智伯报仇！"左右欲诛之。襄子曰："彼义人也，吾谨避之耳。且智伯亡无后，而其臣欲为报仇，此天下之贤人也。"卒释去之。

居顷之，豫让又漆身为厉，吞炭为哑，使形状不可知，行乞于市。其妻不识也。行见其友，其友识之，曰："汝非豫让邪？"曰："我是也。"其友为泣曰："以子之才，委质而臣事襄子，襄子必近幸子。近幸子，乃为所欲，顾不易邪？何乃残身苦形，欲以求报襄子，不亦难乎！"豫让曰："既已委质臣事人，而求杀之，是怀二心以事其君也。且吾所为者极难耳！然所以为此者，将以愧天下后世之为人臣怀二心以事其君者也。"

既去，顷之，襄子当出，豫让伏于所当过之桥下。襄子至桥，马惊，襄子曰："此必是豫让也。"使人问之，果豫让也，于是襄子乃数豫让曰："子不尝事范、中行氏乎？智伯尽灭之，而子不为报仇，而反委质臣于智伯。智伯亦已死矣，而子独何以为之报仇之深也？"豫让曰："臣事范、中行氏，范、中行氏皆众人遇我，我故众人报之。至于智伯，国士遇我，我故国士报之。"襄子喟然叹息而泣曰："嗟乎豫子！子之为智伯，名既成矣，而寡人赦子，亦已足矣。子其自为计，寡人不复释子！"使兵围之。豫让曰："臣闻明主不掩人之美，而忠臣有死名之义。前君已宽赦臣，天下莫不称君之贤。今日之事，臣固伏诛，然愿请君之衣而击之。焉以致报仇之意，则虽死不恨。非所敢望也，敢布腹心！"于是襄子大义之，乃使使持衣与豫让。豫让拔剑三跃而击之，曰："吾可以下报智伯矣！"遂伏剑自杀。死之日，赵国志士闻之，皆为涕泣。

出处：《史记·刺客列传》

译文：豫让是晋国人，曾经侍奉过范氏和中行氏，但并没有什么名声。后来他离开，去侍奉智伯，智伯非常尊重和宠信他。等到智伯攻打赵襄子时，赵襄子联合韩氏、魏氏合谋消灭了智伯，并且把智伯的土地瓜分了。赵襄子最痛恨智伯，把智伯的头颅漆成饮器。豫让逃到山中，说："唉！士人应该为了解自己的人去死，女子应该为喜欢自己的人打扮。如今智伯了解我，我一定要为他报仇而死，以此报答智伯，那么我的魂魄也就不会感到惭愧了。"于是他改变姓名，伪装成受刑的人，进入赵襄子宫中的厕所里涂抹墙壁，他怀里藏着匕首，想要刺杀赵襄子。赵襄子去厕所时，心里一惊，便抓住并审问了这个涂厕所的刑人，发现他就是豫让，他怀里还藏着兵器。豫让说："我要为智伯报仇！"赵襄子身边的人想要杀掉他。赵襄子说："他是一个义士，我谨慎地避开他就是了。而且智伯死后没有后代，他的臣子却要为他报仇，这是一位天下少有的贤人。"于是赵襄子释放了他。

过了一段时间，豫让又用漆涂在身上，使皮肤溃烂，像得了癞病一样；吞炭烧伤喉咙，使声音变得嘶哑，改变了自己的外貌，到街市上去讨饭，连他的妻子也认不出他了。他在路上遇到朋友，朋友认出了他，说："你不是豫让吗？"豫让回答："是我。"朋友为他流着泪说："以你的才能，如果去侍奉赵襄子，赵襄子一定会宠幸你。得到他的宠幸后，你再做你想做的事情，难道不是更容易吗？何必残害自己的身体，受这样的痛苦，想要这样去报仇，不是太难了吗？"豫让说："我已经臣服于他人，却又想要杀掉他，这是怀着二心侍奉君主。而且我所做的事非常困难！但我这样做的原因，是想让天下后世那些怀着二心侍奉君主的人感到羞愧。”

豫让离开后，不久赵襄子要外出，豫让埋伏在赵襄子将要经过的桥下。赵襄子到了桥上，马突然受惊。赵襄子说：“这一定是豫让。”派人去查看，果然就是豫让。于是赵襄子责备豫让说：“你不是曾经侍奉过范氏和中行氏吗？智伯把他们都消灭了，而你不为他们报仇，反而去臣服于智伯。如今智伯已经死了，你为什么却如此执着地为他报仇呢？”豫让回答说：“我侍奉范氏和中行氏时，他们像普通人一样对待我，所以我也像普通人一样报答他们。而智伯像国士一样对待我，所以我要像国士一样报答他。”赵襄子叹息着流下眼泪，说：“唉，豫让！你为智伯报仇，已经成就了名声；而我宽恕你，也已经足够了。你自己考虑吧，我不能再放过你了！”于是赵襄子命令士兵包围了他。豫让说：“我听说贤明的君主不会掩盖别人的美德，而忠诚的臣子有为名声而死的大义。以前您已经宽恕了我，天下没有不称赞您的贤明的。今天的事情，我本该受死，但我希望能得到您的衣服，刺击它一下，以此表达我报仇的心意，那么我即使死了也不会遗憾。这并不是我敢奢望的，只是想表达我的心意。”于是赵襄子被他的义气所感动，派人拿来了自己的衣服交给豫让。豫让拔出剑，跳跃三次，刺击衣服，说：“我可以到地下向智伯交差了！”于是他用剑自杀。他死的那天，赵国的有志之士听说后，都为他流下了眼泪。

解读：豫让的故事展现了极端的感恩与回报精神。他为了报答智伯的知遇之恩，不惜牺牲自己的身体和生命。从文学手法上来看，这个故事通过细节描写，如“漆身为厉，吞炭为哑”，生动地展现了豫让的感恩与决心。从情感表达上来看，豫让的行为虽然过于极端，但也体现了感恩与回报的深刻情感。这种感恩之情不仅仅是对个人恩情的回报，更是一种对知遇之恩的尊重和珍视。通过这种极端的行为，故事深刻地表达了感恩与回报的主题，提醒人们感恩是一种深刻的情感体验，应当以实际行动来体现。

故事三：子路负米

子路曰：“负重道远者，不择地而休；家贫亲老者，不择禄而仕。昔者由事二亲之时，常食藜藿之实，而为亲负米百里之外。亲没之后，南游于楚，从车百乘，积粟万钟。累茵而坐，列鼎而食，愿食藜藿为亲负米之时，不可复得也。”

出处：《说苑·建本》

译文：子路说，“背负重物、行走远方的人，不会选择地方才休息；家里贫穷、父母年老的人，不会选择俸禄才去出仕。从前，我侍奉父母的时候，自己常常吃粗劣的野菜，却要到百里之外为父母背米。父母去世之后，我到南方的楚国游历，随从的车辆有百辆之多，积累的粮食有万钟之多。我坐在厚厚的垫子上，面对着丰盛的美食，但我却希望再次回到过去吃野菜、为父母背米的日子，然而这样的日子已经无法再得到了”。

解读：子路的故事是中国古代孝道文化的经典体现。子路出身贫寒，父母年迈体弱，生活困苦。为了能让父母吃上米饭，他不惜翻山越岭，到百里之外的地方背米回家。这种不辞辛劳、不畏艰难的精神，展现了他对父母的深厚孝心和感恩之情。子路的行为不仅仅是对父母的物质赡养，更是对父母精神上的慰藉和关爱。他用自己的行动诠释了“百善孝为先”的道理。子路的感恩之心也体现在他对父母的思念和缅怀中。当父母去世后，子路常常感慨自己未能让父母过上更好的生活，这种遗憾也提醒我们，感恩和回报父母不能等待，而应该在父母健在时尽心尽力。孔子对子路的称赞，不仅是对子路个人品德的肯定，更是对孝道文化的推崇。这个故事告诉我们，感恩父母不应只停留在口头上，还要通过实际行动去践行。无论生活多么艰难，我们都应该尽自己最大的努力去回报父母的养育之恩。同时，感恩也是一种责任和担当，它让我们在成长的道路上更加坚定。

故事四：结草衔环

秋，七月，秦桓公伐晋，次于辅氏。壬午，晋侯治兵于稷，以略狄土，立黎侯而还。及雒，魏颗败秦师于辅氏，获杜回，秦之力人也。初，魏武子有嬖妾，无子。武子疾，命颗曰：“必嫁是。”疾病则曰：“必以为殉。”及卒，颗嫁之，曰：“疾病则乱，吾从其治也。”及辅氏之役，颗见老人结草以亢杜回，杜回踬而颠，故获之。夜梦之曰：“余，而所嫁妇人之父也。尔用先人之治命，余是以报。”

出处：《左传·宣公十五年》

译文：秋季，七月，秦桓公讨伐晋国，驻扎在辅氏。壬午日，晋侯在稷地检阅军队，准备夺取狄人的土地，立黎侯后返回。晋军到达雒地时，魏颗在辅氏击败了秦军，俘获了秦国的大力士杜回。起初，魏颗的父亲魏武子有一个受宠的妾，没有儿子。魏武子生病时，嘱咐魏颗说：“我死后，你一定要把她嫁出去。”后来魏武子病情加重时，又说：“我死后，你一定要让她为我殉葬。”等到魏武子去世后，魏颗把那个妾嫁了出去，说：“人在病重时神志不清，我听从他神志清醒时的嘱咐。”等到辅氏之战时，魏颗看到一位老人把草打成结，用来阻挡杜回，杜回被绊倒，因此被俘获。魏颗在夜里梦见那个老人说：“我，就是你所嫁出去的那个妇人的父亲。你听从了你父亲清醒时的嘱咐，我因此来报答你。”

解读：“结草”和“衔环”这两个故事都体现了感恩与回报的深刻道理。“结草”的故事中，魏颗听从父亲最初的意愿，将爱妾改嫁，避免了她殉葬的命运。这种善行得到了爱妾父亲的感激，最终在战场上得到了神秘的帮助。这个故事告诉我们，感恩是一种双向的情感，善行会得到善报，而感恩之心也能跨越生死，成为一种永恒的力量。

宝年九岁时，至华阴山北，见一黄雀为鸱枭所搏，坠于树下，为蝼蚁所困。宝取之以归，置巾箱中，唯食黄花，百余日毛羽成，乃飞去。其夜有黄衣童子向宝再拜曰：“我西王母使者，君仁爱救拯，实感成济。”以白环四枚与宝：“令君子孙洁白，位登三事，当如此环矣。”

出处：《续齐谐记》

译文：宝（人名）九岁的时候，来到华阴山北边，看到一只黄雀被鸱枭（一种猛禽）攻击，坠落在树下，又被蝼蛄和蚂蚁围困。宝把黄雀带回家，放在巾箱（一种小箱子）中，黄雀只吃黄花。一百多天后，黄雀羽毛长成，便飞走了。当天夜晚，有一个穿着黄衣的童子向宝拜了两拜，说：“我是西王母的使者，因为你仁爱救助了我，我深受感动，特来报答。”于是送给宝四枚白环，并说：“让你的子孙品德纯洁，官至三公（古代最高官职），就像这白环一样洁白无瑕。”

解读：“衔环”的故事则展现了人与动物之间的深厚情感。杨宝救助了受伤的黄雀，黄雀以衔环相报。这种故事虽然带有神话色彩，但其所传达的道理却非常深刻：感恩不仅存在于人与人之间，也存在于人与自然之间。每一个生命都值得被尊重和关爱，而感恩之心则是这种尊重和关爱的最好回报。

【诗词精华】

诗词一：《游子吟》

作者：孟郊（唐）

慈母手中线，游子身上衣。

临行密密缝，意恐迟迟归。

谁言寸草心，报得三春晖。

诗词鉴赏：这首诗以简洁质朴的语言，生动地描绘了母亲对子女的深情厚爱，是中国古代诗歌中关于母爱的经典之作。诗中“慈母手中线，游子身上衣”通过具体的生活细节，展现了母亲为即将远行的游子缝制衣服的情景，细腻地传达出母爱的温暖与细腻。这两句诗运用了白描的手法，没有华丽的辞藻，却通过“手中线”与“身上衣”的对仗，生动地勾勒出一幅母子依依不舍的画面。母亲手中的针线，不仅是缝制衣物的工具，更是母爱的象征；游子身上的衣服，承载着母亲的牵挂与祝福，这种细节描写让母爱变得具体而生动，触动人心。“临行密密缝，意恐迟迟归”进一步深化了这种情感，母亲的每一针每一线都饱含着对游子的牵挂与不舍。诗人在这里巧妙地运用了“密密缝”这一细节，将母亲的爱与担忧融入每一个针脚之中。母亲担心游子在外的艰辛，害怕他归期不定，因此在临行前将衣服缝得更加密实，希望它能抵御风霜，陪伴游子走过漫长的旅途。这种细腻的情感描写，不仅展现了母爱的深沉与无私，更让读者深刻感受到母亲内心的焦虑与期盼。最后两句“谁言寸草心，报得三春晖”则升华了主题，以“寸草心”比喻子女的心意，以“三春晖”比喻母爱的温暖，表达了子女对母亲恩情的无尽感激与难以回报的愧疚之情。这两句诗运用了生动的比喻，将母爱比作春天的阳光，温暖而无私，而子女的心意则如同小草一般微不足道。这种对比不仅突出了母爱的伟大，也表达了子女对母亲恩情的深深感激和自愧不如的情感。诗人在这里巧妙地运用了反问的修辞手法，强调了母爱的深沉与伟大，以及子女回报母爱的艰难与无奈。这首诗的语言平实而质朴，却蕴含着深沉的情感。诗人孟郊通过细腻的细节描写和深刻的比喻，将母爱的伟大与感恩的主题展现得淋漓尽致。诗中的每一个细节、每一个比喻，都充满了情感的力量，让读者能够身临其境地感受到母爱的温暖与无私。这种情感的真挚和表达的自然，使得这首诗成为中国古代诗歌中关于母爱的经典之作，千百年来一直被人们传颂。这首诗不仅在文学上具有极高的艺术价值，更在思想和情感层面上给人以深刻的启示。它提醒我们，母爱是世界上最无私、最伟大的爱，是我们一生中最珍贵的财富。无论我们身处何地，无论我们有多忙碌，都应该铭记母亲的恩情，用实际行动去回报母亲的爱。通过这首诗，我们不仅能够感受到母爱的伟大，更能够体会到感恩与回报的重要性，让感恩成为我们生活中的一种美好品质。

诗词二：《离阙下日感恩》

作者：李建勋（唐）
二年尘冒处中台，喜得南归退不才。
即路敢期皇子送，出关犹有御书来。
未知天地恩何报，翻对江山思莫开。
斜日苇汀凝立处，远波微飏翠如苔。

诗词鉴赏：这首诗是唐代诗人李建勋在辞官归隐之际所作，深刻地表达了他对皇恩的感激之情以及对归隐生活的复杂心境。从诗词鉴赏的角度来看，这首诗不仅在语言上简洁凝练，更在情感表达和意境营造上达到了很高的艺术水准，语言风格质朴而凝练。“二年尘冒处中台，喜得南归退不才”开篇即点明了诗人对自己任职期间的谦逊反思。诗人用“尘冒”形容自己在官场的碌碌无为，这一用词既形象又含蓄，传达出一种自我反省的谦逊态度。而“退不才”则进一步表达了诗人对自己才能的自谦，同时也透露出一种归隐山林的豁达与释然。这种质朴而凝练的语言风格，使得诗人的情感表达更加真挚而深刻。“即路敢期皇子送，出关犹有御书来”描绘了皇子送别和御书相送的场景，体现了皇恩浩荡，诗人深感荣幸。这两句通过对皇子送别和御书相送的描写，展现了诗人对皇恩的感激与敬畏，同时也反映了诗人虽辞官但依然受到朝廷尊重的荣幸。诗人在这里巧妙地运用了对比手法，将皇恩的浩荡与自己的谦逊形成鲜明对比，进一步突出了诗人对皇恩的感激之情。“未知天地恩何报，翻对江山思莫开”则表达了诗人对皇恩的感激与回报的无措，面对江山美景，感慨万千。诗人以“未知天地恩何报”表达了对皇恩的感激之情，同时也流露出对如何回报皇恩的迷茫与无措。而“翻对江山思莫开”则通过面对江山美景时的感慨，进一步深化了这种复杂的情感。诗人在这里运用了借景抒情的手法，将内心的感恩与感慨融入自然景色之中，使情感更加含蓄而深沉。最后两句“斜日苇汀凝立处，远波微飏翠如苔”以景结情，通过描绘夕阳下江边的景色，进一步烘托了诗人内心的感恩与感慨。诗人以夕阳下的江边景色为背景，将内心的感恩与感慨融入自然景色之中，使情感更加含蓄而深沉。斜日、苇汀、远波、翠苔，这些自然元素共同构成了一幅意境宁静而深远的画面，诗人独自凝立其中，仿佛在思考人生的归宿与未来的方向。这种以景结情的手法，不仅增强了诗歌的意境感，更使得诗人的情感表达更加细腻而动人。

从主题上来看，这首诗不仅表达了诗人对皇恩的感激之情，也反映了诗人对归隐生活的期待与思考。诗人通过对自己任职期间的反思，表达了对皇恩的感激与敬畏；而通过对归隐生活的期待，展现了对自由与宁静的向往。这种感恩与归隐的双重思考，使得诗歌的主题更加丰富而深刻。从艺术价值来看，这首诗通过对具体场景的描写和内心情感的抒发，展现了诗人对皇恩的感激与对未来的思考。诗人巧妙地运用了对比、借景抒情等手法，将情感与意境完美融合，使得诗歌在语言、情感和意境上都达到了很高的艺术水准。这种情感与意境的完美融合，不仅让读者能够深刻感受到诗人的情感世界，也使得诗歌具有了更深远的艺术价值和思想内涵。

诗词三：《酬裴侍御对雨感时见赠》

作者：李白（唐）

雨色秋来寒，风严清江爽。孤高绣衣人，潇洒青霞赏。
平生多感激，忠义非外奖。祸连积怨生，事及徂川往。
楚邦有壮士，鄢郢翻扫荡。申包哭秦庭，泣血将安仰。
鞭尸辱已及，堂上罗宿莽。颇似今之人，蟊贼陷忠谠。
渺然一水隔，何由税归鞅。日夕听猿怨，怀贤盈梦想。

诗词鉴赏： 这首诗是李白在秋雨时节收到裴侍御赠诗后所作的酬答诗，深刻地表达了他对裴侍御的感激之情。从诗词鉴赏的角度来看，这首诗不仅在语言上简洁凝练，更在情感表达和意境营造上达到了很高的艺术水准。诗的开篇“雨色秋来寒，风严清江爽”描绘了秋雨时节的清冷景象，为全诗奠定了凄凉的基调。李白以“雨色”和“风严”两个意象，勾勒出一幅秋雨绵绵、寒风凛冽的画面，清冷的氛围不仅衬托出诗人内心的孤独与感慨，也为后续的情感抒发埋下了伏笔。这种以景开篇的手法，不仅增强了诗歌的意境感，更使得情感的表达更加自然流畅。紧接着，“孤高绣衣人，潇洒青霞赏”则赞美了裴侍御的高洁品质。李白以“孤高”和“潇洒”形容裴侍御，既突出了其超凡脱俗的气质，又表达了对其人格的敬仰。“绣衣”和“青霞”两个意象，分别象征着裴侍御的官职和高洁的品性，用词不仅形象生动，更富有诗意。通过这样的描写，李白巧妙地将对友人的赞美融入自然景色之中，使得情感表达更加含蓄而深刻。“平生多感激，忠义非外奖”直接表达了李白对裴侍御的感激之情，强调这种感激源于内心的忠义，而非外在的奖赏。李白在这里运用了直抒胸臆的手法，将内心的感激之情毫无保留地表达出来。这种直白的情感表达，不仅使得诗歌的情感更加真挚，也进一步突出了李白对忠义的坚守与追求。诗人通过这两句诗，明确地告诉读者，他对裴侍御的感激是发自内心的，是对忠义精神的自然流露，而非出于功利的考量。诗中还通过历史典故“申包哭秦庭”，进一步深化了感恩的主题，表达了对友人的怀念与感激。李白引用申包胥哭秦庭的故事，表达了自己对友人的深切怀念和感激之情。申包胥为救楚国，在秦庭哭了七日七夜，最终感动秦王出兵救楚。李白借此典故，不仅表达了对裴侍御的感激之情，也暗示了自己对友情的珍视和对忠义的坚守。这种通过历史典故来表达情感的手法，不仅增强了诗歌的文化底蕴，也使得情感的表达更加深沉而有力。从艺术价值来看，这首诗通过对自然景色的描写和历史典故的运用，展现了诗人对友人的深厚情谊和感恩之心。李白巧妙地将自然景色与情感表达相结合，通过清冷的秋雨和凛冽的寒风，衬托出其内心的孤独与感慨；同时，他又通过历史典故，进一步深化了感恩的主题，使得情感的表达更加深沉而有力。这种情感与意境的完美融合，让读者能够深刻感受到诗人的情感世界。

【阅悟人生】

在现代社会，快节奏的生活和复杂的人际关系有时会让我们忽视感恩与回报的重要性。然而，感恩与回报依然是构建和谐社会的基石。在个人层面，感恩与回报能够帮助我们建立良好的人际关系，提升幸福感和满足感。当我们学会感恩并积极回报他人时，会收获更多的信任与友谊，让自己的生活更加丰富多彩。在社会层面，感恩与回报能够促进社会的和谐与进步。当每个人都心怀感恩并积极回报社会时，社会将充满爱与温暖，形成一种积极向上的氛围。感恩与回报是一种美德，更是一种智慧，它让我们在现代社会中找到内心的平衡与宁静，让我们的人生更加充实和有意义。感恩与回报是人生的重要课题，它贯穿于我们生命的始终。感恩让我们感受到生活的美好，回报则让这种美好得以延续和传递。让我们从现在开始，心怀感恩，积极回报，用爱与温暖书写属于自己的精彩人生。

【写作锦囊】

写作训练

以“温暖的回响”为题，写一篇800字记叙文，围绕“感恩与回报”的主题展开叙述。注意通过人物的言行、心理活动以及环境描写，突出感恩与回报的重要性，让人物的情感和故事的意义真实可感。或以“感恩与回报：心灵的馈赠”为题，写一篇800字议论文，结合历史、现实和理论，论证感恩与回报的重要性。要求论点明确，论证严密，层次清晰。

写作提示

记叙文：在记叙文中，感恩与回报可以通过一个具体的故事来展现。例如，可以讲述一个孩子如何回报父母的养育之恩，或者一个人在困境中得到帮助后如何感恩并回报他人。通过对人物的内心挣扎、行为表现以及周围环境的描写，突出感恩与回报的重要性。例如，可以描写一个年轻人在父母年老体弱时，如何放弃工作机会，选择留在家乡照顾父母。通过描写他在照顾父母时的细心周到、耐心陪伴，以及他面对困难时的坚定信念，展现感恩的力量。此外，可以通过对比手法，描写另一个对父母冷漠的年轻人在父母去世后内心的悔恨，从而形成鲜明的反差。在叙述过程中，可以通过细节描写增强感染力。比如，描写年轻人为父母洗脚时的温柔动作，或是他在父母病床前的默默守候；还可以通过环境描写烘托氛围，比如清晨的阳光洒在父母的脸上，或是夜晚的灯光下年轻人的疲惫身影。这些细节不仅能让故事更加生动，也能让读者感受到感恩与回报的深刻意义。此外，可以通过人物的内心独白，展现他们对感恩的思考。比如，年轻人可能会在内心回忆起父母为他付出的点点滴滴，或是他在照顾父母过程中对生命意义的感悟。这种心理描写能够让故事更加真实感人，也让主题更加深入人心。

议论文：在议论文中，感恩与回报可以从理论层面进行探讨，结合历史、现实和哲学观点，阐述其重要性。可以从历史角度切入，列举一些著名的例子，比如“滴水之恩，涌泉相报”的典故，或是“结草衔环”的感恩故事。这些例子不仅能够增强论点的说服力，还能让文章更具文化底蕴。可以从现实角度分析感恩与回报在当今社会的意义。比如，在家庭中，感恩是维系亲情的纽带；在社会中，感恩是构建和谐人际关系的基础。可以结合社会现象，如“啃老族”现象的普遍性、人与人之间冷漠的现状等，进一步论证这一观点。此外，可以从哲学或心理学角度探讨感恩与回报的内在价值。比如，感恩是一种积极的心态，是对生活的热爱和对幸福的感知；回报是一种责任，是对他人付出的尊重和回馈。可以引用一些名言警句，如“感恩是灵魂上的健康”“感恩是对生活最好的诠释”，来增强文章的深度和说服力。可以结合个人或社会的实际，提出一些建议。比如，如何在日常生活中培养感恩的心态，如何通过感恩教育提升社会的道德水平。通过层层递进的论述，让读者不仅能理解感恩与回报的重要性，还能从中获得启发和力量。

第二讲：自然与家园

【主题解读】

一、自然：生命的源泉与灵魂的栖息地

自然是我们生命中最为古老而永恒的存在，它是生命的起源，滋养着万物的生长与繁衍。从广袤无垠的大地到浩瀚无际的天空，从潺潺流淌的溪流到巍峨耸立的山峰，自然以其博大的胸怀和神奇的力量，为我们提供了生存的根基与发展的可能。

自然之美，美在四季的更迭与生命的律动。春天，万物复苏，嫩绿的芽儿从枝头探出头来，花儿在微风中摇曳生姿，仿佛是大自然在轻声吟唱着生命的赞歌；夏天，郁郁葱葱的树木撑起一片片绿荫，蝉鸣蛙叫交织成一首热闹的交响乐，生命的活力在炽热的阳光下尽情绽放；秋天，金黄的稻田翻涌着波浪，累累硕果挂满枝头，大自然用丰收的画卷诉说着岁月的丰盈；冬天，白雪皑皑，银装素裹，一片寂静而纯净的世界，宛如大自然在沉睡中积蓄着新的力量。这四季的轮回，不仅仅是自然的规律，更是生命节奏的体现，它让我们感受到时间的流转与生命的轮回。

自然之灵，灵在它对生命的包容与启迪。山川河流、花草树木、飞禽走兽，每一个生命都是自然的精灵，它们相互依存、相互影响，共同编织出一个复杂而精妙的生态系统。在这片天地间，我们学会了敬畏生命，懂得了每一个生命都有其存在的价值与意义。自然的宁静与壮美，能够洗涤我们内心的尘埃，让我们在喧嚣的尘世中找到一片宁静的净土，让心灵得到休憩与滋养。它教会我们顺应自然的规律，懂得在生活的波澜中保持平和与坚韧。

自然之恩，恩在它对人类的无私馈赠。它给予我们清新的空气、洁净的水源、肥沃的土地，让我们得以生存与发展；它赋予我们丰富的资源，从木材到矿石，从粮食到药材，满足了我们生活的各种需求；它更是人类精神文化的源泉，激发了无数诗人、画家、音乐家的灵感，留下了无数传世之作。自然是我们生命中不可或缺的一部分，是我们灵魂深处永恒的家园。

二、家园：生命的港湾与责任的承载

家园，是我们在自然中为自己搭建的温暖的巢穴，是我们心灵的归宿与情感的寄

托。它不仅仅是一个物理空间，更是一种情感的象征，承载着我们对生活的热爱、对家人的眷恋和对未来的憧憬。

家园之美，美在亲情的温暖与生活的烟火气。家是父母的怀抱，是爱人的眼神，是孩子的欢笑。在这个小小的空间里，我们卸下一天的疲惫，享受着家人的陪伴与关爱。一家人围坐在一起，分享着美食，谈论着生活中的琐事与趣事，这种平凡而真实的幸福，是生活中最珍贵的宝藏。家中的每一个角落，都充满了家人的痕迹与回忆，从客厅的沙发到厨房的灶台，从孩子的玩具到老人的旧物，它们都见证着这个家的点点滴滴，承载着家的温度与情感。

家园之爱，爱在责任的担当与守护。家是一个责任共同体，每一个家庭成员都有责任去维护这个家的和谐与安宁。父母要为子女提供一个良好的成长环境，子女要孝顺父母、回报养育之恩；夫妻之间要相互扶持、相互理解，共同承担家庭的重担。这种责任不仅仅是对家人的义务，更是对家园的守护。我们要用心去经营这个家，让家充满爱与温暖，让每一个家庭成员都能在这里找到归属感与安全感。

家园之贵，贵在传承与延续。家是一个文化的传承者，它承载着家族的历史、传统与价值观。从长辈的言传身教到晚辈的耳濡目染，家风在代代相传中得以延续。这些家风或许是一个家族的荣耀，或许是一种生活的智慧，或许是一份对社会的责任感。它们在家庭中生根发芽，影响着每一个家庭成员的为人处世与价值取向。家园的传承，不仅是一个家族的延续，更是社会文明的传承与发展。自然与家园，是我们生命中最为重要的两个主题，它们相互依存、相互影响，共同构成了我们生命的完整画卷。自然是我们家园的根基，家园是我们在自然中建立的避风港。我们从自然中汲取力量与灵感，用这些力量与灵感去构建和守护我们的家园，家园则是我们对自然的回应与回馈，是我们对自然的尊重与热爱的体现。在自然的怀抱中，我们找到了生命的源泉与灵魂的栖息地；在家园的温暖中，我们感受到了亲情的力量与生活的美好。然而，我们也要明白，自然与家园的关系并非一成不变。在现代社会的发展进程中，人类对自然的过度索取与破坏，已经让自然的生态平衡受到了严重的威胁，家园也面临着诸多的挑战。环境污染、气候变化、资源短缺等问题，不仅影响着自然的健康，也威胁着家园的安宁与幸福。

因此，我们肩负着一种责任与担当。我们要尊重自然、保护自然，用实际行动去守护我们赖以生存的家园。这不仅仅是对自然的感恩与回报，更是对我们家园的守护与传承。我们要倡导绿色生活方式，减少对自然资源的浪费与破坏；我们要积极参与环境保护行动，为自然的修复与保护贡献一份力量；我们要在家庭中传承环保理念，让每一个家庭成员都成为自然的守护者。同时，我们也要用心去经营和守护我们的家园。我们要珍惜亲情，用爱去温暖每一个家庭成员；我们要传承家风，让家族的文化与价值观得以延续；我们要积极参与社区建设，为家园的发展贡献自己的智慧与力量。只有这样，我们才能让家园在自然的怀抱中更加温暖、更加美好，让自然与家园共同成为我们生命中最坚实的依归与最美好的归宿。

【名言精粹】

名言一：天行有常，不为尧存，不为桀亡。

出处：《荀子・天论》

解读：这句话揭示了自然规律的客观性和永恒性。从语言艺术角度来看，“天行有常”简洁而深刻，四个字便勾勒出自然运行的规律性，而“不为尧存，不为桀亡”则进一步强调了这种规律不受人类善恶、贤愚的影响，具有极强的辩证思维。它告诉我们，自然规律是客观存在的，人类社会的兴衰荣辱并不能改变自然的运行轨迹。从哲学意义上讲，这句话提醒我们应尊重自然规律、顺应自然，而不是盲目地试图征服自然，否则必将遭受自然的惩罚。只有与自然和谐共生，遵循自然规律来建设家园，才能实现人类社会的可持续发展。在古代，这种思想体现了对自然的敬畏之心，也反映了先贤对人与自然关系的深刻洞察。如今，这句话依然具有重要的现实意义。随着科技的发展，人类对自然的干预能力不断增强，但同时也带来了诸多生态问题。因此，我们应当从“天行有常”的思想中汲取智慧，学会在尊重自然规律的基础上合理利用自然资源，保护生态环境，让我们的家园更加美好。

名言二：子钓而不纲，戈不射宿。

出处：《论语・述而》

解读：这句话体现了孔子对自然生态的尊重和保护意识。“子钓而不纲”意味着孔子钓鱼时不用大网去捕捞，避免过度捕捞导致生态失衡；“戈不射宿”则表示不用武器射杀栖息的鸟兽，体现了对动物生命的尊重和爱护。从文化传承角度来看，这句话反映了中国古代儒家思想中“仁爱”的理念不仅适用于人类社会，也扩展到了自然万物。它倡导人们在利用自然资源时应有所节制，遵循生态伦理，保护自然生态系统的完整性和平衡性。这种思想对现代社会的生态保护和可持续发展具有重要的启示意义，提醒我们在追求物质生活的同时，不能忽视对自然家园的呵护。

名言三：天人合一，万物共生。

出处：《庄子・齐物论》

解读：这句话体现了中国古代哲学中“天人合一”的思想，强调人类与自然是一个有机的整体，万物相互依存、相互共生。从语言艺术角度来看，“天人合一”四个字简洁而深刻，高度概括了人与自然的关系；而“万物共生”则进一步强调了生态系统的多样性和平衡性。从哲学意义上讲，这句话提醒我们，人类的生存和发展离不开自然的滋养，只有尊重自然规律，与自然和谐相处，才能实现家园的长久繁荣。这种思想与现代的生态文明理念高度契合，倡导我们在发展经济的同时，保护自然环境，维护生态平衡。

名言四：取之有度，用之有节。

出处：《资治通鉴·唐纪》

解读：这句话强调了我们应对自然资源进行合理的有节制的使用。从语言艺术角度来看，“取之有度，用之有节”对仗工整，简洁明了，富有节奏感和韵律美，读来朗朗上口。它提醒我们，在利用自然资源时要有所节制，不能过度索取，否则会导致资源枯竭和生态破坏。从文化传承角度来看，这句话体现了中国古代的节俭思想和可持续发展理念，倡导我们在享受自然馈赠的同时，珍惜资源，合理利用，确保子孙后代也能享有丰富的自然资源。

名言五：万物并育而不相害，道并行而不相悖。

出处：《礼记·中庸》

解读：这句话描绘了一个和谐共生的理想状态，强调万物共同生长而不相互伤害，不同的道路并行而不相互冲突。从语言艺术角度来看，这句话对仗工整，意境深远，富有哲理。它不仅体现了中国古代哲学中对自然和谐的追求，也反映了对社会和谐的向往。从生态文明角度来看，这句话提醒我们，人类社会的发展应尊重自然规律，保护生物多样性，实现人与自然、人与社会的和谐共生。这种思想对于现代环境保护和可持续发展具有重要的启示意义。

名言六：数罟不入洿池，鱼鳖不可胜食也；斧斤以时入山林，材木不可胜用也。

出处：《孟子·梁惠王上》

解读：这句话体现了孟子对自然资源可持续利用的深刻认识。从语言艺术角度来看，孟子以生动具体的比喻，阐述了合理利用自然资源的重要性。“数罟不入洿池”意味着不用密网捕捞，让鱼鳖得以繁衍；“斧斤以时入山林”则强调了砍伐树木要遵循时节，让森林得以休养生息。这种比喻不仅形象生动，还富有深刻的哲理。从哲学意义上讲，这句话反映了孟子的“仁政”思想，即君主应当以仁爱之心治理国家，合理利用自然资源，保障百姓的基本生活需求。孟子认为，自然资源是有限的，只有合理利用，才能实现可持续发展。这种思想在当时具有重要的现实意义，也为后世的生态保护提供了重要的思想基础。在现代社会，这句话提醒我们，资源的可持续利用是实现经济、社会和环境协调发展的关键。我们应当从孟子的思想中汲取智慧，倡导科学合理的资源利用方式，推动生态文明建设，让我们的家园更加美丽。

【人物逸事】

故事一：大禹治水

禹伤先人父鲧功之不成受诛，乃劳身焦思，居外十三年，过家门不敢入。薄衣食，致孝于鬼神。卑宫室，致费于沟淢。陆行乘车，水行乘舟，泥行乘橇，山行乘檋。左准绳，右规矩，载四时，以开九州，通九道，陂九泽，度九山。令益予众庶稻，可种卑湿。命后稷予众庶难得之食。食少，调有余相给，以均诸侯。禹乃行相地宜所有以贡，及山川之便利。

出处：《史记·夏本纪》

译文：禹为父亲鲧因治水无功受到惩罚而感到难过，于是他辛勤努力，苦思焦虑。他住在外面十三年，多次路过自己家门都不敢进去。他节衣缩食，尽力孝敬鬼神；降低自己宫室的规格，把资财用在修治河川沟渠上。他陆地上行走乘车，水中行走乘船，泥沼中行走乘木橇，山路上行走用带齿的木底鞋。他左手拿着准绳，右手拿着规矩，还载着测定四时的仪器，开凿九州的土地，疏导九条河道，修治九个大泽，测量九座大山。他还命令益给百姓分发稻种，让他们在低洼潮湿的地方种植。命令后稷给百姓分发难以得到的食物。食物不够时，就在各诸侯国之间进行调配，使各诸侯国之间财富和食物丰歉互补。禹于是行遍天下，根据各地的物产情况来规定贡赋，还考察了各地山川的便利情况。

解读：大禹治水的核心在于“疏导”，而非“堵塞”。他认识到洪水的强大力量，决定顺应自然规律，将洪水引入大海。这种方法体现了古人对自然规律的深刻理解和尊重，也反映了人与自然和谐共生的理念。大禹治水的成功，启发后人要尊重自然规律，合理利用自然资源，而不是盲目对抗自然。大禹在治水过程中“三过家门而不入”的故事，展现了他公而忘私、无私奉献的精神。他为了治理洪水，牺牲了个人的家庭生活，一心扑在治水事业上。这种精神不仅体现了大禹对国家和人民的责任感，也反映了古人对公共利益的高度重视。大禹的这种精神成为后世治国理政的典范，激励着无数人为公共利益而奋斗。大禹治水并非盲目行动，而是通过实地考察、科学规划和工具创新来实现目标。他发明了“准绳”和“规矩”等测量工具，用于精准规划河道和地形。这种科学精神和创新意识，体现了古人在面对自然挑战时的智慧和勇气。大禹治水的成功，也展示了科学规划和技术创新在解决重大问题中的重要作用。大禹治水不仅解决了洪水灾害，还为百姓创造了稳定的生活环境，使社会得以恢复和发展。洪水治理后，大禹将天下划分为九州，铸九鼎，象征天下统一，为夏朝的建立奠定了基础。这一过程不仅体现了大禹对家园的重建，也反映了古代中国人对社会和谐与稳定家园的追求。大禹治水的故事在中国文化中具有深远的意义。它不仅是一个历史事件，更是一种精神象征。大禹成为中国传统文化中“英雄”的代表，他的治水精神成为后世治国理政的重要借鉴。大禹治水的故事激励着后人尊重自然、勇于创新、无私奉献，为建设和谐家园而努力。

故事二：黄帝的“华胥梦”

黄帝昼寝而梦，游于华胥之国。华胥之国在弇州之西，台州之北，不知斯齐国几千万里；盖非舟车足力之所及，神游而已。其国无帅长，自然而已。其民无嗜欲，自然而已。不知乐生，不知恶死，故无夭殇；不知亲己，不知疏物，故无爱憎；不知背逆，不知向顺，故无利害。都无所爱惜利害，故天下之至德，莫若华胥之国。黄帝既寤，怡然自得，召天老、力牧、太山稽，告之曰：“朕闲居三月，斋心服形，思有以养身治物之道，弗获其术。疲而睡，所梦若此。今知至道不可以情求矣。朕知之矣！朕得之矣！而不能以告汝矣。”又二十有八年，天下大治，几若华胥氏之国，而帝登假。百姓号之，二百余年不辍。

出处：《列子·黄帝》

译文：黄帝白天睡觉时做了一个梦，梦中他来到了一个叫华胥国的地方。华胥国在弇州的西边，台州的北边，距离齐国不知道有几千万里远。这个地方不是靠舟车或步行能够到达的，只能通过精神游历。华胥国没有首领，一切顺其自然。那里的人民没有嗜好和欲望，一切顺其自然。他们不知道什么是幸福的生活，也不害怕死亡，所以没有早逝的人；他们不知道什么是亲近自己，也不知道什么是疏远外物，所以没有爱憎之情；他们不知道什么是违背常理，也不知道什么是顺应常理，所以没有利害之分。因为没有爱憎、利害之分，所以华胥国是天下最理想的国家。黄帝醒来后，心情愉悦，感到非常满足。他召见了天老、力牧、太山稽三位大臣，告诉他们：“我闲居了三个月，静心修身，思考如何养身治国的方法，但没有找到答案。在疲劳中入睡后，我做了这样一个梦。现在我明白，最高的道理是不能用常理去追求的。我已经明白了！我已经得到了！但我无法用言语告诉你们。”又过了二十八年，天下治理得非常好，几乎和华胥国一样。后来黄帝升天而去，百姓哀号，二百多年不停止。

解读：黄帝的“华胥梦”是一个关于理想家园的神话故事，它深刻地体现了中国古代对自然与家园和谐共生的追求与向往。在这个故事中，华胥国不仅是一个理想的国度，更是一个与自然完美融合的家园，它展现了人类对自然的敬畏、顺应和依赖，以及对理想生活状态的向往。华胥国的设定充满了对自然的赞美与敬畏。它位于远离尘世的神秘之地，无法通过人力到达，只能通过精神去游历。这种设定本身就暗示了华胥国的超凡脱俗，它是一个与自然完美融合的理想世界。在这个国度中，人民的生活完全顺应自然规律，没有君主和官长，没有法律和制度，人们的行为完全基于自然的本能和天性。这种无为而治的模式，正是对自然法则的最高尊重。华胥国的人民与自然和谐共生，他们入水不溺，入火不热，刀砍无伤，空行如履平地，这些超自然的能力象征着人类与自然的完美融合。他们不受自然的束缚，也不对自然造成破坏，而是与自然和谐相处。这种与自然的和谐关系，正是中国古代哲学中“天人合一”思想的体现。人们在自然中找到自己的位置，而不是试图征服自然。黄帝从华胥梦中醒来后，领悟到治国之道在于顺应自然、减少欲望和对自然的干预。他以华胥国为榜样治理天下，经过二十八年，天下大治，几乎达到了华胥国的境界。这一过程不仅反映了黄帝对自然与家园理念的深刻理解，也展示了他将这种理念付诸实践的努力。通过减少对自然的干预，黄帝创造了一个和谐、安宁的社会环境，让人民能够像华胥国的居民一样，享受自然的恩赐，过上幸福的生活。华胥梦所传达的自然与家园的理念，对现代社会依然具有重要的启示意义。在当今世界，随着工业化和城市化的快速发展，人与自然的关系变得日益紧张。环境污染、生态破坏等问题不断涌现，人们逐渐意识到，只有重新审视与自然的关系，才能找到可持续发展的道路。华胥梦所描绘的理想家园，提醒我们要尊重自然、顺应自然，减少对自然的破坏，让自然成为我们真正的家园。同时，华胥梦也让我们思考家园的真正意义。家园不仅仅是物理空间的归属，更是心灵的栖息地。一个理想的家园，应该是一个与自然和谐共生的地方，人们在这里能够找到内心的平静与安宁。通过减少欲望和对自然的干预，我们可以创造一个更加美好的家园，让自然成为我们生活的一部分，而不是被我们征服的对象。黄帝的“华胥梦”不仅是一个古老的神话故事，更是一种对自然与家园理想状态的深刻思考。它提醒我们，只有尊重自然、顺应自然，才能找到真正的家园，让我们的生活更加和谐、美好。

故事三：陶渊明与桃花源

晋太元中，武陵人捕鱼为业。缘溪行，忘路之远近。忽逢桃花林，夹岸数百步，中无杂树，芳草鲜美，落英缤纷。渔人甚异之，复前行，欲穷其林。林尽水源，便得一山，山有小口，仿佛若有光。便舍船，从口入。初极狭，才通人。复行数十步，豁然开朗。土地平旷，屋舍俨然，有良田、美池、桑竹之属。阡陌交通，鸡犬相闻。其中往来种作，男女衣着，悉如外人。黄发垂髫，并怡然自乐。

见渔人，乃大惊，问所从来。具答之。便要还家，设酒杀鸡作食。村中闻有此人，咸来问讯。自云先世避秦时乱，率妻子邑人来此绝境，不复出焉，遂与外人间隔。问今是何世，乃不知有汉，无论魏晋。此人一一为具言所闻，皆叹惋。余人各复延至其家，皆出酒食。停数日，辞去。此中人语云：“不足为外人道也。”既出，得其船，便扶向路，处处志之。及郡下，诣太守，说如此。太守即遣人随其往，寻向所志，遂迷，不复得路。

出处：《桃花源记》

译文：东晋太元年间，武陵郡有一个人以捕鱼为生。有一天，他沿着溪水划船，忘记了路程的远近。忽然遇到一片桃花林，夹在溪水两岸，长达几百步，中间没有别的树，花草鲜嫩美丽，落花纷纷。渔人对这片桃花林感到非常诧异，便继续向前划去，想走到林子的尽头。桃林的尽头正是溪水的发源地，紧挨着一座山，山上有个小洞口，隐隐约约好像有光亮。渔人就下了船，从洞口进去。起初，洞口很狭窄，仅容一个人通过。又走了几十步，突然变得开阔明亮。呈现在他眼前的是一个平坦开阔的地方，房屋排列得整整齐齐，有肥沃的田地、美丽的池塘、桑树和竹林之类。田间小路交错相通，村落间能听到鸡鸣狗叫的声音。人们在田野里来来往往，耕种劳作，男女的穿着打扮，都和外面的人一样。老人和小孩都安详快乐。桃花源中的人看到渔人，大吃一惊，问他是从哪里来的。渔人详细地回答了他们。他们就邀请渔人到自己家里去，摆酒杀鸡做饭款待他。村中的人听说来了这么一个客人，都来打听消息。他们自己说，祖先为了躲避秦朝的战乱，带着妻子儿女和同乡人来到这个与世隔绝的地方，从此再也没有出去过，于是就和外面的人断绝了往来。他们问渔人现在是什么朝代，竟然不知道有汉朝，更不用说魏朝和晋朝了。渔人把自己听到的事情一一详细地告诉了他们，大家都感叹惋惜。其余的人又各自把渔人邀请到自己家中，都拿出酒和食物来款待他。渔人停留了几天后，告辞离去。桃花源中的人对他说："这里的情况不要对外面的人说。"渔人出来后，找到了他的船，就沿着来时的路回去，处处做了标记。到了郡城，去拜见太守，报告了这些情况。太守立即派人跟着他去寻找，寻找以前做的标记，最终迷失了方向，再也找不到通往桃花源的路了。

解读：《桃花源记》不仅是陶渊明对理想世界的描绘，更是他对"自然与家园"主题的深刻思考。桃花源的故事反映了陶渊明对自然的敬畏、对和谐生活的向往，以及对理想家园的追求。桃花源的自然环境被描绘得如诗如画，土地肥沃、水源充足、植被茂盛，呈现出一种人与自然和谐共生的景象。这种自然环境不仅为人们提供了丰富的资源，满足了他们的生活需求，还成为他们精神寄托的所在。陶渊明通过桃花源表达了对自然的敬畏与尊重，认为人类应该顺应自然规律，与自然和谐相处，而不是过度开发和破坏自然。桃花源中的人们生活在一个没有战乱、没有剥削、没有压迫的社会中，他们"黄发垂髫，并怡然自乐"，体现了社会的和谐与安宁。这种理想的社会秩序是陶渊明对现实社会的批判与反思，他希望能够构建一个理想家园，表达对美好生活的向往。桃花源中的人们过着自给自足的生活，他们"春蚕收长丝，秋熟靡王税"，没有外界的干扰和压迫，完全依靠自己的劳动生活。这种生活方式体现了陶渊明对田园生活的向往，也反映了他对自然与家园的深刻理解。陶渊明生活的东晋时期，社会动荡不安，战乱频繁，百姓流离失所。桃花源与现实世界形成鲜明对比，反映了他对现实社会的不满和批判。尽管桃花源是一个理想的世界，但陶渊明也清楚地意识到这样的世界在现实中是不存在的。渔人离开桃花源后，再也找不到回去的路，象征着理想与现实之间的巨大鸿沟。《桃花源记》对后世产生了深远的影响，它不仅激发了无数文人墨客对理想世界的向往，也成为中国文化中"乌托邦"思想的代表。桃花源的故事启示后人，理想家园的构建需要人与自然的和谐共生，需要社会的公平与正义，需要人们内心的宁静与满足。这种对"自然与家园"的理想追求，至今仍具有重要的现实意义。

故事四：柳宗元的“八愚宅园”

灌水之阳，有溪焉，东流入于潇水。或曰：冉氏尝居也，故姓是溪为冉溪。或曰：可以染也，名之以其能，故谓之染溪。余以愚触罪，谪潇水上。爱是溪，入二三里，得其尤绝者家焉。古有愚公谷，今余家是溪，而名莫能定，土之居者，犹龂龂然，不可以不更也，故更之为愚溪。愚溪之上，买小丘，为愚丘。自愚丘东北行六十步，得泉焉，又买居之，为愚泉。愚泉凡六穴，皆出山下平地，盖上出也。合流屈曲而南，为愚沟。遂负土累石，塞其隘，为愚池。愚池之东，为愚堂。其南，为愚亭。池之中，为愚岛。嘉木异石错置，皆山水之奇者，以余故，咸以愚辱焉。

出处：《愚溪诗序》

译文：在灌水的北面有一条小溪，向东流入潇水。有人说，过去有个姓冉的人曾住在这里，所以这条溪被命名为冉溪。还有人说，这条溪可以用来染色，根据它的功能命名为染溪。我因为愚笨而获罪，被贬到潇水边。我喜欢这条溪，沿着溪水走了二三里，发现了一个特别美好的地方，便在这里安家。古代有个愚公谷，如今我也住在这条溪边，但溪水的名字却不能确定。当地的居民还在争论不休，我不能不改掉它，所以把它改名为愚溪。在愚溪的上游，我买了一座小山丘，取名为愚丘。从愚丘往东北方向走六十步，发现了一处泉水，我又买下来，命名为愚泉。愚泉共有六个泉眼，都出自山下的平地，是向上涌出的泉水。六股泉水合流后弯弯曲曲向南流去，我称它为愚沟。于是，我运来土石，堵住沟口，筑成一个愚池。愚池的东边，建了一座愚堂。愚池的南边，修了一座愚亭。愚池的中央，堆了一个愚岛。岛上种植了好看的树木，摆放了造型奇异的石头，错落有致，都是山水中的奇景，但因为我的缘故，它们都被冠以“愚”字而受到屈辱。

解读：柳宗元的“八愚宅园”是其在被贬永州后，对自然与家园理想的深刻实践与表达。在永州的山水之间，他选择了溪、丘、泉、沟、池、堂、亭、岛八种要素构建了“八愚宅园”，这一园林不仅是他生活栖息之所，更是他心灵的归宿与精神的寄托。从自然的角度来看，“八愚宅园”体现了柳宗元对自然的敬畏与热爱。他将自然景观融入家园之中，溪流潺潺、泉水叮咚、丘陵起伏、池水澄澈，这些自然元素构成了宅园的基础，展现了自然的灵动与生机。柳宗元通过对自然的精心布局与改造，让自然与家园相融合，营造出一种宁静、和谐的生活环境。在这里，自然不再是外在的风景，而是家园的一部分，人们可以在自然的怀抱中感受四季的更迭与生命的律动。从家园的角度来看，“八愚宅园”反映了柳宗元对理想生活的追求。他将宅园命名为“八愚”，既是对自身处境的自嘲，也表达了对世俗名利的超脱。在这里，他远离尘世的喧嚣与纷争，以一种淡泊名利的心态，享受着与自然相伴的生活。他通过对自然的改造，将自然的野趣与人文的雅致相结合，创造出一个既适合居住又富有诗意的家园。在这里，他可以读书、写作、与友人交流，也可以独自漫步于山水之间，寻找心灵的宁静与慰藉。“八愚宅园”不仅是柳宗元个人的精神家园，更是中国古代文人对自然与家园理想的一种典型体现。它展现了文人对自然的热爱与尊重，以及对理想生活的向往与追求。在现代社会，我们依然可以从“八愚宅园”中汲取灵感，学会尊重自然、珍惜家园，寻找一种与自然和谐共生的生活方式，让自然与家园成为我们心灵的归宿与精神的寄托。

【诗词精华】

诗词一：《过故人庄》

作者：孟浩然（唐）
故人具鸡黍，邀我至田家。
绿树村边合，青山郭外斜。
开轩面场圃，把酒话桑麻。
待到重阳日，还来就菊花。

诗词鉴赏：“故人具鸡黍，邀我至田家”，诗的开篇便点明了诗人与故人的深厚情谊。故人以“鸡黍”相邀，既显出田家特有风味，又见待客之简朴。这种不讲虚礼和排场的招待，让诗人感到亲切自然。“绿树村边合，青山郭外斜”，诗人以简洁的笔触勾勒出一幅宁静的田园画卷，绿树环绕、青山斜映，自然与家园相得益彰。这两句诗不仅描绘了自然的美景，更表达出诗人对自然之美的赞美和对家园的眷恋。绿树与青山的描写，不仅展现了田园的宁静与美丽，还体现了诗人对自然环境的热爱和敬畏。“开轩面场圃，把酒话桑麻”，诗人与故人对饮、畅谈农事，展现了人与自然和谐相处的田园生活理想。诗人通过细腻的描写，传达出对田园生活的向往和对自然的亲近。“待到重阳日，还来就菊花”，结尾两句以重阳节再访故人作为约定，表达了诗人对友情的珍视和对田园生活的向往。这种对未来相聚的期待，不仅深化了诗的主题，也使整首诗的情感更加真挚。全诗语言清新自然，用词朴实无华，却意境深远。诗人以如话家常的形式，叙述了从到访到告别的过程，自然流畅，毫无雕琢之感。这首诗不仅描绘了田园生活的美好，更表达了诗人对自然与家园的热爱，对友情的珍视，以及对田园生活的向往。诗人通过对田园生活的描写，传达出一种对自然、对生活的热爱以及对美好未来的期待。《过故人庄》所表达的友情、自然与人生哲理，为现代人提供了一种心灵的寄托和情感的慰藉。在当今社会，人们面临着快节奏的生活和人际关系的疏离，《过故人庄》所描绘的田园生活和真挚友情，成为现代人向往的理想。

诗词二：《山居秋暝》

作者：王维（唐）
空山新雨后，天气晚来秋。
明月松间照，清泉石上流。
竹喧归浣女，莲动下渔舟。
随意春芳歇，王孙自可留。

诗词鉴赏：“空山新雨后，天气晚来秋”，诗人以简洁的笔触勾勒出一幅雨后初晴的山林景象，空山、新雨、晚秋，营造出一种清新、宁静的氛围。一个“空”字，不仅描绘出山林的空旷，更表达出一种超脱尘世的宁静与空灵。“明月松间照，清泉石上流”，这是诗中的名句，以明月、松树、清泉、山石等自然元素，描绘出一幅清幽的自然画卷。明月透过松枝洒下清辉，清泉在山石间潺潺流淌，动静结合，意境深远。“竹喧归浣女，莲动下渔舟”，诗人进一步描绘了山居生活的情趣，竹林中的喧闹声是浣衣女子归来，莲叶的摇动是渔舟顺流而下，展现了人与自然的和谐共生。这种描写不仅丰富了画面，更增添了一份生活的气息。“随意春芳歇，王孙自可留”，诗人反用《楚辞·招隐士》中的典故，表达了自己对隐逸生活的向往。诗人认为，山中的秋景同样美丽，不用因春芳的消逝而感到遗憾，隐居山中，远离尘世的纷扰，是一种理想的生活。

从艺术手法与思想内涵上来看，动静结合：诗中既有“明月松间照”这样的静态描写，也有“清泉石上流”“竹喧归浣女”这样的动态描写，动静结合，相辅相成，相得益彰。比兴手法：诗人通过对山水的描绘寄慨言志，含蕴丰富，耐人寻味。诗中的自然景物不仅是自然美的体现，更是诗人高尚情操的写照。意境营造：全诗语言清新自然，意境优美，通过对自然景色的细腻描写，传达出诗人对自然的热爱和对隐逸生活的向往。这首诗不仅展现了诗人对自然的热爱和对隐逸生活的向往，也反映了诗人对社会现实的反思。在当时的社会背景下，诗人通过描绘一个理想化的自然世界，表达了对纯净、宁静生活的向往。

诗词三：《春日田园杂兴》

作者：范成大（南宋）
柳花深巷午鸡声，桑叶尖新绿未成。
坐睡觉来无一事，满窗晴日看蚕生。

诗词鉴赏：《春日田园杂兴》是南宋诗人范成大创作的一组田园诗，属于《四时田园杂兴》系列的一部分。这组诗共60首，分为春日、晚春、夏日、秋日、冬日五部分，每部分各12首，生动地描绘了江南农村四季的自然风光、农事活动以及农民的生活。以下是对《春日田园杂兴》中部分诗作的鉴赏解读：首先，关于诗歌内容与主题。范成大以细腻的笔触描绘了春日田园的自然风光和农事活动。诗中不仅展现了自然之美，还表现了农民与自然的和谐共生。例如，“柳花深巷午鸡声，桑叶尖新绿未成。坐睡觉来无一事，满窗晴日看蚕生”，描绘了春日午后宁静的乡村景象，柳花飘飞，桑叶初生，蚕宝宝在窗边蠕动，充满了生机与和谐。范成大通过对乡村生活的描写，传达出一种宁静与美好的氛围。诗中的乡村生活充满了自然的乐趣和人情味，如“童孙未解供耕织，也傍桑阴学种瓜”，展现了农村儿童的天真与勤劳。

在艺术手法与特色上，首先，动静结合：范成大善于运用动静结合的手法，使画面更加生动。例如，“明月松间照，清泉石上流”（虽出自王维《山居秋暝》，但范成大的诗中也有类似的动静结合描写），明月与清泉的描写，一静一动，相得益彰。其次，细腻的描写：诗中对自然景物和农事活动的描写细腻入微，如“梅子金黄杏子肥，麦花雪白菜花稀”，通过对色彩和形态的描写，生动地展现了初夏江南农村的景色。最后，白描手法：范成大多用白描手法，语言简洁明快，不加雕琢，却能生动地勾勒出一幅幅田园生活的画面。例如，“骑吹东来里巷喧，行春车马闹如烟”，用简洁的语言描绘了春日里乡村的热闹景象。

在思想内涵与情感表达上，范成大通过这些诗作表达了对田园生活的向往和热爱。他描绘的田园生活充满了宁静与美好，反映了诗人对远离尘世喧嚣、回归自然的渴望。诗中不仅展现了田园生活的美好，也反映了农民生活的艰辛。例如，“租船满载候开仓，粒粒如珠白似霜”描绘了农民缴纳税赋的场景，表达了诗人对农民生活困苦的同情。范成大的诗中多次提到自然的力量和美丽，体现了他对自然的敬畏之情。他通过描绘自然与人类的和谐共生，传达出一种顺应自然、尊重自然的生活态度。《四时田园杂兴》不仅是一组田园诗，也是一幅反映南宋时期江南农村社会生活的画卷。诗中既展现了田园生活的美好，也反映了农民的辛勤劳作和生活困苦，具有重要的历史价值。范成大的田园诗在艺术上达到了很高的成就，其语言清新自然，意境优美，对后世田园诗的创作产生了深远的影响。

诗词四：《红楼梦》中稻香村的诗作

霁景明霞，杏帘招客饮；
红楼隐雾，仙袂隔花香。
绿野风烟，平泉草木，
花开红树乱莺啼，
草长平沙白鹭飞。
遥客兴遗踪，耕种有时闲，
带雨锄归，春风千树花。

诗词鉴赏：在《红楼梦》中，稻香村是贾府中一处重要的园林景观，位于大观园内。它以田园风光为主题，营造出一种宁静、质朴的乡村氛围。在第十八回“大观园试才题对额”中，贾宝玉为稻香村题写了一首诗，这首诗不仅描绘了稻香村的景色，还体现了贾宝玉对田园生活的向往和对自然的赞美。

诗词译文如下：晴朗的天空下，红霞满天，杏花村的酒帘在风中招展，仿佛在邀请客人前来畅饮。远处的红楼在云雾中若隐若现，仙衣般的薄雾中传来花香。广袤的绿野上，烟雾缭绕，平泉边的草木郁郁葱葱。红花盛开的树上，乱莺啼叫；广阔的平地上，青草茂盛，白鹭翩翩飞舞。远方的游客追寻着往昔的踪迹，耕种之余的闲暇时光，带着雨意归去，春风拂过，千树繁花盛开。

这首诗描绘了稻香村的田园风光，通过“霁景明霞”“杏帘招客饮”“红楼隐雾”等意象，营造出一种宁静、质朴而充满诗意的田园氛围。诗中既有自然景色的描写，如“花开红树乱莺啼，草长平沙白鹭飞”，也有对田园生活的向往，如“耕种有时闲，带雨锄归”，展现了人与自然和谐相处的理想境界。诗中运用丰富的色彩和动态描写，增强了画面感。如“红霞”“红树”“白鹭”等色彩鲜明的意象，与“乱莺啼”“白鹭飞”等动态描写相结合，使整个画面生动活泼，充满了生机与活力。贾宝玉通过这首诗表达了对田园生活的向往和对自然的热爱。诗中“遥客兴遗踪”“带雨锄归”等句，反映了贾宝玉对远离尘世喧嚣、回归自然的渴望。这种情感与他内心深处对封建礼教的反叛和对自由生活的向往相呼应。稻香村在《红楼梦》中不仅是一个具体的园林景观，更是一种象征。它象征着一种理想的生活方式和精神追求，与大观园中的其他奢华景观形成鲜明对比。这种对比反映了作者曹雪芹对封建贵族生活的批判和对自然、质朴生活的向往。这首诗运用了对仗、拟人、借景抒情等艺术手法。如“花开红树乱莺啼，草长平沙白鹭飞”对仗工整，音韵和谐；“杏帘招客饮”中的“招”字运用拟人手法，赋予了自然景物以人的情感，增强了诗歌的艺术感染力。通过这首诗，我们可以感受到《红楼梦》中对自然和田园生活的深刻描写，以及作者对理想生活的追求和向往。

【阅悟人生】

在现代社会，快节奏的生活和功利主义的盛行有时会让我们忽视自然与家园的重要性。然而，自然与家园依然是我们心灵的归宿和精神的寄托。在个人层面，尊重自然与守护家园能够帮助我们找到内心的宁静与归属感。当我们学会敬畏自然并积极守护家园时，会收获更多的精神富足与心灵安宁，让自己的生活更加充实和有意义。在社会层面，尊重自然与守护家园能够促进社会的可持续发展与和谐共生。当每个人都心怀对自然的敬畏并积极为家园的建设贡献力量时，社会将更加和谐、美好，进而形成一种可持续发展的氛围。

尊重自然与守护家园是一种责任，更是一种智慧，它让我们在现代社会中找到生活的意义与方向，让我们的生活更加和谐与美好。尊重自然与守护家园是人生的重要课题，它贯穿于我们生命的始终。尊重自然让我们感受到生命的源泉与力量，守护家园则让这种美好得以延续和传承。让我们从现在开始，尊重自然、守护家园，用责任与担当书写属于自己的精彩人生。

【写作锦囊】

写作训练

以“家园的守望”为题，写一篇800字记叙文，围绕“自然与家园”的主题展开叙述。注意通过人物的言行、心理活动以及环境描写，突出人与自然和谐共生的重要性，让人物的情感和故事的意义真实可感。或者以“自然与家园：共生共荣的未来”为题，写一篇800字议论文，结合历史、现实和理论，论证自然与家园的紧密联系。要求论点明确，论证严密，层次清晰。

写作提示

记叙文：在记叙文中，自然与家园可以通过一个具体的故事来展现。例如，讲述一个村庄如何在现代化进程中保护自然环境，或者一个家庭如何在城市中创造一片绿色空间。可以通过人物的内心挣扎、行为表现以及周围环境的描写，突出人与自然和谐共生的重要性。例如，描写一个老人在村庄面临工业化改造时，如何坚持保护村口的老树和河流。可以通过描写他在村民大会上的慷慨陈词、在工地上与施工队的争执，以及他在清晨和黄昏时分对自然的深情凝望，展现他对家园的守护。此外，还可以通过对比手法，描写一些人对自然的破坏行为，以及由此带来的后果，从而形成鲜明的反差。在叙述过程中，可以通过细节描写增强感染力。例如，描写老人抚摸老树的粗糙树皮时的深情，或是他站在河边时的沉思。还可以通过环境描写烘托氛围。例如清晨的鸟鸣、夕阳下的田野，或是被污染的河流散发出的刺鼻气味。这些细节不仅能让故事更加生动，也能让读者感受到自然与家园的深刻联系。此外，可以通过人物的内心独白，展现他们对自然的思考。比如，老人可能会在内心回忆起童年时的自然美景，或是对子孙后代的期望。这种心理描写能够让故事更加真实感人，也让主题更加深入人心。

议论文：在议论文中，自然与家园可以从理论层面进行探讨，结合历史、现实和哲学观点，阐述其重要性。可以从历史角度切入，列举一些著名的例子，比如古代“天人合一”的哲学思想，或是古代诗人对自然家园的赞美。这些例子不仅能够增强论点的说服力，还能让文章更具文化底蕴。可以从现实角度分析自然与家园在当今社会的意义。比如，在城市化进程中，自然环境的保护不仅是生态需求，更是人类生活质量的保障；在乡村，自然与家园的和谐共生是乡村振兴的重要基础。可以结合社会现象，如城市雾霾污染、农村生态破坏等，进一步论证这一观点。可以从哲学或生态学角度探讨自然与家园的内在价值。比如，自然不仅是人类的生存基础，更是精神的寄托；家园不仅是地理空间，更是心灵的归宿。可以引用一些名言警句，如“大地是人类的母亲”“自然是我们共同的家园”，来增强文章的深度和说服力。可以结合个人或社会的实际，提出一些建议。比如，如何在日常生活中践行环保理念，如何通过政策和教育提升社会对自然的保护意识。通过层层递进的论述，让读者不仅能理解自然与家园的重要性，还能从中获得启发和力量。

第三讲：自省与自信

【主题解读】

一、自省：灵魂的清泉

自省，是灵魂深处的一场静谧的对话，是心灵在喧嚣尘世中的一次独自漫步。它如同一盏幽微却明亮的灯，照亮了内心深处那些被尘埃掩盖的角落。在自省的光芒下，我们得以窥见自己的影子，那影子或许有些许扭曲，或许带着瑕疵，但正是这些不完美，构成了真实的自我。

自省是一场与自己的对话，它让我们在匆忙的生活中停下脚步，聆听内心深处的声音。它告诉我们，生命的意义不仅在于前行的速度，更在于能否在回首时，坦然面对自己的足迹。每一次自省，都是一次心灵的洗礼，让我们在反思中沉淀，在沉淀中成长。它让我们明白，真正的智慧不是掩盖自己的不足，而是勇敢地面对它们，用内心的勇气去雕琢一个更加完美的自己。

自省如同清泉，涤荡着心灵的尘埃。它让我们在喧嚣中找到宁静，在纷扰中寻得安宁。它让我们在面对自己的缺点时，不再逃避，不再掩饰，而是以一种坦然的姿态去接纳它们。因为只有当我们真正接纳了自己的不完美，才能在自省中找到成长的方向。自省是灵魂的觉醒，是心灵的回归，它让我们在反思中找到内心的宁静与力量。

二、自信：灵魂的绽放

自信，是灵魂在自省之后的华丽转身，是内心深处的光芒在历经磨砺后的绚烂绽放。它是生命中那抹最耀眼的色彩，是灵魂在经历了自我审视后的笃定与从容。

自信源于自省，却高于自省。自省让我们看清了自身的不足，而自信则让我们在面对这些不足时，依然能够挺直脊梁，勇敢前行。自信不是盲目自大，而是一种基于对自己深刻理解后的坚定信念。它让我们相信，即使前路荆棘丛生，即使内心仍有瑕疵，我们依然有能力跨越重重障碍，抵达心中的彼岸。

自信是自省的升华，它让灵魂在经历了自我反思的洗礼后，焕发出更加耀眼的光芒。它告诉我们，生命的意义不仅在于认识自己，更在于用这份认识去创造属于自己的辉煌。自信让我们在人生的舞台上，以一种从容的姿态演绎出属于自己的精彩故事。

自信如同阳光，穿透生命的阴霾，照亮前行的道路。它让我们在面对困难时，不再退缩，不再畏惧，而是以一种坚定的信念去迎接挑战。自信是一种内在的力量，它让我们在自省中找到成长的方向，在成长中找到自信的源泉。自信让我们在人生的旅途中，以一种从容的姿态去迎接每一个黎明与黄昏。

自省与自信，如同生命的两翼，相互依存，相互促进。自省让我们在反思中沉淀，自信让我们在沉淀中绽放。它们共同构成了一幅绚丽的生命画卷，让我们在成长的道路上，既有深度的思考，又有高度的自信。在这幅画卷中，我们看到了自己的成长，也看到了生命的美好。

【名言精粹】

名言一：曾子曰："吾日三省吾身：为人谋而不忠乎？与朋友交而不信乎？传不习乎？"

出处：《论语·学而》

解读：曾子说，"我每天多次反省自己：为别人办事是否尽心尽力了呢？与朋友交往是否诚信呢？老师传授的知识是否复习了呢"。"为人谋而不忠乎？"这句话强调的是"忠"，即对他人事务的尽心尽力。曾子提醒自己，为他人做事时要全心全意，尽到自己的责任，不能敷衍塞责。这是对他人的尊重，也是对自己品德的要求。"与朋友交而不信乎？"这句话强调的是"信"，即诚信。与朋友交往时，要言行一致，守信用，不欺骗。诚信是人际关系的基础，也是个人品德的重要体现。曾子通过反省自己是否做到诚信，来维护良好的人际关系。"传不习乎？"这句话强调的是"习"，即学习和实践。曾子提醒自己，老师传授的知识不仅要学习，还要反复复习和实践。学习是一个持续的过程，只有通过不断复习和实践，才能真正掌握知识，提升自己。这一章反映了儒家重视自我修养的思想。曾子通过"三省吾身"提出了三个重要的道德要求——忠、信、习。这不仅是个人修养的准则，也是儒家倡导的道德行为的基本规范。通过每日反省自己的行为，曾子强调了不断自我完善的重要性，这种反省精神在今天依然具有重要的现实意义。

名言二：见贤思齐焉，见不贤而内自省也。

出处：《论语·里仁》

解读：这句话是孔子关于自省与学习的经典论述。这句话深刻地揭示了自省的重要性和方法，是儒家思想中关于个人修养的核心理念之一。自省，是自我反思和自我审视的过程，是通过内省来发现自己的不足并加以改进。孔子在这句话中提出了两种自省的途径，一是"见贤思齐"，即看到贤者时，要以他们为榜样，学习他们的优点和长处。二是"见不贤而内自省"，即看到不贤者时，要反思自己是否也有类似的缺点和不足。这种正反两面的自省方法，既鼓励我们积极向善，又提醒我们时刻警醒，避免陷入错误。从自省的角度来看，这句话强调了自省的主动性和全面性。自省不应仅仅局限于自我批评，而应包括对他人行为的观察与反思。通过观察他人的优点，我们可以明确自己努力的方向；通过反思他人的不足，我们可以及时纠正自己的行为。这种全面的自省方式，能够帮助我们在成长的道路上不断进步，避免盲目自大或自我满足。同时，这句话也体现了儒家思想中“内圣外王”的理念。自省是“内圣”的基础，只有通过不断地自省和自我完善，才能达到内心的平和与智慧。而这种内在的修养，又会自然地体现在外在的行为上，从而实现“外王”的目标。自省不仅是一种个人修养的方法，更是一种对社会和他人负责的态度。在现代社会，这句话依然具有深远的意义。快节奏的生活和复杂的人际关系常常让我们迷失自我，而自省则能帮助我们回归内心，找到真正的方向。通过“见贤思齐”，我们可以不断学习他人的优点，提升自己的能力和素质；通过“见不贤而内自省”，我们可以及时发现自己的不足，避免犯下类似的错误。这种自省的态度，不仅能让我们在个人成长的道路上不断进步，也能让我们在社会中更好地与他人相处，共同构建一个更加和谐、美好的世界。

名言三：君子求诸己，小人求诸人。

出处：《论语·卫灵公》

解读：这句话是孔子对君子与小人行为准则的深刻对比。这句话简洁而精辟，却蕴含着丰富的哲理，是儒家思想中关于道德修养和人格境界的重要论述。它不仅为我们揭示了两种截然不同的人格特质，更为我们提供了在面对问题和挑战时的行为指南。这句话的意思是：君子总是从自身寻找原因，努力提升自己；而小人总是试图从他人身上寻找问题，推卸责任。这里的“求诸己”和“求诸人”分别代表了两种截然不同的行为模式和思维方式。从哲学和道德层面来看，这句话揭示了两种不同的人格境界和价值取向。君子的行为准则强调自我修养和自我完善，体现了儒家思想中“内圣外王”的理念。君子通过不断的自我反省和自我提升，达到内心的平和与智慧，进而影响他人和社会。这种自我修养的过程不仅是个人成长的需要，更是对社会和他人负责的表现。君子明白，只有通过自身的努力和改进，才能真正解决问题，实现个人的成长和进步。小人的行为准则则反映了他们的自私和短视。他们习惯于将责任推给他人，试图通过指责他人来掩盖自己的不足。这种行为不仅无法解决问题，还会导致矛盾的加剧和关系的破裂。小人往往缺乏自我反思的勇气和能力，习惯于逃避责任，从而陷入消极的情绪中，无法成长。

名言四：君子博学而日参省乎己，则知明而行无过矣。

出处：《荀子·劝学》

解读：这句话是荀子在论述学习与修养时的经典名言。它不仅蕴含着深刻的哲学智慧，更为我们提供了关于个人成长与道德修养的宝贵指导。这句话的完整语境是，“故木受绳则直，金就砺则利，君子博学而日参省乎己，则知明而行无过矣”。荀子以木材经过墨线矫正可以变直、金属经过磨砺可以变得锋利为比喻，引出君子通过广泛学习和每日反省可以达到智慧明达、行为无过的境界。其中，“博学”指的是广泛地学习各种知识，强调知识的广博与多样性；“日”表示每天，强调持之以恒的精神；“参省”是检验和反省的意思，体现了自我反思的重要性；“知明”指智慧明达，即对事物有清晰的认识和判断；“行无过”则是行为没有过错，符合道德规范。这句话深刻地揭示了学习与自省的辩证关系，以及它们对个人成长和道德修养的重要意义。荀子认为，学习是提升自我的基础，而自省则是学习的延伸和深化。通过广泛学习，人可以积累知识、拓宽视野、丰富思想，从而更好地认识世界。然而，知识的积累并不意味着智慧的自然生成，只有通过不断地自我反省，才能将所学知识转化为内在的智慧，进而指导自己的行为。学习与自省的结合，不仅是对知识的追求，更是对道德修养的提升。荀子强调，一个真正的君子不仅要有广博的知识，更要有高尚的道德品质。通过每日的自省，人可以发现自己的不足，改正自己的错误，从而不断提升自己的道德境界。这种持之以恒的自我修养，是实现“知明而行无过”的关键。

此外，这句话还体现了荀子对持之以恒精神的重视。他用“日参省”来强调每天都要进行自我反省，这种持之以恒的精神是实现自我提升的重要保障。只有坚持不懈地学习和反省，才能不断进步，最终达到智慧明达、行为无过的境界。因此，“君子博学而日参省乎己，则知明而行无过矣。”这句话，不仅是对个人成长的指导，更是对社会进步的期许。它告诉我们，只有通过不断学习和反省，我们才能不断提升自己的智慧和道德修养，从而实现个人的成长和社会的和谐。让我们从现在开始，以荀子的这句话为指引，广泛地学习，每日反省，用知识和智慧照亮人生道路，用道德和修养构建和谐社会。

名言五：自信人生二百年，会当水击三千里。

出处：《七古·残句》

解读：这句话是毛泽东在1917年左右创作的《七古·残句》中的名句。这句诗虽然出自佚失的诗篇，但仅凭这两句，就以其豪迈的气魄和深远的意蕴，成为激励人们自强不息、勇往直前的经典。“自信人生二百年”以夸张的手法表达了对人生的自信和豪情，寓意着珍惜时光、勤奋努力，仿佛可以延长生命的长度，创造出非凡的成就。“会当水击三千里”化用《庄子·逍遥游》中“鹏之徙于南冥也，水击三千里”的典故，以鲲鹏展翅高飞、水击三千里的形象，比喻自己在革命事业中的豪迈气概和远大志向，不仅描绘了在水中迎风破浪的畅快，更象征着对未来前程的无限信心和实现鸿鹄之志的决心。这句诗不仅是毛泽东个人才华和勇气的体现，更是中华民族自强不息、勇往直前的精神象征。它激励着人们在面对困难和挑战时保持自信和勇气，勇往直前、不懈奋斗，创造出属于自己的辉煌成就。

名言六：天生我材必有用，千金散尽还复来。

出处：《将进酒》

解读：这句诗是李白表达对人生价值和自信态度的经典名句，充分展现了他豪迈不羁的个性和对未来的乐观信念。这句诗不仅在唐代激励了无数人，在现代社会中也依然具有深远的意义。它提醒我们，无论遇到多大的困难和挫折，都要相信自己的能力，保持乐观的心态。只有这样，我们才能在人生的道路上不断前进，实现自己的价值。

名言七：自信者不疑人，人亦信之；自疑者不信人，人亦疑之。

出处：《素书·安礼章》

解读：这句话相传为秦末汉初的黄石公所言。这句话深刻地揭示了自信与信任之间的关系，以及这种关系对个人行为和社会交往的影响。自信的人不会轻易怀疑他人，他们相信自己的判断和能力，同时也相信他人的善意和诚信。因为这种自信和信任，也会获得他人的信任。这种信任关系能够促进良好的人际关系和社会和谐。缺乏自信的人往往对自己和他人都充满怀疑。他们因为内心的不安全感，常常怀疑他人的动机和行为，这种怀疑态度也会导致他人对他们产生不信任。这种不信任关系容易引发矛盾和冲突。这句话不仅揭示了自信与信任之间的深刻关系，也为我们在个人成长和社会交往中提供了重要的指导。

【人物逸事】

故事一：赵普半部论语自省为政

普，字则平，幽州蓟人。普少习吏事，寡学术，及为相，太祖常劝以读书。晚年手不释卷，每归私第，阖户启箧取书，读之竟日。及次日临政，处决如流。既薨，家人发箧视之，则《论语》二十篇也。普性深沉有岸谷，虽多忌克，而能以天下事为己任。宋初，在相位者多龌龊循默，普刚毅果断，未有其比。尝奏荐某人为某官，太祖不用。普明日复奏其人，亦不用。明日，普又以其人奏，太祖怒，碎裂案牍掷地，普颜色不变，跪而拾之以归。他日补缀旧纸，复奏如初。太祖乃悟，卒用其人。

出处：《宋史·赵普传》

译文：赵普，字则平，是幽州蓟县人。赵普年轻时熟悉官吏的事务，但学问不多。等到他做了宰相，宋太祖常常劝他读书。赵普晚年读书勤奋，每次回到自己的住宅，关上门打开书箱，拿出书来读，一读就是一整天。等到第二天处理政务时，他决策果断，处理事务流畅高效。赵普去世后，家里人打开他的书箱查看，发现里面只有《论语》二十篇。赵普性格深沉严肃，虽然有时忌妒刻薄，但他能把天下大事当作自己的责任。宋朝初年，担任宰相的人大多谨小慎微、默守成规，而赵普却刚毅果断，没有人能与他相比。有一次，他上奏推荐某人担任某官，宋太祖没有采纳。第二天，赵普又上奏推荐这个人，太祖还是没有同意。第三天，赵普再次上奏推荐同一个人，太祖大怒，把奏章撕碎扔在地上。赵普面不改色，跪在地上把撕碎的奏章拾起来带回家。过了几天，他把奏章修补好，再次上奏，内容和之前一样。最终，宋太祖醒悟过来，任命了赵普推荐的那个人。

解读：赵普的故事深刻体现了他“半部《论语》治天下”的智慧与自省精神。他虽年轻时学问不多，但晚年勤奋学习，手不释卷，以《论语》为精神指引，通过读书提升自己的政治智慧和道德修养。这种自省与学习的态度使他在处理政务时能够“处决如流”，展现出极高的政治才能。赵普的自省不仅体现在个人修养上，更体现在为政理念中。他“以天下事为己任”，刚毅果断，敢于坚持正确的人选，即使面对皇帝的拒绝和愤怒，也不轻易放弃。这种坚持不仅是对自己判断的自信，更是对国家和人民负责的表现。他通过不断反思和学习，将《论语》中的智慧运用到实际政治中，实现了个人与国家的共同成长。赵普的故事告诉我们，无论处于何种地位，持续学习和自我反思都是提升个人能力和实现目标的重要方式。同时，这种自省精神也提醒我们，在面对困难和挑战时，应保持坚定的信念和对公共利益的责任感。

故事二：魏征谏言自省辅佐唐太宗

魏征，字玄成，巨鹿人也。少孤，落魄，有大志，不事生业，出家为道士。好读书，多所通涉，见天下渐乱，尤属意纵横之说。大业末，武阳郡丞元宝藏举兵以应李密，署征为书佐。密每见征所为书檄，称善，遽令召之。征进说曰：“方今群雄竞起，有真主之资者，非公莫属。然公见用，皆亡国之臣，非拨乱之才，难卒成霸业。公宜乘机早定霸图，莫淹留以失事机。”及李密败，王世充囚之。时李勣尚为密守，征说勣曰：“今密败，其众未安，不若因是归唐，秦王必重待公。”勣然之，遣使奉表请降。勣寻入朝，征亦随至长安，擢授秘书丞，迁起居舍人。太宗即位，拜谏议大夫，封钜鹿县男。征以直言敢谏，累上疏数十事，皆见纳用。太宗尝谓曰：“贞观以前，从我定天下，间关草昧，房玄龄之功不可忘。贞观之后，尽心于我，献纳忠谠，安国利民，犯颜正谏，匡朕之违者，唯魏征而已。古之名臣，何以加也。”

出处：《旧唐书·魏征传》

译文：魏征，字玄成，是巨鹿人。他幼年丧父，生活困顿，但志向远大，不从事普通的职业，而是出家做了道士。魏征喜欢读书，涉猎广泛，看到天下逐渐混乱，尤其关注纵横家的学说。隋朝大业末年，武阳郡丞元宝藏起兵响应李密，任命魏征为书佐。李密每次看到魏征起草的文书，都称赞不已，立即下令召见他。魏征进言说，“如今群雄并起，真正有帝王之资的人，非您莫属。然而您身边所用的都是亡国之臣，没有拨乱反正的才能，难以最终成就霸业。您应该抓住机会早日确定霸业，不要犹豫不决而错失良机”。

后来李密被王世充击败，魏征被王世充囚禁。当时李勣还在为李密守城，魏征劝说李勣：“如今李密已败，其部众人心未定，不如趁此机会归顺唐朝，秦王必定会重用您。”李勣采纳了他的建议，派使者向唐朝献表请降。李勣不久入朝，魏征也随他来到长安，被提拔为秘书丞，后升任起居舍人。唐太宗李世民即位后，任命魏征为谏议大夫，封为钜鹿县男。魏征以直言敢谏著称，多次上疏数十事，都被太宗采纳。太宗曾对他说：“贞观以前，跟随我平定天下，历经艰难险阻，房玄龄的功劳不可忘记。贞观之后，对我尽心尽力，提出忠诚的建议，安定国家，造福百姓，敢于当面指出我的过错，纠正我的失误的，只有魏征一人而已。古代的名臣，又有谁能超过他呢？”

解读：魏征的故事深刻体现了他的自省精神和辅佐唐太宗李世民实现贞观之治的智慧与勇气。魏征出身寒微，但志向远大，他通过不断学习和自省，积累了丰富的知识和智慧。在归唐后，他以直言敢谏著称，多次向唐太宗提出批评和建议，帮助皇帝纠正错误，推动国家的治理和发展。魏征的自省精神不仅体现在他个人的成长过程中，更体现在他对国家事务的深刻洞察和勇于担当的态度。他深知，只有通过不断反思和改进，才能实现国家的长治久安。因此，他不仅敢于指出皇帝的过失，还积极提出建设性的意见，帮助唐太宗更好地治理国家。魏征的忠诚和正直赢得了唐太宗的尊重和信任。唐太宗曾多次表示对魏征的赞赏和感激，认为魏征的直言敢谏对国家的繁荣稳定起到了关键作用。魏征的这种自省精神和忠诚品质，不仅为他个人赢得了极高的声誉，也为唐朝的贞观之治奠定了坚实的基础。魏征的故事告诉我们，无论身处何种地位，持续学习和自我反思都是提升个人能力和实现目标的重要途径。同时，这种自省精神也提醒我们，在面对困难和挑战时，应保持坚定的信念和对公共利益的责任感。魏征的智慧和勇气为后世树立了榜样，成为中华民族历史上一位杰出的政治家和思想家。

故事三：张居正改革

张居正，字叔大，号太岳，湖广江陵人。少颖敏绝伦，十五为诸生，试辄冠其曹偶。巡抚顾璘奇其文，曰：“国器也！”嘉靖二十六年，居正成进士，改庶吉士。隆庆五年，居正入为吏部左侍郎，寻转右侍郎。万历元年，居正遂代高拱为首辅。时政在冲幼，居正揽大权，以尊主安国为己任。时太仓粟可支十年，而府库金钱亦溢。乃行考成法，以事责内阁，以稽六科，以察诸曹，天下吏治为肃。又行一条鞭法，总括一县之赋役，尽并为一条，皆折银充之，民困渐苏。居正为人，操群下如束湿，威柄之操，几于震主。然居正勇于任事，以国家为己任，裁革弊政，刷新纪纲，赫然如朝廷之有雷厉风行者。居正病卒，赠上柱国、太师，谥文忠。

出处：《明史·张居正传》

译文：张居正，字叔大，号太岳，是湖广江陵（今湖北荆州）人。他从小就非常聪慧，十五岁时成为诸生，每次考试总是名列前茅。巡抚顾璘对他的文章非常赞赏，称赞他为“国器”。嘉靖二十六年，张居正考中进士，后改任庶吉士。隆庆五年，张居正进入吏部担任左侍郎，不久又转任右侍郎。万历元年，张居正取代高拱成为内阁首辅。当时皇帝年幼，张居正掌握大权，以尊崇君主、安定国家为己任。当时国家财政充裕，太仓的粮食可以支持十年，国库中的金钱也十分充裕。张居正推行考成法，将政务责任落实到内阁，通过六科进行稽查，同时监督各部曹，使得全国吏治更加严明。他还推行一条鞭法，将一县的赋役全部合并为一条，全部折算成银两缴纳，百姓的负担逐渐减轻。张居正为人果断，控制下属如同捆扎湿物一般严密，他的权力几乎达到了震动君主的程度。然而，张居正勇于承担责任，以国家为己任，裁革弊政，刷新纪纲，其改革措施如同雷霆万钧，使朝廷焕然一新。张居正病逝后，被追赠上柱国、太师，谥号文忠。

解读：张居正的改革不仅是明代历史上一次重要的政治变革，更是自信与担当精神的生动体现。张居正面对的是一个积弊已久、矛盾重重的国家，但他凭借坚定的信念和强大的自信，推动了一系列深刻的改革。张居正深知，只有通过改革才能挽救国家于危难之中。他以“尊主权、课吏职、信赏罚、一号令”为指导，大刀阔斧地进行整顿，展现了极强的自信和担当。张居正的改革涉及政治、经济、军事等多个领域，他不仅敢于直面问题，还能够提出切实可行的解决方案。这种全面性和深度的改革，需要极强的自信和勇气。张居正的改革取得了显著成效，国家的财政状况得到极大改善，社会经济得到恢复和发展。这种成效不仅证明了他的改革措施是正确的，也体现了他强大的自信和领导能力。

故事四：苏轼自信豁达笑对人生

苏轼，字子瞻，眉州眉山人。轼与弟辙，师父洵为文，既而得之于天。尝自谓：“作文如行云流水，初无定质，但常行于所当行，止于所不可不止。”虽嬉笑怒骂之词，皆可书而诵之。其体浑涵光芒，雄视百代，有文章以来，盖亦鲜矣。

轼之才，远大器识，议论卓然，独步当世。其为人，心如止水，笑对浮沉。虽屡遭贬谪，然处之泰然，不戚戚于贫贱，不汲汲于富贵。每至一处，必有所为，或兴水利，或教化百姓，皆能造福一方。轼尝曰：“吾上可陪玉皇大帝，下可陪卑田院乞儿。眼前见天下无一个不好人。”其胸襟之旷达，古今罕见。

出处：《宋史·苏轼传》

译文：苏轼，字子瞻，是眉州眉山人。苏轼和他的弟弟苏辙，都跟随父亲苏洵学习写作。他们的文学才华既有后天的勤奋，也有天赋的成分。苏轼曾说，“写文章就像行云流水，没有固定的形态，只是在该写的时候写，该停的时候停”。即使是嬉笑怒骂的文字，也都可以写下来并让人诵读。他的文章风格宏大而光芒四射，雄视百代，自文章产生以来，像他这样的人也极为少见。苏轼的才华和见识远大卓越，他的议论见解超凡脱俗，独步当世。他为人豁达，内心平静如水，面对人生的起伏能够一笑置之。虽然他一生屡遭贬谪，但他始终泰然处之，不为贫贱而忧愁，不为富贵而急切。每到一处任职，他都会有所作为，比如兴修水利、教化百姓，造福一方。苏轼曾说，“我上可以陪伴玉皇大帝，下可以陪伴乞丐。在我看来，天下没有一个不是好人”。他的胸襟如此旷达，古今罕见。

解读：苏轼的自信与豁达不仅体现在他的诗词作品中，更贯穿于他的一生。面对人生的种种挫折与困境，他始终保持着乐观的心态和对生活的热爱。这种豁达的人生态度，使他能够在逆境中保持内心的平静，以一种超脱的眼光看待世事的变迁。苏轼的自信并非盲目的自大，而是源于他对生活的深刻理解和内心的豁达。他深知人生的起伏不定，因此能够以一种从容的心态面对各种挑战。苏轼的豁达使他能够在困境中找到希望，将挫折转化为创作的灵感。他的诗词作品中充满了对自然的热爱和对人生的深刻洞察，这种超然物外的态度使他能够在逆境中保持乐观。苏轼常常以“笑”来面对人生的种种不如意。他的诗词中多次出现“笑”字，这不仅是他乐观心态的体现，更是一种对人生的深刻领悟。他用笑来化解生活的苦涩，用豁达来面对人生的风雨。苏轼的故事告诉我们，无论面对多大的困难，只要保持内心的豁达与自信，就能在困境中找到希望，活出人生的精彩。

【诗词精华】

诗词一：《瀑布》

作者：李忱（唐）
千岩万壑不辞劳，远看方知出处高。
溪涧岂能留得住，终归大海作波涛。

诗词鉴赏：这首诗以瀑布为题，表面上描绘的是瀑布从高山奔腾而下的壮丽景象，但实际上却蕴含着深刻的象征意义，尤其是对“自信”的表达。“千岩万壑不辞劳，远看方知出处高。”这两句诗，描绘了瀑布在千山万壑中奔流不息，不畏艰难险阻，最终汇聚成磅礴的水流。瀑布之所以能够如此壮观，是因为它的源头在高山之巅，这种高度赋予了它自信的力量。瀑布的自信并非凭空而来，而是基于它所处的高远位置，以及它所经历的艰难险阻。这正如一个人的自信，往往源于自身的高度和所经历的磨砺。只有站在高处，经历过风雨，才能拥有真正的自信。“溪涧岂能留得住，终归大海作波涛。”这两句诗，指绘了瀑布在奔流过程中，不会被沿途的溪涧所束缚，它有着更高的目标——汇入大海，成为波涛的一部分。这种坚定的目标和不屈的精神，正是自信的体现。瀑布的自信使它能够突破重重阻碍，最终实现自己的价值。同样，一个人的自信也能赋予他强大的力量，让他在面对困难时毫不退缩，勇往直前，最终实现自己的理想。李忱作为一位皇帝，他的这首诗不仅是在赞美瀑布，更是在表达自己的自信与抱负。瀑布的奔腾不息象征着诗人内心的豪情壮志，他相信自己能够像瀑布一样，突破重重困难，实现自己的理想。这种自信不仅源于他的身份和地位，更源于他对自身能力和理想的坚定信念。诗人通过瀑布的形象，向世人展示了自己的自信与决心，表达了他对未来的美好憧憬。

这首诗通过瀑布的形象，深刻地揭示了自信的重要性。瀑布之所以能够成为壮观的景象，是因为它有着高度的自信，相信自己能够突破一切阻碍，最终汇入大海。这种自信使瀑布在奔流过程中毫不畏惧，勇往直前。同样，一个人要想实现自己的理想，也必须具备这种自信。只有相信自己，才能在面对困难时保持坚定的信念，不断努力，最终实现自己的目标。因此，李忱的《瀑布》不仅是一首描写自然景观的诗，更是一首充满自信与豪情的励志诗。瀑布的自信源于它的高度和所经历的磨砺，这种自信使它能够突破重重阻碍，最终实现自己的价值。诗人通过描述瀑布的形象，表达了自己对自信的深刻理解和对理想的坚定信念。这首诗告诉我们，自信是实现理想的必要条件，只有相信自己，才能在人生的道路上勇往直前，最终实现自己的目标。

诗词二：《题西林壁》

作者：苏轼（宋）

横看成岭侧成峰，远近高低各不同。

不识庐山真面目，只缘身在此山中。

诗词鉴赏：《题西林壁》是一首蕴含深刻哲理的诗作，虽然未直接体现“自省”主题，但其表达的“当局者迷，旁观者清”的道理，也与自省的内涵相通，即人们需要跳出自身局限，反思自身认知的片面性。苏轼借助庐山的自然景观，巧妙地引出“不识庐山真面目，只缘身在此山中”的哲理。这种“因物寓理”的写法，使得诗歌的内涵更加丰富，同时也让读者更容易接受和理解。前两句通过“横看”与“侧看”的对比，突出了庐山的多样性和复杂性。后两句则通过“不识”与“只缘”的转折，揭示了“当局者迷”的道理。这种对比与转折的运用，增强了诗歌的逻辑性和说服力。

诗的前两句“横看成岭侧成峰，远近高低各不同”，描绘了庐山的千姿百态，形象地说明了人们所处位置不同，看到的景象也各不相同。后两句“不识庐山真面目，只缘身在此山中”，则点明了人们难以看清庐山全貌的原因，是因为身处其中，视野被局限。这启示人们在面对问题时，往往因为身处其中而难以看清真相，容易陷入片面的认知。这种认知局限性正是自省的起点，提醒人们要反思自己的立场和视角，避免因主观局限而产生错误的认知。这首诗还强调了要全面看待问题的重要性。诗人通过庐山的景象，说明只有超越局部，站在更广阔的视角，才能看清事物的全貌。这与自省中需要全面审视自己的行为、思想和态度的要求相契合。人们在自省时，不能只关注局部或表面的现象，而要从多角度、多层次去分析和反思，才能更深入地认识自己，发现自身的不足。诗中“只缘身在此山中”一句，也暗示了人们在认知过程中容易受到主观成见的影响。当人们深陷其中时，往往会不自觉地带上个人的偏见和先入为主的观念，从而影响对事物的客观判断。这提醒人们在自省时，要努力摆脱主观成见，以客观、公正的态度去审视自己的行为和思想，这样才能更真实地认识自己，避免被主观偏见所误导。

诗词三：《蝉》

作者：虞世南（唐）
垂緌饮清露，流响出疏桐。
居高声自远，非是藉秋风。

诗词鉴赏：虞世南的《蝉》是一首托物言志的诗，通过对蝉的描写，表达了诗人对高洁品质的赞美以及对自身人格的自信。这首诗语言简洁，意境深远，是唐代咏物诗中的佳作。诗的前两句“垂緌饮清露，流响出疏桐”描绘了蝉的生活习性和环境。蝉的头部有两根细长的触须，垂下来像帽缨一样，故称“垂緌”。蝉以清露为食，象征着它的高洁与清雅。而“流响出疏桐”则描绘了蝉鸣声从稀疏的桐树间传出，营造出一种清幽、高远的意境。这里的“清露”和“疏桐”不仅描绘了蝉的生活环境，也暗示了蝉的高洁与清雅，不与世俗同流合污。后两句“居高声自远，非是藉秋风”是这首诗的核心，也是诗人情感的寄托。诗人指出，蝉之所以能够将声音传得很远，并不是借助秋风的力量，而是因为它本身处于高处。这里的“居高”不仅是蝉所处的物理高度，更是诗人对自己人格的高度自信。诗人通过蝉的形象，表达了自己不依赖外力、凭借自身品质和能力就能取得成就的自信。这种自信源于诗人自身的修养和对高洁人格的追求。这首诗运用了托物言志的手法，表面上写蝉，实际上是在写人。诗人通过对蝉的描写，表达了自己对高洁人格的赞美和对自身品质的自信。这种手法使诗歌的意境更加深远，情感更加含蓄。诗人没有直接表达自己的志向，而是通过蝉的形象，让读者感受到他的内心世界。虞世南的这首诗语言简洁明快、用词精准。诗中没有华丽的辞藻，却通过简洁的语言营造出一种高远、清幽的意境。这种意境与诗人的情感相得益彰，使诗歌充满了韵味。因此，虞世南的《蝉》是一首典型的托物言志诗。诗人通过对蝉的描写，表达了对高洁人格的赞美和对自身品质的自信。诗中的蝉不仅是一个自然生物，更是诗人内心世界的象征。通过“居高声自远，非是藉秋风”这样的诗句，诗人传达了一种不依赖外力、凭借自身能力取得成就的自信。这种自信不仅体现在蝉的高洁形象中，也体现在诗人的人格修养中。这首诗以其简洁的语言和深远的意境，成为中国古典诗歌中的经典之作。

【阅悟人生】

在当今纷繁复杂的社会，忙碌的生活和多变的社会环境常常让我们忽略了自省与自信的珍贵价值。然而，自省与自信依然是我们走向内心深处、实现自我成长的基石。在个人层面，自省与自信能够帮助我们建立清晰的自我认知，提升内心的平和与力量。当我们学会自省并积极培养自信时，会收获更多的勇气与智慧，让自己的生活更加从容坚定。在社会层面，自省与自信能够促进社会的包容与进步。当每个人都勇于自省并自信地展现自我时，社会将充满理性和活力，形成一种积极向上的氛围。自省与自信是一种修养，更是一种智慧，它让我们在现代社会中找到成长的方向与动力，让我们的生活更加充实和有意义。自省与自信是人生的重要课题，它贯穿于我们生命的始终。自省让我们认识到自身的不足，自信则让这种认识转化为前行的力量。让我们从现在开始，勇于自省，坚定自信，用智慧与勇气书写属于自己的精彩人生。

【写作锦囊】

写作训练

以“镜中的自己”为题，写一篇800字记叙文，围绕“自省与自信”的主题展开叙述。注意通过人物的言行、心理活动以及环境描写，展现自省与自信在个人成长中的重要性，让人物的情感和故事的意义真实可感。或者以“自省与自信：成长的双翼”为题，写一篇800字议论文，结合历史、现实和理论，论证自省与自信对个人发展的重要性。要求论点明确，论证严密，层次清晰。

写作提示

记叙文：在记叙文中，自省与自信可以通过一个具体的故事来展现。例如，可以讲述一个人在经历挫折后如何通过自省重新找回自信，或者一个学生如何在自我反思中突破自我。可以通过人物的内心挣扎、行为表现以及周围环境的描写，突出自省与自信的重要性。例如，可以描写一个年轻人在职场上遭遇失败后，如何在孤独中反思自己的不足。可以通过描写他在书房中对着镜子审视自己的神情，或是他在日记中记录下反思的文字，展现他内心的挣扎与成长。可以通过对比手法，描写他在自省前的迷茫与自省后的坚定，从而形成鲜明的反差。在叙述过程中，可以通过细节描写增强感染力。比如，描写他在失败后眼神中的失落，或是他在重新找到自信后步伐的轻快。可以通过环境描写烘托氛围，比如昏暗的灯光、窗外的风雨，或是清晨的第一缕阳光。这些细节不仅能让故事更加生动，也能让读者感受到自省与自信的深刻意义。此外，还可以通过人物的内心独白，展现他们对自我的思考。比如，年轻人可能会在内心反思自己的不足，或是通过自我鼓励重新找回自信。这种心理描写能够让故事更加真实感人，也让主题更加深入人心。

议论文：在议论文中，自省与自信可以从理论层面进行探讨，结合历史、现实和哲学观点，阐述其重要性。可以从历史角度切入，列举一些著名人物通过自省与自信获得成功的例子。例如孔子“吾日三省吾身”的自省精神，或是苏轼在挫折中重新找回自信的历程。这些例子不仅能够增强论点的说服力，还能让文章更具文化底蕴。可以从现实角度分析自省与自信在当今社会的意义。例如，在竞争激烈的社会中，自省是发现问题、提升自我的重要途径；自信则是实现目标、克服困难的关键。可以结合社会现象，如年轻人的“内卷”与“躺平”现象，进一步论证这一观点。此外，可以从哲学或心理学角度探讨自省与自信的内在价值。例如，自省是一种对自我认知的深化，是成长的必经之路；自信则是对自我价值的肯定，是心灵的力量。可以引用一些名言警句，如“自信人生二百年，会当水击三千里”“认识你自己”，来增强文章的深度和说服力。可以结合个人或社会的实际，提出一些建议。比如，如何在生活中培养自省的习惯，如何通过自我肯定提升自信心。通过层层递进的论述，让读者不仅理解自省与自信的重要性，还能从中获得启发和力量。

第四讲：自爱与自强

【主题解读】

一、自爱：灵魂的滋养

自爱，是灵魂深处的一场温柔对话，是心灵在喧嚣尘世中的一次深情抚摸。它如同一缕温暖而柔和的阳光，驱散心灵的阴霾，照亮了内心深处那些被忽视的角落。在自爱的光芒下，我们得以拥抱自己的影子，那影子或许有些许脆弱，或许带着伤痕，但正是这些不完美，构成了独一无二的自己。

自爱是一场与自己的和解，它让我们在匆忙的生活中停下脚步，聆听内心深处的声音。它告诉我们，生命的意义不仅在于追求外在的成就，更在于能否在内心深处找到真正的安宁与满足。每一次自爱，都是一次心灵的滋养，让我们在呵护中成长，在成长中变得更加坚韧。它让我们明白，真正的爱，不是苛求自己一定要完美无缺，而是温柔地接纳自己的全部，用内心的善意去呵护一个更加完整的自己。

自爱如同春雨，滋润着心灵的土壤。它让我们在喧嚣中找到温暖，在纷扰中寻得安宁。它让我们在面对自己的不足时，不再自责，不再抱怨，而是以一种温柔的姿态去接纳它们。因为只有当我们真正接纳了自己的不完美，才能在自爱中找到内心的力量。自爱是灵魂的慰藉，是心灵的归宿，它让我们在呵护中找到内心的宁静与温暖。

二、自强：灵魂的升华

自强，是灵魂在自爱之后的坚定前行，是内心深处的力量在历经磨砺后的坚毅绽放。它是生命中那抹最耀眼的光芒，是灵魂在经历了自我呵护后的笃定与果敢。

自强源于自爱，却高于自爱。自爱让我们接纳了自己的不足，而自强则让我们在面对这些不足时，依然能够坚定信念，勇敢前行。自强不是盲目逞强，而是一种基于对自己深刻理解后的积极进取。它让我们相信，即使前路布满荆棘，即使内心仍有脆弱，我们依然有能力跨越重重障碍，抵达心中的彼岸。

自强是自爱的升华，它让灵魂在经历了自我呵护的滋养后，焕发出更加耀眼的光芒。它告诉我们，生命的意义不仅在于接纳自己，更在于用这份接纳去创造属于自己的辉煌。自强让我们在人生的舞台上，以一种坚定的姿态演绎出属于自己的精彩故事。

自强如同烈火，淬炼生命的锋芒，照亮前行的道路。它让我们在面对困难时，不再退缩，不再畏惧，而是以一种坚定的信念去迎接挑战。自强是一种内在的力量，它让我们在自爱中找到成长的方向，在成长中找到自强的动力。自强让我们在人生的旅途中，以一种坚定的姿态，去迎接每一个黎明与黄昏。

自爱与自强，如同生命的两翼，相互依存，相互促进。自爱让我们在呵护中沉淀，自强让我们在沉淀中升华。它们共同构成了一幅绚丽的生命画卷，让我们在成长的道路上，既有深度的温柔，又有高度的坚韧。在这幅画卷中，我们看到了自己的成长，也看到了生命的美好。

【名言精粹】

名言一：君子之爱其身，如此其至也。

出处：《贾谊论》

解读：苏轼在《贾谊论》文中探讨了贾谊的才能与命运，指出君子应当珍惜自身，但这种珍惜并非出于自私，而是为了更好地实现自己的抱负和理想。苏轼认为，君子应当具备长远的眼光和坚韧的毅力，通过自身的修养和努力，为天下人服务。“君子爱身”强调的是个人修养的重要性。君子应当珍惜自己的生命、健康和品德，通过不断学习和自我提升，具备为社会服务的能力。这种爱身并非单纯的物质享受，而是注重内在修养和品德的提升。只有自身具备高尚的品德和卓越的才能，才能更好地为天下人服务。“为天下先”则体现了君子的社会责任感。君子不仅要爱身，更要将个人的命运与天下的命运紧密联系在一起。爱身不是为了个人的私利，而是为了更好地为天下人服务，为社会做出贡献。这种责任感和使命感，是君子区别于常人的重要品质。从哲学思想来看，“君子爱身，为天下先”体现了个人与社会的辩证关系。个人的爱身与为天下先并不是矛盾的，而是相辅相成的。只有爱身，才能更好地为天下先；只有为天下先，才能真正实现个人的价值。此外，这句话还体现了道德与功利的平衡。爱身体现了对个人生命的尊重和珍惜，是一种道德的体现；而为天下先则体现了对社会的责任和担当，是一种功利的追求。君子通过自身的修养和努力，实现了道德与功利的统一。从历史角度来看，苏轼在《贾谊论》中提到的“君子之爱其身，如此其至也”反映了他对贾谊命运的惋惜和对君子品质的推崇。贾谊虽有卓越的才能，但因未能很好地处理与君臣之间的关系，最终未能实现自己的抱负。苏轼通过这篇文章，告诫后人要珍惜自身，同时也要具备为天下服务的责任感。

在现实生活中，这一思想依然具有重要的启示意义。我们应当注重自身的修养和品德，不断提升自己的能力和素质，同时也要关注社会的实际需求，为社会做出贡献。只有这样，才能真正实现个人的价值，推动社会的进步。综上所述，“君子爱身，为天下先”这一思想虽然并非直接出自古代经典，但其内涵深刻，既体现了个人修养与社会责任的统一，也反映了道德与功利的平衡，具有重要的历史和现实意义。

名言二：自爱者然后人爱之。

出处：《法言·君子》

解读：这句话的原文为“人必其自爱也，然后人爱诸；人必其自敬也，然后人敬诸。自爱，仁之至也；自敬，礼之至也”。这句话深刻地阐述了自爱与自尊对于个人修养和社会交往的重要性。“自爱者然后人爱之”这句话语言简洁明了，却蕴含着深刻的道理。从语言学角度来看，这句话采用了典型的古汉语结构，简洁而富有力量。其中，“自爱者”是主语，“然后”是连词，表示条件关系，“人爱之”是结果。这种结构清晰地表达了因果关系，即只有先自爱，才能获得他人的爱。这句话采用了主谓宾结构，逻辑清晰，表达简洁。通过这种结构，杨雄强调了自爱与他人爱之间的因果关系，使读者能够迅速理解其核心思想。虽然这句话本身没有直接使用比喻或对比的修辞手法，但从修辞效果来看，它隐含了对比的意味。它通过强调“自爱”与“人爱”的关系，形成了一种对比效果，使读者能够更直观地理解自爱的重要性。通过对比“自爱”与“人爱”，突出了自爱是获得他人爱的前提。这种对比不仅增强了语言的表现力，也使道理更加深刻。“自爱”可以被视为一种内在的修养，而“人爱”则是这种修养的外在表现。这种隐喻关系使读者能够从更深层次理解自爱的内涵，即自爱不仅是对自己的尊重，也是对他人的尊重。从文化学角度来看，“自爱者然后人爱之”这句话深受儒家思想的影响，体现了儒家对个人修养和社会道德的重视。儒家强调“修身、齐家、治国、平天下”，其中“修身”是基础，而自爱则是修身的重要内容。从哲学角度来看，“自爱者然后人爱之”这句话体现了个人与社会的辩证关系。个人的自爱与社会的尊重是相辅相成的。只有当个人懂得自爱时，才能更好地为社会服务；而社会的尊重和爱戴则是对个人自爱的肯定和回报。从现实角度来看，“自爱者然后人爱之”这句话具有重要的启示意义。在现代社会中，人们面临着各种各样的压力和诱惑，很容易迷失自我。因此，更加需要懂得自爱和自尊，通过自身的修养和努力，赢得他人的尊重和爱戴。

名言三：自爱者，人亦爱之；自弃者，人亦弃之。

出处：《孟子·离娄下》

解读：这句话的思想渊源可以追溯到儒家经典。儒家强调“修身、齐家、治国、平天下”，其中“修身”是基础，而自爱则是修身的重要内容。孟子也曾提道“爱人者，人恒爱之；敬人者，人恒敬之”，这与该观点一脉相承，都强调了个人修养与社会关系的密切联系。

从个人修养的角度来看，“自爱者，人亦爱之”强调了自爱的重要性。自爱不仅仅是对自己的珍视，更是一种自我认知和自我提升的过程。一个懂得自爱的人，会注重自身的品德修养、行为规范和精神追求。这种内在的修养会自然而然地散发出一种人格魅力，吸引他人去尊重和爱护。相反，“自弃者，人亦弃之”则揭示了自弃的后果。自弃是指一个人放弃对自己的要求和期望，不注重自身的品德修养和行为规范。这样的人往往会被社会所抛弃，因为他们失去了赢得他人尊重和爱戴的基础。在社会关系和人际交往中，“自爱者，人亦爱之”体现了一种积极的人际互动模式。当一个人懂得自爱时，他会在与人交往中展现出自信、自律和自尊的品质。这种品质不仅会赢得他人的尊重和爱戴，还会促进良好的人际关系和社会和谐。而“自弃者，人亦弃之”则揭示了一种消极的人际互动模式。自弃者往往缺乏自尊和自爱，他们的行为可能不被社会所接受，从而导致人际关系的疏离和社会的排斥。从道德和价值观的角度来看，“自爱者，人亦爱之”体现了儒家所倡导的“仁”和“礼”的价值观。自爱是“仁”的体现，即对自己的生命和尊严的珍视；而自尊则是“礼”的体现，即对他人的尊重和遵守社会规范。相反，“自弃者，人亦弃之”则反映了缺乏道德修养和价值观的后果。自弃者往往忽视了“仁”和“礼”的重要性，从而失去了社会的认可和尊重。在现实生活中，“自爱者，人亦爱之；自弃者，人亦弃之”这一观点具有重要的启示意义。它提醒我们，个人的自爱和自尊是赢得他人尊重和爱戴的基础。只有通过自身的努力和修养，不断提升自己的品德和能力，才能在社会中获得认可和尊重。同时，这句话也警示我们，不要自暴自弃，放弃对自己的要求和期望。一个人如果失去了自爱和自尊，不仅会失去他人的尊重，还会陷入孤立无援的境地。从文化传承的角度来看，“自爱者，人亦爱之；自弃者，人亦弃之”这一观点体现了儒家思想的深远影响，它不仅在古代被广泛引用，也在现代被人们所铭记和践行。这种思想强调了个人修养与社会责任的统一，为社会的道德建设和和谐发展提供了重要的理论依据。

名言四：天行健，君子以自强不息。

出处：《周易·乾卦·象传》

解读：这句话的意思是，天的运行刚强劲健，永不停息，君子应当效法天道，自强不息，奋发向上。《周易》是中国古代的一部占卜哲学著作，成书于西周初年，经过春秋战国时期的发展，成为儒家经典之一。《周易》以六十四卦为核心，探讨宇宙万物的变化规律和人类社会的道德准则。其中，“天行健，君子以自强不息”出自《乾卦》的“象传”，是对乾卦卦象的解释。“天行健”中的“天”指的是自然界的运行规律，象征着一种刚健不息、永不停止的精神。而“君子以自强不息”则是将这种天道的精神引申到人道，即人类的行为准则。君子应当效法天道，不断自我完善，追求进步。这句话强调了动态的进取精神。天道运行不息，四季更迭，日月星辰按照既定的轨道运行，这种刚健不息的精神正是自然界生生不息的体现。君子应当效法这种精神，不断努力，勇于进取。“自强不息”不仅是道德上的要求，更是实践中的行动指南。它鼓励人们在面对困难和挑战时，不屈不挠，持续奋斗，以达到更高的道德和人生境界。这句话在中国文化中具有深远的影响，成为许多人的座右铭。它激励着人们在学习、工作和生活中不断努力，追求卓越。“天行健”中的“天”象征着自然界的运行规律，而“健”则代表了这种运行的刚健不息。自然界的变化无常、生生不息，正是“天行健”的生动体现。“君子”在中国文化中代表了理想的人格典范，具有高尚的道德品质和卓越的才能。自强不息的精神正是君子人格的重要体现。因此，在现代社会，这种自强不息的精神依然具有重要的现实意义。它提醒人们在面对快速变化的环境时，要不断学习，提升自我，以适应社会的发展。

名言五：胜人者有力，自胜者强。

出处：《老子·道经·第三十三章》

解读：这句话出自《老子·道经·第三十三章》，是老子在探讨个人修养和智慧时提出的观点。《老子》是中国古代哲学经典之一，成书于春秋时期。“胜人者有力”，能够战胜别人的人是有力量的。这里的“力”指的是外在的力量，如体力、智力或权力。“自胜者强”，能够战胜自己的人才是真正的强者。这里的“强”指的是内在的力量，如自律、自制力和精神力量。老子认为，外在的力量（如战胜他人）虽然重要，但内在的力量（如战胜自己）更为关键。一个人如果能够克服自己的弱点、欲望和软弱，才能真正成为强者。这句话还强调了自我认知的重要性。只有深刻了解自己，才能发现自己的不足并加以改进。这种自我超越的过程才是真正的强大。在现代社会，这句话提醒我们，真正的强大不是通过与他人的竞争来实现的，而是通过不断自我提升和自我超越来实现的。一个人只有不断克服自己的弱点，才能在个人成长的道路上走得更远。这句话也对心理健康有启示。一个人如果能够战胜自己的内心恐惧、欲望和软弱，就能保持良好的心理状态，更好地应对生活中的各种挑战。因此，真正的强大不是外在的胜利，而是内在的超越。只有通过不断自我认知和自我提升，我们才能在人生的道路上走得更远。

名言六：千磨万击还坚劲，任尔东西南北风。

出处：《竹石》

解读：“千磨万击还坚劲”，意思是竹子经历了无数的磨难和打击，依然保持坚韧挺拔。“任尔东西南北风”，意思是无论东南西北风怎么吹，竹子都能傲然挺立，毫不动摇。这首诗运用了托物言志的手法，表面上写竹子，实际上是在借竹子的坚韧顽强来表达诗人自己的人格和精神。竹子在恶劣的环境中依然能顽强生长，象征着诗人面对困难和挫折时的坚韧不拔。竹子象征着诗人刚正不阿、正直不屈的品格。诗人通过赞美竹子的坚韧，表达了自己在面对各种困难和压力时，依然能够坚守信念，不向邪恶势力低头。诗中强调了“根基深力量才强”的道理。竹子之所以能够经受住各种考验，是因为它深深扎根于岩石之中，这启示人们只有具备坚实的基础，才能在面对困难时保持坚韧。这首诗常被用来激励人们在面对困难和挑战时，要像竹子一样坚韧不拔，保持乐观积极的态度。它鼓励人们在逆境中坚守信念，不屈不挠。

【人物逸事】

故事一：陶渊明不为五斗米折腰

陶潜，字元亮，大司马侃之曾孙也。祖茂，武昌太守。潜少怀高尚，博学善属文，颖脱不羁，任真自得，为乡邻之所贵。尝著《五柳先生传》以自况曰："先生不知何许人，不详姓字，宅边有五柳树，因以为号焉。闲静少言，不慕荣利。好读书，不求甚解，每有会意，欣然忘食。性嗜酒，家贫不能常得。亲旧知其如此，或置酒招之，造饮必尽，期在必醉。既醉而退，曾不吝情。环堵萧然，不蔽风日，短褐穿结，箪瓢屡空，晏如也。常著文章自娱，颇示己志，忘怀得失，以此自终。"其自序如此，时人谓之实录。以亲老家贫，起为州祭酒，不堪吏职，少日自解归。州召主簿，不就，躬耕自资，遂抱羸疾。复为镇军、建威参军，谓亲朋曰："聊欲弦歌，以为三径之资可乎？"执事者闻之，以为彭泽令。在县，公田悉令种秫谷，曰："令吾常醉于酒足矣。"妻子固请种粳。乃使一顷五十亩种秫，五十亩种粳。素简贵，不私事上官。郡遣督邮至，县吏白应束带见之，潜叹曰："吾不能为五斗米折腰，拳拳事乡里小人邪！"义熙二年，解印去县，乃赋《归去来兮辞》。

出处：《晋书·陶潜传》

译文：陶潜，字元亮，是大司马陶侃的曾孙。他的祖父陶茂曾任武昌太守。陶潜年轻时就怀有高尚的情操，学识渊博，善于写作，性格洒脱不羁，追求真实自然，深受乡邻的敬重。他曾经写过《五柳先生传》来描述自己，说，"先生不知道是什么地方的人，也不清楚姓甚名谁。宅边有五棵柳树，因此以此为号。他性格闲适安静，少言寡语，不羡慕荣华利禄。他喜欢读书，但不追求烦琐的解释，每当有所领悟，便欣然忘食。他天性嗜好饮酒，但家境贫困，常常没有酒喝。亲戚朋友知道他的情况，有时会摆酒招待他，他去饮酒必然喝醉，喝醉后就告辞离去，从不虚情假意。他的房屋简陋，四处漏风，他衣衫破旧，食不果腹，但他依然安然自若。他常常写文章自娱自乐，表达自己的志向忘怀得失，就这样度过一生"。他这样描述自己，当时的人认为这是他的真实写照。因为家中亲人年迈且家境贫寒，陶潜被起用为州祭酒，但他无法忍受官场的束缚，不久就辞官回家。州里又召他担任主簿，他没有接受，而是亲自耕种，自给自足，最终得了疾病。后来他又担任镇军、建威参军，对亲朋说，"我想暂且做个县令，挣些钱来补贴家用，可以吗"。当政者听说后，就任命他为彭泽令。在彭泽县，他命令公田全部种植秫谷（高粱，可酿酒），"让我常醉于酒就足够了"。但妻子和儿子坚持要求种粳稻（稻谷）。于是他让一顷五十亩种秫，五十亩种粳。他一向简朴自尊，不谄媚长官。郡里派督邮来见他，县吏告诉他应该束上带子（穿正装）去迎接督邮。陶潜叹息，"我不能为了五斗米的俸禄而向乡里小人弯腰行礼"。于是，他在义熙二年解下官印，辞去了县令的职务，并写下了《归去来兮辞》。

解读：陶渊明“不为五斗米折腰”的故事，不仅是他个人品格的体现，更是自强精神的典范。从自强的角度来看，这个故事具有深刻的启示意义。陶渊明在面对官场的腐败和权贵的压迫时，选择了坚守自己的原则，不愿为了微薄的俸禄而向权贵低头。这种坚守原则的精神，正是自强的重要体现。自强不仅仅是外在的奋斗，更是内在的坚守。陶渊明通过自己的行动，向世人展示了一个人在面对诱惑和压力时，如何坚守自己的道德底线和人生信念。陶渊明辞官归隐后，虽然生活清贫，但他通过读书、写作和躬耕陇亩，实现了自己的人生价值。他没有因为生活的艰难而放弃自己的理想，而是通过自己的努力，追求内心的自由和精神的富足。这种自我实现的过程，正是自强精神的体现。自强不仅在于外在的成功，更在于内心的满足和精神的独立。陶渊明在辞官归隐后，面临着生活的种种困难，但他始终没有放弃。他通过自己的努力克服了这些困难，过上了自己想要的生活。这种面对困境不屈不挠的精神，正是自强的体现。自强的人不会被困难吓倒，而是会通过自己的努力去克服困难，实现自己的目标。

故事二：杨震暮夜却金坚守自爱

杨震四迁荆州刺史、东莱太守。当之郡，道经昌邑，故所举荆州茂才王密为昌邑令，谒见，至夜怀金十斤以遗震。震曰：“故人知君，君不知故人，何也？”密曰：“暮夜无知者。”震曰：“天知，神知，我知，子知。何谓无知？”密愧而出。

出处：《后汉书·杨震列传》

译文：杨震多次升迁，担任了荆州刺史和东莱太守。在他赴任途中，经过昌邑县。他以前举荐的荆州茂才（秀才）王密，当时正担任昌邑县令。王密前来拜见杨震，并在夜里带着十斤黄金作为礼物送给杨震。杨震对他说，“我了解你，但你不了解我，这是为什么呢”。王密回答，“深夜里没有人知道这件事”。杨震回答，“天知道，神知道，我知道，你知道。怎么能说没有人知道呢”。王密感到非常羞愧，于是离开了。

杨震暮夜却金的故事是自爱与自律的典范。杨震面对王密送来的金子，没有丝毫动摇，而是以“天知，神知，我知，子知”的回答，表明自己的立场。这种自律不仅体现了他对自己行为的严格要求，更是一种高尚的道德品质。杨震深知，真正的自爱不是满足私欲，而是坚守原则，不为利益所动。杨震暮夜却金的故事，不仅是他个人品德的体现，更是自强精神的典范。他通过自己的行动，向世人展示了一个人在面对诱惑和压力时，如何坚守自己的原则，做到自爱自强，实现自己的人生价值。

故事三：范仲淹断齑画粥

范仲淹少贫，读书长白山僧舍，作粥一器，经宿遂凝，以刀画为四块，早晚取两块，断齑数十茎啖之，如此者三年。

出处：《宋史·范仲淹传》

译文：范仲淹年轻时家境贫寒，他在长白山的僧舍里读书。他煮了一锅粥，放置一夜后粥凝固，他用刀将粥划成四块，每天早晚各取两块，再配上几十根腌菜吃，就这样坚持了三年。

解读：范仲淹“断齑画粥”的故事，是自强不息精神的生动体现。他身处贫困，却从未向命运低头，而是通过自己的努力和坚持，克服了重重困难，最终成就了一番事业。这个故事从多个角度诠释了自强的内涵，范仲淹的家境贫寒，生活条件极其艰苦。然而，正是这种困境激发了他的自强精神。他没有被贫困所吓倒，而是将困境转化为前进的动力，通过刻苦学习，改变了自己的命运。范仲淹在长白山僧舍读书时，生活极其清苦。他每天以粥为食，以腌菜为菜，这种艰苦的生活并没有让他退缩，反而磨练了他的意志。他坚持了三年，这种毅力正是自强的重要体现。范仲淹的自强精神不仅改变了他的生活，还成就了他的事业。他后来成为北宋著名的政治家、文学家，提出了“先天下之忧而忧，后天下之乐而乐”的名言，激励了无数后人。在现代社会，虽然我们可能不再需要像范仲淹那样“断齑画粥”，但他的自强精神依然具有重要的启示意义。无论面对何种困难，我们都应该像范仲淹一样，不畏艰难，坚持不懈，通过自己的努力去实现目标。

故事四：孙康映雪夜读

孙康，晋代京兆人，天性聪敏，酷爱学习，家贫无油。尝于冬夜雪霁，映雪读书。

出处：《初学记》

译文：孙康是晋代京兆（今河南洛阳）人，他天性聪敏，酷爱学习。然而，他家中贫穷，买不起灯油。在一个冬夜，天下起了大雪，雪停后，皎洁的月光照在雪地上，反射出明亮的光线。孙康发现雪光可以照亮书本，于是便借着这微弱的雪光读书。

解读：孙康“映雪夜读”的故事是自强不息精神的生动体现。他身处贫困，却从未向命运低头，而是通过自己的努力和坚持，克服了重重困难，最终成就了一番事业。这个故事从多个角度诠释了自强的内涵，孙康家境贫寒，买不起灯油，无法在夜间读书。但他没有被困境所束缚，而是利用冬夜的雪光继续学习。这种在困境中寻找机会、不屈不挠的精神，正是自强的体现。孙康不仅在白天努力学习，还在寒冷的冬夜坚持读书。即使手脚冻僵，他也会起身活动，然后继续学习。这种勤奋和坚持，最终使他学有所成，成为一位有学问的人。孙康在面对无法点灯的困境时，没有选择放弃，而是利用雪光来读书。这种智慧和创新的思维，体现了他在困境中寻找突破的能力。在现代社会，虽然我们可能不再需要像孙康那样“映雪夜读”，但他的自强精神依然具有重要的启示意义。无论面对何种困难，我们都应该像孙康一样，不畏艰难，坚持不懈，通过自己的努力去实现目标。孙康“映雪夜读”的故事，不仅是他个人奋斗的写照，更是自强不息精神的象征。它告诉我们，无论身处何种境地，只要我们拥有自强的信念和毅力，就一定能够克服困难，成就自己的人生。

故事五：宁作我：殷浩的坚守

殷浩云："我与我周旋久，宁作我！"

出处：《世说新语》

译文：殷浩说，"我和自己相处已经很久了，还是做自己吧"。

解读：殷浩是东晋时期的名士，他才华横溢，但仕途坎坷，曾因军事失败被贬。这句话体现了他对自己性格和行为的深刻认知，以及一种自我认同和自我坚守的态度。他意识到，尽管外界环境复杂多变，但自己始终是自己，与其迎合他人，不如坚守本心，做真正的自己。这句话也反映了魏晋时期名士们追求个性自由和自我价值的风气。

【诗词精华】

诗词一：《有木》

作者：白居易（唐）

有木名凌霄，擢秀非孤标。
偶依一株树，遂抽百尺条。
托根附树身，开花寄树梢。
自谓得其势，无因有动摇。
一旦树摧倒，独立暂飘飖。
疾风从东起，吹折不终朝。
朝为拂云花，暮为委地樵。
寄言立身者，勿学柔弱苗。

诗词鉴赏：白居易的《有木》是一组植物题材的组诗，共十首，每首以一种植物为题，托物言志，寓意深刻。这首诗以"凌霄花"为题，通过描写凌霄花的生长特性，讽刺了那些依附权贵、攀附高位却无真才实学的小人，同时也表达了诗人对独立人格和正直品质的推崇。

"有木名凌霄，擢秀非孤标"：诗人开篇点明凌霄花的名字，并指出它并非独立生长的植物（"非孤标"），暗示其依附性。"偶依一株树，遂抽百尺条。托根附树身，开花寄树梢"：凌霄花依附于大树，借助大树的支撑，得以迅速生长，抽出百尺长的枝条，并在大树的顶端开花。这里生动地描绘了凌霄花的生长特性，暗示其善于攀附的特点。"自谓得其势，无因有动摇"：凌霄花自认为找到了依靠，借助大树的高位，便能稳固不倒。这种“自谓得其势”的心态，正是诗人讽刺的对象。“一旦树摧倒，独立暂飘飖”：诗人笔锋一转，描写大树一旦倾倒，凌霄花失去了依靠，只能在风中飘摇不定。这里暗示了凌霄花的脆弱性，它并没有真正的独立能力。“疾风从东起，吹折不终朝”：当狂风来袭时，凌霄花很快就被吹折，无法抵御外界的冲击。诗人通过“不终朝”（不到一个早晨）的夸张，突出了凌霄花的短暂与脆弱。“朝为拂云花，暮为委地樵”：凌霄花早上还在高处随风摇曳，傍晚却已落地成为柴草。这种巨大的反差，进一步讽刺了凌霄花的虚荣与无能。“寄言立身者”：诗人在此点明主题，告诫那些在社会中立身的人。“勿学柔弱苗”：诗人劝诫人们不要像凌霄花那样，依靠他人、攀附权贵，而应像松柏一样，独立自强，保持正直的品格。凌霄花的特性被诗人用来比喻那些依附权贵、攀附高位却无真才实学的小人。他们借助权贵的势力，看似风光无限，但一旦失去了依靠，便立刻陷入困境。这种讽刺意味贯穿全诗，揭示了小人的虚伪与无能。诗人通过凌霄花的反面形象，倡导人们应具备独立的人格和正直的品质。他希望人们不要像凌霄花那样软弱，而应像松柏一样，即使在困境中也能保持坚韧和正直。从艺术手法上看，这首诗采用了“托物言志”的手法，以凌霄花为载体，通过描写其生长特性，表达诗人对社会现象的批判和对人格品质的倡导。这种手法使诗歌既生动形象，又具有深刻的寓意。同时，诗人巧妙地运用了对比和反差的手法。凌霄花的“拂云花”与“委地樵”形成鲜明对比，突出了其命运的无常和虚荣的本质。这种对比不仅增强了诗歌的讽刺效果，也使主题更加突出。白居易的语言风格简洁明快，但富有力量。如“朝为拂云花，暮为委地樵”“寄言立身者，勿学柔弱苗”，语言简洁，却蕴含着深刻的道理，读来令人警醒。这首诗告诫我们在生活中要保持独立的人格，不要依赖他人或权势，而应通过自身的努力和正直的品质立足于世。

诗词二：《赠从弟》

作者：刘桢（汉）

亭亭山上松，瑟瑟谷中风。
风声一何盛，松枝一何劲！
冰霜正惨凄，终岁常端正。
岂不罹凝寒，松柏有本性。

诗词鉴赏：刘桢的《赠从弟》是一首五言古诗，属于建安文学的代表作之一。这首诗以“松”为意象，通过描写松树在恶劣环境中的坚韧与挺拔，表达了诗人对坚毅品格的赞美，同时也寄寓了对从弟的勉励之情。“亭亭山上松”：诗人开篇点明松树的生长环境和姿态。“亭亭”形容松树高耸挺拔，屹立于山顶，给人一种高洁、孤高的感觉。“瑟瑟谷中风”：与松树相对的是谷中强劲的寒风。“瑟瑟”形容风声凄厉，暗示环境的恶劣。“风声一何盛，松枝一何劲”：诗人通过对比，进一步强化松树的坚韧。风声越盛，松枝反而显得越劲直，生动地表现出松树在逆境中毫不屈服的精神。“冰霜正惨凄”：诗人进一步描写松树所处的环境，强调冰霜的严酷。“惨凄”形容冰霜的冷酷无情，象征着松树所面临的艰难困境。“终岁常端正”：尽管环境恶劣，松树却始终保持着挺拔的姿态，不屈不挠。“端正”一词不仅形容松树的外形，更象征其坚定不移的品格。“岂不罹凝寒，松柏有本性”：诗人以反问句收尾，强调松树虽面临严寒，但因有“本性”，所以毫不畏惧。这里的“本性”指松树坚韧不拔、高洁正直的内在品质。松树在诗中象征着坚韧不拔、高洁正直的品格。诗人通过描写松树在恶劣环境中的挺拔与坚守，表达了对这种品格的赞美。松树不畏严寒、不惧风霜，始终保持着挺拔的姿态，象征着一种不屈不挠的精神。不仅如此，这首诗是刘桢写给从弟的赠诗，诗人以松树为喻，勉励从弟在艰难困苦的环境中，要像松树一样坚守本性，保持高尚的节操。这种励志的内涵，使诗歌具有了深刻的现实意义。建安文学以“慷慨悲凉、刚健质朴”著称，这首诗正是建安风骨的典型代表。诗人以简洁的语言、雄浑的笔力，描写松树的坚韧与高洁，展现了建安文学的豪迈与阳刚之美。从艺术手法上来看，这首诗采用了“托物言志”的手法，以松树为象征，通过描写松树的坚韧与挺拔，表达诗人对品格的赞美和对从弟的勉励。这种手法使诗歌既生动形象，又富有深刻的寓意。诗人巧妙地运用了对比和烘托的手法。松树的挺拔与风霜的严酷形成鲜明对比，突出了松树的坚韧。同时，通过描写风霜的严酷，进一步烘托了松树的高洁与不屈。刘桢的语言风格简洁明快，但富有力量。如“风声一何盛，松枝一何劲”“岂不罹凝寒，松柏有本性”，语言简洁，却蕴含着深刻的道理，读来令人振奋。这首诗告诫我们在面对困难和挫折时，要像松树一样保持坚韧不拔的精神，不屈服于外界的压力，坚守自己的本性。

诗词三：《临江仙·未遇行藏谁肯信》

作者：侯蒙（宋）

未遇行藏谁肯信，如今方表名踪。无端良匠画形容。当风轻借力，一举入高空。

才得吹嘘身渐稳，只疑远赴蟾宫。雨余时候夕阳红。几人平地上，看我碧霄中。

诗词鉴赏：侯蒙的这首《临江仙·未遇行藏谁肯信》是一首以风筝为意象的词作，通过风筝的升空与飘荡，巧妙地表达了作者怀才不遇的感慨以及对命运的豁达态度。这首词语言通俗易懂，却蕴含着深刻的哲理，是宋代文学中一首别具一格的作品。上阕：怀才不遇与命运转折。“未遇行藏谁肯信”：开篇点明主题，表达了作者怀才不遇的感慨。“行藏”出自《论语·述而》，意为“行则见，藏则隐”，这里指作者未被世人认可的境遇。“如今方表名踪”：转折句，表明如今才得以展现自己的才华与抱负。“名踪”暗示作者的名声或成就终于得以显现。“无端良匠画形容”：“良匠”指画师，“画形容”指将风筝画得惟妙惟肖。这里暗示命运的转折往往来自偶然的机会。“当风轻借力，一举入高空”：风筝借助风力，一飞冲天。这里暗喻作者在命运的转折中，终于得以施展才华，获得成功。下阕：成功后的感慨与反思。“才得吹嘘身渐稳”：风筝在风中逐渐稳定，暗示作者在获得机会后，逐渐站稳脚跟。“只疑远赴蟾宫”：“蟾宫”指月宫，这里象征着功成名就的境界。作者以风筝的高飞比喻自己功成名就后的愉悦心情。“雨余时候夕阳红”：雨后初晴，夕阳映照，描绘出一幅绚丽的景象。这不仅烘托了作者成功后的喜悦，也象征着人生的美好时刻。“几人平地上，看我碧霄中”：以平地上的人仰望风筝的场景，反衬作者的成功与荣耀。这种对比手法突出了作者的自豪感，同时也流露出对命运的豁达态度。侯蒙一生坎坷，直到晚年才被重用。这首词通过风筝的升空，生动地表达了他怀才不遇的感慨以及命运转折后的欣喜。风筝的“一举入高空”象征着作者在人生低谷中终于迎来转机。词中“无端良匠画形容”“当风轻借力”等句，暗示命运的转折往往来自偶然的机遇。作者并未因成功而沾沾自喜，反而以一种豁达的心态看待人生的起伏。词的结尾“几人平地上，看我碧霄中”虽然流露出自豪感，但并未陷入自满。作者通过风筝的高飞，反思成功后的处境，提醒自己不忘初衷，珍惜来之不易的机会。从艺术手法上来看，这首词以风筝为意象，通过风筝的升空与飘荡，隐喻作者的人生经历和感悟。这种托物言志的手法使词作生动形象，富有感染力。作者巧妙地运用对比手法，将风筝的高飞与平地上的人形成反衬，突出了成功后的荣耀感。同时，这种对比也暗示了人生的高低起伏，富有哲理。侯蒙的这首词语言通俗流畅，用词自然，易于理解。这种风格使词作更具亲和力，也符合宋代文人以通俗语言表达深刻思想的特点。这首词提醒我们在面对困境时，要保持乐观和豁达的心态。命运的转折往往来自偶然，但只有在困境中坚守，才能抓住机会，实现人生的突破。不仅如此，词中“几人平地上，看我碧霄中”的感慨，提醒我们在成功后不要忘乎所以，而应珍惜机会，保持谦逊，不忘初衷。

诗词四：《咏史》（其二）

作者：左思（西晋）
郁郁涧底松，离离山上苗。
以彼径寸茎，荫此百尺条。
世胄蹑高位，英俊沉下僚。
地势使之然，由来非一朝。
金张藉旧业，七叶珥汉貂。
冯公岂不伟，白首不见招。

诗词鉴赏：左思的《咏史》（其二）虽然以批判门阀制度为主旨，但诗中也蕴含着对自强不息精神的隐喻和倡导。这种自强精神不仅体现在诗人对自身才华的坚守上，也体现在对社会不公的反抗中。

自然现象的描写与隐喻，“郁郁涧底松”：诗人以“涧底松”起兴，描绘松树在深涧中郁郁葱葱、生机勃勃的景象。“郁郁”形容松树的茂盛，暗示其具有非凡的资质。尽管生长在低洼的涧底，松树依然努力向上生长，展现出顽强的生命力。“离离山上苗”：与“涧底松”形成鲜明对比的是“山上苗”，它虽位置优越，却因自身柔弱而显得稀疏。“离离”形容小草的柔弱，象征着那些凭借门第而占据高位的人。“以彼径寸茎，荫此百尺条”：诗人用“径寸茎”遮蔽“百尺条”，形象地揭示了社会中门阀制度对人才的压制。然而，松树虽被遮蔽，却依然郁郁葱葱，暗示其内在的坚韧与自强精神。“涧底松”虽处劣势，却依然努力生长，展现出顽强的生命力和自强不息的精神。这种精神象征着诗人自身，即使在困境中，也不放弃努力。

社会现实的批判与自强的隐喻，“世胄蹑高位，英俊沉下僚。地势使之然，由来非一朝。”“世胄蹑高位”：世家子弟凭借家族背景轻易占据高位，“蹑”（踏、登）字形象地描绘了这种不劳而获的现象。“英俊沉下僚”：与之形成鲜明对比的是，那些有才华的“英俊”却只能在低微的职位上沉沦。“沉”字突出了人才被埋没的无奈。“地势使之然，由来非一朝”：诗人指出这种现象并非偶然，而是门阀制度长期存在的结果。“地势”一语双关，既指自然环境，也暗示社会制度。尽管“英俊”被埋没，但他们依然坚守才华，努力在困境中寻找机会。这种坚守不仅是对自身才华的自信，也是自强不息精神的体现。第三段：历史典故的运用与自强的反思。“金张藉旧业，七叶珥汉貂”：诗人引用西汉金日磾（金氏）和张安世（张家）的典故。这两家因汉武帝的宠信而世代显赫，七代人都佩戴貂蝉（高官的冠饰），象征着门阀的特权。“冯公岂不伟，白首不见招”：诗人以冯唐为例，反衬门阀制度的不合理。冯唐（冯公）才能卓越，却因出身低微，直到白头也未得到重用。“岂不伟”（难道不伟大吗？）的反问，进一步表达了诗人对这种现象的愤懑。冯唐虽未得到重用，但他的才能和品德依然被后世铭记。这种“虽未得志，但坚守自强”的精神，正是诗人自身的真实写照。诗人通过这首诗，表达了对自身才华的自信，以及在困境中自强不息的决心。

这首诗的核心是批判西晋时期的门阀制度，揭示了社会中人才被压制的现实。然而，诗人并未因此而消沉，而是通过“涧底松”的意象，表达了自强不息的精神。即使身处困境，也要像松树一样努力生长，坚守才华。此外，左思出身寒门，虽有才华却难以得到施展。诗中“英俊沉下僚”“白首不见招”等句，表达了诗人对自己及众多寒士怀才不遇的愤懑。然而，这种愤懑并非绝望，而是激励诗人更加努力地坚守自强精神。从艺术手法上看，诗人以“涧底松”起兴，通过自然现象隐喻社会现实。松树虽处低洼之地，却依然努力向上生长，展现出顽强的生命力。这种比兴手法不仅使诗歌更具感染力，也隐喻了诗人自身在困境中自强不息的精神。全诗通过“涧底松”与“山上苗”、“世胄”与“英俊”、“金张”与“冯公”的对比，突出了门阀制度的不合理。这种对比手法不仅强化了诗歌的批判力度，也突出了自强精神的必要性。诗人巧妙地运用了“金张”“冯唐”等典故，使诗歌更具文化底蕴。冯唐虽未得志，但他的才能和品德依然被后世铭记。这种典故的运用不仅丰富了诗歌的内容，也激励了诗人自身和读者在困境中坚守自强。左思的语言风格质朴自然，但寓意深刻。如“郁郁涧底松，离离山上苗”“世胄蹑高位，英俊沉下僚”，语言简洁，却蕴含着深刻的道理。这种质朴的语言风格使自强的信念更加深入人心。综上所述，诗人虽批判门阀制度，但也表达了对“英俊”的肯定。这启示我们在面对不公时，应坚守才华与品德，努力在困境中寻找机会。即使身处低谷，也要像“涧底松”一样，努力向上生长，等待机会的到来。

【阅悟人生】

在现代社会，快节奏的生活和高强度的竞争常常让我们陷入自我怀疑与疲惫之中，而自爱与自强则如同两盏明灯，为我们照亮前行的道路。自爱让我们学会温柔地对待自己，接纳自己的不完美，在忙碌的生活中找到内心的宁静与平衡。它教会我们珍惜自己的价值，善待自己的情感，从而在面对挫折时能够给予自己足够的理解和宽容，避免陷入自我否定的泥沼。自强则是在自爱的基础上，赋予我们追求卓越的动力和勇气。它激励我们不断突破自我，克服困难，用坚定的信念和不懈的努力去实现自己的目标。在现代社会，自爱与自强相辅相成，共同构成了我们应对挑战、实现自我价值的基石。当我们学会自爱，内心充满力量；当我们努力自强，生活充满希望。让我们从现在开始，用自爱滋养心灵，以自强书写未来，让生命在爱与力量的交织中绽放出最耀眼的光芒。

【写作锦囊】

写作训练

以“向阳而生”为题，写一篇800字记叙文，围绕“自爱与自强”的主题展开叙述。注意通过人物的言行、心理活动以及环境描写，展现自爱与自强在个人成长中的重要作用，让人物的情感和故事的意义真实可感。或者以“自爱与自强：生命的底色”为题，写一篇议论文，结合历史、现实和理论，论证自爱与自强对个人发展的重要性。要求论点明确，论证严密，层次清晰。

写作提示

记叙文：在记叙文中，自爱与自强可以通过一个具体的故事来展现。比如，可以讲述一个人在困境中如何通过自爱与自强走出阴霾，或者一个孩子如何在挫折中学会尊重自己并努力奋斗。通过人物的内心挣扎、行为表现以及周围环境的描写，突出自爱与自强的重要性。例如，可以描写一个女孩在经历了家庭变故后，如何在孤独中学会自爱，并通过努力学习和锻炼自己来实现自强。通过描写她在清晨对着镜子整理头发时的认真，或是她在图书馆里埋头苦读的专注，展现她对自我的尊重和对未来的追求。此外，可以通过对比手法，描写她在自爱与自强之前的状态，比如曾经的自卑和迷茫，以及后来的自信和坚定，从而形成鲜明的反差。在叙述过程中，可以通过细节描写增强感染力。比如，描写她在寒冷的冬日里坚持晨跑时的坚定步伐，或是她在面对困难时眼神中的光芒；还可以通过环境描写烘托氛围，比如清晨的阳光洒在她脸上，或是夜晚的路灯下她孤独却坚定的身影。这些细节不仅能让故事更加生动，也能让读者感受到自爱与自强的深刻意义。此外，可以通过人物的内心独白，展现她对自我的思考。比如，她可能会在内心告诉自己："我值得被爱，我有能力改变自己的命运。"这种心理描写能够让故事更加真实感人，也让主题更加深入人心。

议论文：在议论文中，自爱与自强可以从理论层面进行探讨，结合历史、现实和哲学观点，阐述其重要性。首先，可以从历史角度切入，列举一些著名人物通过自爱与自强成就人生的故事，比如贝多芬在失聪后依然坚持创作，司马迁忍辱负重完成《史记》。这些例子不仅能够增强论点的说服力，还能让文章更具文化底蕴。接着，可以从现实角度分析自爱与自强在当今社会的意义。比如，在快节奏的生活中，自爱是尊重自己的身心健康，自强则是实现个人价值和社会贡献的重要途径。可以结合社会现象，如年轻人的"自我成长焦虑"、职场中的"内卷"现象，进一步论证这一观点。此外，可以从哲学或心理学角度探讨自爱与自强的内在价值。比如，自爱是一种对自我价值的认同，是心理健康的基础；自强则是对自我潜能的挖掘，是实现人生目标的动力。可以引用一些名言警句，如"天行健，君子以自强不息""爱自己是终身浪漫的开始"，来增强文章的深度和说服力。最后，可以结合个人或社会的实际，提出一些建议。比如，如何在生活中培养自爱的习惯，如何通过自我激励实现自强。通过层层递进的论述，让读者不仅理解自爱与自强的重要性，还能从中获得启发和力量。

第五讲：善良与宽容

【主题解读】

一、善良：灵魂的温暖之光

善良，是灵魂深处最温柔的底色，是心灵在纷繁世界中散发出的温暖光芒。它如同一盏明灯，在黑暗中为他人照亮前行的道路，也温暖着自己的内心世界。善良的人，总是以一颗柔软的心去感受他人的喜怒哀乐，用自己的善意去温暖每一个需要帮助的灵魂。

善良是一种无私的奉献，它让我们在他人遇到困难时，毫不犹豫地伸出援手。它告诉我们，生命的意义不仅在于自身的幸福，更在于能够给予他人温暖与希望。每一次善良的举动，都是一次心灵的升华，让我们在付出中感受到生命的美好与意义。善良让我们明白，真正的快乐不是独善其身，而是与他人共同分享这份温暖。

善良如同春日的暖阳，驱散寒冷，带来希望。它让我们在面对他人的过错时，不再苛求完美，而是以一颗宽容的心去理解与包容。因为只有当我们以善良之心对待他人，才能在生命的旅途中收获更多的温暖与感动。善良是灵魂的光辉，是心灵的灯塔，它让我们在黑暗中找到光明，在寒冷中感受到温暖。

二、宽容：胸怀的广阔之海

宽容，是灵魂在善良之中的豁达与包容，是内心深处的胸怀在历经磨砺后的广博与深邃。它是生命中那片最宁静的海洋，是灵魂在经历了温暖的滋养后，展现出的从容与大度。

宽容源于善良，却高于善良。善良让我们愿意去帮助他人，而宽容则让我们在面对他人的过错时，依然能够保持内心的平和与理解。宽容不是软弱，而是一种基于对人性深刻洞察后的豁达与包容。它让我们相信，即使他人有过失，即使世界并不完美，我们依然可以用一颗宽容的心去接纳一切。

宽容是善良的升华，它让灵魂在经历了温暖的滋养后，变得更加深邃与广阔。它告诉我们，生命的意义不仅在于给予他人温暖，更在于用这份温暖去包容世界的不完美。宽容让我们在人生的舞台上，以一种从容的姿态，展现出灵魂的博大与深沉。

宽容如同大海，包容百川，承载万物。它让我们在面对他人的误解与伤害时，不再愤怒，不再计较，而是以一种豁达的心胸去接纳与理解。宽容是一种内在的修养，它让我们在善良中找到心灵的宁静，在宁静中找到宽容的力量。宽容让我们在人生的旅途中，以一种从容的姿态，去拥抱每一个清晨与黄昏。

善良与宽容，如同生命的两颗明珠，相互辉映，相互成就。善良让我们在付出中感受到生命的温暖，宽容让我们在包容中收获心灵的宁静。它们共同构成了一首和谐的生命乐章，让我们在成长的道路上，既有温柔的善良，又有豁达的宽容。善良是宽容的基础，宽容是善良的升华。善良让我们以一颗柔软的心去感受世界，宽容则让我们以一颗豁达的心去包容世界。在这首乐章中，我们看到了自己的成长，也看到了生命的美好。善良与宽容，是我们生命中最宝贵的财富，让我们在喧嚣的世界中，依然能够保持内心的温暖与宁静，用一颗温柔而豁达的心去面对一切。

【名言精粹】

名言一：善者，吾善之；不善者，吾亦善之，德善。

出处：《老子·四十九章》

解读：这句话的意思是，对于善良的人，我用善良对待他；对于不善良的人，我也用善良对待他。这样，我就能使自己保持善良的品德。它强调的是一种以善为本、以德化人的处世哲学。老子认为，善良是一种内在的美德，无论他人是善是恶，都应以善待之。这种态度不仅能保持自身的善良，还能以善感化他人，使不善者回归善良。老子的思想常常强调超越对立，打破善恶、美丑等二元对立的思维模式。这句话体现了这种思想，即不被外界的善恶所左右，始终保持内心的善。这是一种更高层次的智慧，不被外界的纷扰所影响，而是以一种恒定的善来面对一切。这句话也体现了老子的“无为而治”思想。通过以善待人来感化他人，而不是通过强制或惩罚，使其向善。这是一种以德化人的智慧，用善良的力量去影响和改变他人，而不是用暴力或强制手段。这句话提醒人们，善良是一种内在的品德，不应因外界的善恶而改变。无论面对什么样的人和事，都应保持内心的善良。这种修养不仅能使人内心平静，还能提升个人的道德境界。从社会层面来看，这种以善待人的态度有助于构建和谐的社会关系。如果每个人都能以善待人，那么社会中的矛盾和冲突就会减少，从而营造出一个更加和谐、友善的社会环境。

在现实生活中，这句话提醒我们，面对他人的过错或不善行为，不要轻易地以恶报恶，而是要用善良和宽容去对待。这样不仅能化解矛盾，还能赢得他人的尊重和信任。

名言二：君子坦荡荡，小人长戚戚。

出处：《论语·述而》

解读：这句话出自《论语·述而》。《论语》是儒家学派的经典著作之一，记录了孔子及其弟子的言行，集中体现了孔子的思想。

君子心胸宽广、光明磊落，不为私欲所累，不为外物所役，因此内心坦然，行为正直。小人则心怀私欲，斤斤计较，患得患失，因此常常忧愁、烦恼。君子遵循道德和义理，不为名利所动，内心坦荡，行为光明正大。这种品德使君子能够“俯仰无愧”，即仰不愧于天，俯不怍于人。小人则被私欲所役，追求名利，常常处于得失之间，因此内心不安，行为猥琐。这句话提醒人们要有宽广的胸怀和高尚的品德，不为私欲所累，才能真正获得内心的安宁和坦荡。在社会生活中，这种品德的差异也会影响人际关系和社会风气。君子的坦荡能够赢得他人的尊重和信任，而小人的戚戚则容易引发矛盾和冲突。“君子坦荡荡，小人长戚戚”不仅是君子与小人品德的对比，更是对个人修养和社会行为的深刻启示。它鼓励人们追求高尚的品德，保持内心的坦荡，从而在个人和社会生活中都能获得真正的幸福和安宁。

名言三：宽则得众，信则人任焉。

出处：《论语·阳货》

解读：“宽则得众，信则人任焉”出自《论语·阳货》篇，是孔子对弟子子张阐述“仁”的具体实践时提到的五种品德之一。这句话的意思是：宽厚就能得到众人的拥护，诚信就能得到别人的信任和重用。

宽则得众：宽厚待人，能够包容他人的缺点和不足，这样就能赢得众人的拥护和支持。宽厚不仅是一种品德，更是一种智慧，能够化解矛盾，凝聚人心。信则人任焉：诚信是立身之本，只有言行一致、信守承诺，才能赢得他人的信任和重用。诚信不仅能够建立良好的人际关系，还能在社会中树立威信。宽厚是一种包容的心态，能够让人在面对复杂的人际关系时保持平和与冷静。宽厚的人往往能够以大局为重，不计较个人得失，从而赢得他人的尊重和信任。而诚信是社会交往的基础，只有诚信才能建立稳定的人际关系。诚信不仅是一种道德要求，更是一种社会责任。诚信的人能够在社会中树立良好的声誉，从而获得更多的机会和资源。在个人生活中，宽厚和诚信是重要的品德修养。宽厚能够帮助我们更好地与他人相处，减少矛盾和冲突；诚信能够让我们在社会中立足，赢得他人的信任和支持。在社会层面，宽厚和诚信是构建和谐社会的重要基石。一个宽厚的社会能够包容多元，减少对立；一个诚信的社会能够促进合作，推动发展。

名言四：以责人之心责己，以恕己之心恕人。

出处：《省心录》

解读："以责人之心责己，以恕己之心恕人"是一句蕴含深刻哲理的谚语，其核心思想是严以律己，宽以待人。这句话的意思是：用责备别人的心态来要求自己，用宽恕自己的心态去宽恕别人。这句话最早见于宋代林逋的《省心录》，后被收录于《增广贤文》等古籍中。这句话首先体现了一种高尚的自我约束精神。责人之心往往敏锐而严格，人们在批评他人时，往往能够迅速发现对方的不足与过错。然而，当这种严格的标准被用于审视自己时，便成了一种自我反省与自我提升的利器。它要求我们以一种近乎苛刻的态度去剖析自己的行为与思想，不放过任何一个可能的瑕疵。这种自我约束并非是一种自我折磨，而是一种对自身道德品质的雕琢。正如古希腊哲学家苏格拉底所倡导的"认识你自己"，只有通过不断地自我审视与自我批评，我们才能真正了解自己的不足，从而努力改进，提升自己的道德境界。这句话也提醒我们，人无完人，每个人都有自己的缺点与不足。当我们以恕己之心恕人时，实际上是在以一种理解和包容的态度去对待他人的过错。这种宽容并非是对错误的纵容，而是一种基于人性的理解与尊重。它让我们明白，每个人都在成长的道路上跌跌撞撞，都有可能犯错。因此，当我们面对他人的过错时，不应一味地指责与批评，而应给予理解与宽容，帮助他人改正错误，共同成长。这种宽容与理解，不仅能够化解矛盾，增进人际关系的和谐，更是一种高尚的道德品质。这句话也反映了中国传统文化中的一种独特价值观。在中国传统文化中，儒家思想一直强调"修身、齐家、治国、平天下"，而"修身"则是这一切的基础。以责人之心责己，正是"修身"的重要体现。它要求我们在道德修养上严格要求自己，不断提升自己的品德与修养。这种自我约束的精神，不仅能够促进个人的成长与发展，还能够为社会的和谐稳定奠定坚实的基础。同时，中国传统文化也强调"和为贵"，注重人际关系的和谐与稳定。恕己之心恕人，正是这种"和为贵"价值观的体现。它让我们明白，在社会生活中，人与人之间应该相互理解、相互包容，而不是相互指责、相互攻击。这种宽容与理解的精神，不仅能够化解社会矛盾，促进社会的和谐发展，还能够营造一种积极向上、和谐共生的社会文化氛围。

名言五：得饶人处且饶人。

出处：《唾玉集·常谈出处》

解读：这句话最早见于宋代俞文豹的《唾玉集·常谈出处》。原文为：蔡州褒信县有道人式棋，常饶人先，其诗曰，"自出洞来无敌手，得饶人处且饶人。"此外，《西溪丛语》中也记载了类似的典故，相传，蔡州褒信县有一位道士，擅长下棋，棋艺高超，几乎无人能敌。他常常在下棋时让对手先走一步，以示风度。这位道士临终前曾作诗一首：

烂柯真诀妙通神，一局曾经几度春。

自出洞来无敌手，得饶人处且饶人。

这首诗的前两句表达了道士对棋艺的自信，而后两句则体现了他的宽容与豁达。这句话的核心在于倡导宽容和体谅。在人际交往中，宽容是一种美德，能够化解矛盾，增进和谐。当我们处于优势时，选择宽容，不仅能够赢得他人的尊重，还能为自己留下后路。宽容并不意味着软弱，而是一种智慧和格局。它体现了一个人的成熟和大度。这句话还体现了为人处世的智慧。在面对冲突和矛盾时，不要过于计较得失，要学会适时退让。这种退让并不是示弱，而是一种长远的策略。俗话说“忍一时风平浪静，退一步海阔天空”，这句话提醒我们在面对矛盾时，要懂得适时放手，避免无谓的争执。这句话也蕴含着深刻的人生哲理。人生如棋，世事无常，我们不可能永远处于优势。在顺境中学会宽容和退让，是一种对未来的投资。它告诫我们，即使在拥有绝对优势时，也不要过于炫耀或伤害他人，因为真正的强者懂得如何在胜利中保持谦逊。这句话反映了中国传统文化中“以和为贵”的价值观。在中国文化中，一直强调和谐与宽容，认为这是社会和谐与个人幸福的基础。它也体现了“穷寇莫追”的智慧，提醒人们在面对对手时，不要过于逼迫，以免引发更大的冲突。

名言六：海纳百川，有容乃大；壁立千仞，无欲则刚。

出处：林则徐

解读：“海纳百川，有容乃大；壁立千仞，无欲则刚”是清代政治家林则徐任两广总督时在总督府衙题书的自勉堂联。这句话不仅体现了林则徐的高尚品德和人格魅力，也蕴含着深刻的哲学智慧和道德修养理念。海纳百川，有容乃大的字面意思：大海因为有宽广的胸怀，能够容纳千百条河流，所以显得浩瀚无边。深层含义这句话比喻人要有宽广的胸怀和包容的气度，能够接纳不同的意见和观点，从而成就大器。它告诫人们要心胸宽广，不要因私欲而狭隘。此句的“有容乃大”出自《尚书·君陈》：“有容，德乃大。”，体现了儒家思想中“宽则得众”的理念。壁立千仞，无欲则刚字面意思：悬崖绝壁能够直立千丈，是因为它没有过分的欲望，不向其他地方倾倒。深层含义：这句话比喻人如果能够去除私欲，就能像高山一样刚正不阿，无所畏惧。它提醒人们要克制私欲，保持清正廉洁。此句与儒家倡导的“修身、齐家、治国、平天下”理念相呼应，强调个人品德修养的重要性。从哲学与道德内涵来看，上联“海纳百川，有容乃大”体现了宽容和包容的美德。一个人只有心胸宽广，才能接纳不同的意见和观点，从而成就大器。下联“壁立千仞，无欲则刚”强调了刚正不阿的品德。只有去除私欲，才能保持清正廉洁，无所畏惧。整副对联不仅体现了林则徐的高尚品德，也提醒人们要不断修身养性，提升个人的道德修养。

【人物逸事】

故事一：鲍叔牙与管仲知人善任

管仲夷吾者，颍上人也。少时常与鲍叔牙游，鲍叔知其贤。管仲贫困，常欺鲍叔，鲍叔终善遇之，不以为言。已而鲍叔事齐公子小白，管仲事公子纠。及小白立为桓公，公子纠死，管仲囚焉。鲍叔遂进管仲。管仲既用，任政于齐，齐桓公以霸，九合诸侯，一匡天下，管仲之谋也。管仲曰："吾始困时，尝与鲍叔贾，分财利多自与，鲍叔不以我为贪，知我贫也。吾尝为鲍叔谋事而更穷困，鲍叔不以我为愚，知时有利不利也。吾尝三仕三见逐于君，鲍叔不以我为不肖，知我不遇时也。吾尝三战三走，鲍叔不以我为怯，知我有老母也。公子纠败，召忽死之，吾幽囚受辱，鲍叔不以我为无耻，知我不羞小节而耻功名不显于天下也。生我者父母，知我者鲍子也。"鲍叔既进管仲，以身下之。子孙世禄于齐，有封邑者十余世，常为名大夫。天下不多管仲之贤而多鲍叔能知人也。

出处：《史记·管晏列传》

译文：管仲，名夷吾，是颍上人。他年轻时常与鲍叔牙交往，鲍叔知道他有才能。管仲家境贫困，常常占鲍叔的便宜，但鲍叔始终对他很好，不将这些事说出去。后来，鲍叔侍奉齐国公子小白，而管仲则侍奉公子纠。等到小白即位成为齐桓公后，公子纠被杀，管仲也被囚禁起来。鲍叔于是向齐桓公推荐管仲。管仲被任用后，在齐国主持政务，齐桓公因此称霸，多次联合诸侯，匡正天下，这都是管仲的谋略。管仲说："我当初贫困时，曾和鲍叔一起经商，分财利时自己常常多拿一些，但鲍叔并不认为我贪心，而是知道我家里贫困。我曾经为鲍叔谋划事情，结果却使他更加困窘，但鲍叔并不认为我愚笨，而是知道时机有利与不利。我曾经多次做官，多次被国君驱逐，但鲍叔并不认为我不成器，而是知道我没有遇到好时机。我曾经多次打仗，多次战败逃跑，但鲍叔并不认为我胆小，而是知道我还有老母亲需要照顾。公子纠失败后，召忽为他而死，我却被囚禁受辱，但鲍叔并不认为我没有廉耻，而是知道我不因小节而羞愧，却以功名不显扬于天下为耻。生我的是父母，但了解我的是鲍叔啊！"鲍叔推荐了管仲之后，甘愿身居管仲之下。他的子孙在齐国世代享受俸禄，有封地的多达十几代，常常成为有名的大夫。天下人不称赞管仲的贤能，却赞美鲍叔善于发现人才。

解读：鲍叔牙与管仲早年共同经商，管仲因家境贫寒，常在分利时多拿一些，鲍叔牙却从不认为管仲贪婪，反而理解他的困境，始终善待他。这种行为体现了鲍叔牙的善良，他能够设身处地为他人着想，不计较个人得失，体现了对管仲的无私帮助。在管仲办事不利、作战逃跑等情况下，鲍叔牙始终相信管仲并非无能或胆小，而是时运不济或有其他隐情。鲍叔牙的善良在于他能够看到他人的优点，包容他人的不足，给予朋友充分的信任和支持。当管仲被囚禁时，鲍叔牙不仅没有落井下石，反而向齐桓公大力推荐管仲，使其得以施展才华。这种行为展现了鲍叔牙的高尚品德，他不计前嫌，以国家利益为重，体现了他对朋友的善良与无私。

鲍叔牙在与管仲交往过程中，多次包容管仲的过错。例如，管仲在经商时多拿利益、办事不利、作战逃跑等，鲍叔牙都没有因此而疏远或指责管仲。这种宽容体现了鲍叔牙的豁达胸怀，他能够理解他人的不足，不因小节而影响大局。在管仲被囚禁后，鲍叔牙没有因为管仲曾经的过错而放弃他，反而积极推荐他，使其成为齐国的重要谋士。这种不计前嫌的宽容，不仅成就了管仲，也成就了齐国的霸业。鲍叔牙在管仲辅佐齐桓公期间，始终在背后支持他，甚至将自己置于管仲之下。这种长期的支持和包容，体现了鲍叔牙的宽容与大度，他能够为了国家的利益，放下个人的得失。

故事二：蔺相如与廉颇宽容以待

赵惠文王十六年，廉颇为赵将，为上卿，以勇气闻于诸侯。蔺相如者，赵人也，为宦者令缪贤舍人。相如使秦，完璧归赵，赵王以为贤大夫，使不辱于诸侯，拜相如为上大夫。后又以相如功大，封为上卿，位在廉颇之右。廉颇曰：“我为赵将，有攻城野战之大功，而蔺相如徒以口舌为劳，而位居我上。且相如素贱人，吾羞，不忍为之下！”宣言曰：“我见相如，必辱之。”相如闻，不肯与会。相如每朝时，常称病，不欲与廉颇争列。已而相如出，望见廉颇，相如引车避匿。于是舍人相与谏曰：“臣所以去亲戚而事君者，徒慕君之高义也。今君与廉颇同列，廉君宣恶言，而君畏匿之，恐惧殊甚。且庸人尚羞之，况于将相乎？臣等不肖，请辞去。”蔺相如固止之，曰：“公之视廉将军孰与秦王？”曰：“不若也。”相如曰：“夫以秦王之威，而相如廷叱之，辱其群臣。相如虽驽，独畏廉将军哉？顾吾念之，强秦之所以不敢加兵于赵者，徒以吾两人在也。今两虎共斗，其势不俱生。吾所以为此者，以先国家之急而后私仇也。”廉颇闻之，肉袒负荆，因宾客至蔺相如门谢罪，曰：“鄙贱之人，不知将军宽之至此也！”卒相与欢，为刎颈之交。

出处：《史记·廉颇蔺相如列传》

译文：赵惠文王十六年，廉颇担任赵国的大将，被封为上卿，以勇气闻名于诸侯国。蔺相如是赵国人，当时是宦者令缪贤的门客。蔺相如出使秦国，成功地将和氏璧完整无缺地送回赵国，赵王认为他是个贤能的大夫，出使诸侯国不辱使命，于是封他为上大夫。后来，因为蔺相如功劳大，又被封为上卿，官位在廉颇之上。廉颇说：“我是赵国的大将，有攻城野战的大功，而蔺相如只是凭借口才立功，他的官位却在我之上。而且蔺相如出身低微，我感到羞耻，无法忍受他的官位在我之上！”他还扬言说：“如果我见到蔺相如，一定要羞辱他。”蔺相如听说后，不肯与他会面。蔺相如每次上朝时，常常称病，不愿与廉颇争位次。后来蔺相如出门，远远望见廉颇，就命人驾车躲避。于是蔺相如的门客们一起劝谏说："我们离开亲人来侍奉您，只是仰慕您的高尚品德。现在您与廉颇官位相同，廉颇却公开说一些恶言，而您却害怕躲避他，恐惧得太过分了。即使是普通人，也觉得羞耻，更何况是将相呢？我们没有才能，请允许我们告辞离开。"蔺相如坚决挽留他们，说："你们看廉将军与秦王相比，谁更厉害？"门客们回答说："廉将军不如秦王。"蔺相如说："以秦王那样的威势，我蔺相如却在朝廷上呵斥他，羞辱他的群臣。我蔺相如虽然才能低下，难道会害怕廉将军吗？但我想到，强大的秦国之所以不敢轻易对赵国用兵，只是因为有我们两人在。现在如果两虎相斗，势必不能共存。我之所以这样做，是以国家的危难为先，而将个人的私怨放在后面。"廉颇听说后，赤裸上身，背着荆条，通过宾客来到蔺相如门前请罪，说："我这个粗野卑贱的人，想不到将军的胸怀如此宽广啊！"最终，两人和好如初，成为生死与共的好友。

解读：蔺相如在面对廉颇的挑衅时，并没有选择以牙还牙。他深知廉颇是赵国的功臣，也是国家的栋梁，因此选择了忍让。他的这种行为体现了对廉颇的尊重和理解，也体现了他对国家利益的高度重视。蔺相如的善良在于他能够设身处地为他人着想，不计较个人得失，而是以国家利益为重。蔺相如的宽容体现在他对廉颇的多次退让，他不仅在朝堂上避让廉颇，甚至在外出时也选择躲避，避免与廉颇正面冲突。这种宽容不仅化解了两人之间的矛盾，也维护了赵国的团结和稳定。蔺相如的宽容还体现在他能够理解廉颇的自尊心和荣誉感，没有因为自己的地位而轻视廉颇。廉颇的宽容体现在他能够接受蔺相如的退让，并主动寻求和解。他的行为不仅化解了两人之间的矛盾，也促进了赵国的团结。廉颇的宽容还体现在他能够放下自己的自尊，向蔺相如道歉，这种行为在当时是非常难得的。

故事三：赵普与寇准宰相肚里能撑船

北宋寇准、丁谓同在朝廷为重臣。丁谓初因寇准荐，得进用，后丁谓以忌克，屡谗毁寇准，致寇准贬雷州。后丁谓亦得罪，谪崖州，道出雷州，准遣人以酒食迎劳，且具舟送至崖州。丁谓见准，愧谢，准曰："寇准与丁谓，同仕宦也。丁谓之过，天子已知之矣，又何谢焉？"丁谓深感其量。

出处：《宋史·寇准传》

译文：北宋时期，寇准和丁谓都是朝廷的重臣。丁谓最初是因为寇准的推荐才得以进入朝廷任职的。然而，丁谓后来因为嫉妒和私欲，多次在皇帝面前诽谤寇准，导致寇准被贬至荒凉的雷州。后来，丁谓自己也因罪被贬至崖州，途经雷州时，寇准的随从们希望寇准借此机会报复丁谓。但寇准却选择了宽容，他派人以酒食迎接丁谓，并且准备了船只送他到崖州。丁谓见到寇准后，深感羞愧并道歉，寇准却说："我和丁谓都是朝廷的臣子。丁谓的过错，天子已经知道了，又何必向我道歉呢？"丁谓深受寇准的胸怀所感动。

解读：寇准的宽容不仅化解了与丁谓之间的恩怨，也展现了他的高尚品德。他没有因为丁谓的陷害而心生报复，反而以德报怨，这种宽容的力量使得寇准在历史上留下了美名。“宰相肚里能撑船”这句话强调的是一个人的胸怀和格局。寇准作为一位宰相，他的行为不仅体现了个人的修养，也符合一个政治家应有的气度。他的宽容不仅赢得了他人的尊重，也维护了朝廷的和谐与稳定。“宰相肚里能撑船”这一典故通过寇准与丁谓的故事，生动地展现了宽容的力量和广阔的胸怀。寇准的宽容不仅成就了他的个人品德，也为后世树立了榜样。在现代社会中，我们依然可以从这一典故中汲取智慧，学会宽容待人，以德报怨，从而实现个人的成长和社会的和谐发展。

故事四：吕蒙正不记人过

吕蒙正相公不喜记人过。初参知政事，入朝堂，有朝士于帘内指之曰：“是小子亦参政耶？”蒙正佯为不闻而过之。其同列怒，令诘其官位姓名，蒙正遽止之。罢朝，同列犹不能平，悔不穷问。蒙正曰：“若一知其姓名，则终身不能复忘，固不如无知也。不问之，何损？”时人皆服其量。

出处：《宋史·吕蒙正传》

译文：吕蒙正宰相不喜欢记住别人的过错。他刚担任参知政事（副宰相）时，第一次进入朝堂，有一位朝廷官员在帘子后面指着他说：“这个小子也当上了参政吗？”吕蒙正假装没有听到，径直走过去。他的同事非常愤怒，命令询问那位官员的官职和姓名，但吕蒙正制止了他。退朝后，同事们仍然愤愤不平，后悔没有追问到底。吕蒙正说：“如果知道了那个人的姓名，就会终身难忘，还不如不知道。不问他的姓名，又有什么损失呢？”当时的人都非常佩服他的气量。

解读：吕蒙正，字圣功，北宋河南洛阳人，是北宋著名的政治家，曾三次担任宰相，以正直敢言、心胸宽广著称。故事发生在吕蒙正初任参知政事（副宰相）时，他进入朝堂，一位朝士在帘内对他指指点点，质疑他凭什么能当上参知政事。吕蒙正没有因为朝士的无礼而报复，反而选择了理解和宽容。他的善良体现在他能够设身处地为他人着想，不因一时的愤怒而失去理智。吕蒙正的宽容不仅体现在他能够包容朝士的过错，还体现在他能够阻止同事的冲动行为。他的宽容是一种智慧，他知道如何在复杂的人际关系中保持自己的风度和气量。因此，吕蒙正的故事告诉我们，宽容是一种强大的力量。它不仅能化解矛盾，还能赢得他人的尊重和信任。善良是一种美德，它能够温暖他人，也能成就自己。吕蒙正的善良使他能够在复杂的政治环境中保持自己的正直和清白。此外，吕蒙正的选择不仅体现了他的善良和宽容，还体现了他的智慧。他知道如何在面对冲突时保持冷静，如何在复杂的人际关系中保持自己的风度。

【诗词精华】

诗词一：《观刈麦》

作者：白居易（唐）
田家少闲月，五月人倍忙。
夜来南风起，小麦覆陇黄。
妇姑荷箪食，童稚携壶浆。
相随饷田去，丁壮在南冈。
足蒸暑土气，背灼炎天光。
力尽不知热，但惜夏日长。
复有贫妇人，抱子在其旁。
右手秉遗穗，左臂悬敝筐。
听其相顾言，闻者为悲伤。
家田输税尽，拾此充饥肠。
今我何功德，曾不事农桑。
吏禄三百石，岁晏有余粮。
念此私自愧，尽日不能忘。

诗词鉴赏：白居易在诗中通过细腻的描写，展现了农民在酷热天气下辛勤劳作的场景，如“足蒸暑土气，背灼炎天光”，生动地刻画了农民的艰辛。同时，诗人对一位因交不起赋税而失去土地、只能拾麦穗充饥的贫苦妇女表示了深切的同情，这种同情源于诗人内心的善良和对劳动人民的尊重。诗人在诗的结尾部分，通过对比自己不劳而获的生活与农民的辛勤劳作，表达了深深的愧疚之情：“今我何功德，曾不事农桑。吏禄三百石，岁晏有余粮。念此私自愧，尽日不能忘。”这种自我反省不仅体现了诗人的善良，更展现了他作为封建官吏的良心和责任感。

从语言风格上看，全诗语言朴实无华，通俗易懂，如“田家少闲月，五月人倍忙”等语句，简洁明了地交代了农忙时节的景象。这种朴实的语言风格使得诗歌更加贴近生活，增强了诗歌的真实感和感染力。从写作手法上看，对比手法：诗人巧妙地运用对比手法，将农民的辛勤劳作与自己的不劳而获形成鲜明对比，如“力尽不知热，但惜夏日长”与“吏禄三百石，岁晏有余粮”。这种对比不仅突出了农民的苦难，也深化了诗歌的主题。细节描写：通过对农民劳作场景的细致描写，如“妇姑荷箪食，童稚携壶浆”，以及贫妇人“右手秉遗穗，左臂悬敝筐”的描写，生动地展现了劳动人民的生活状态，增强了诗歌的感染力。叙事与抒情相结合：诗人在叙事中融入了强烈的抒情色彩，使诗歌不仅具有叙事诗的生动性，还具有抒情诗的感染力。因此，《观刈麦》是一首充满善良与同情的叙事诗。白居易通过朴实的语言和细腻的描写，生动地展现了劳动人民的艰辛与苦难，同时也表达了自己对劳动人民的深切同情和对自己不劳而获的愧疚之情。这首诗不仅具有深刻的社会批判意义，更体现了诗人作为封建官吏的良心和责任感。诗人以善良之心观察社会，以同情之笔书写民生，使这首诗成为了唐代现实主义诗歌的经典之作。

诗词二：《鸟》

作者：白居易（唐）
谁道群生性命微？
一般骨肉一般皮。
劝君莫打枝头鸟，
子在巢中望母归。

诗词鉴赏：白居易的《鸟》是一首充满善良与慈悲情怀的诗作，通过简洁而深情的语言，传达了诗人对生命的怜悯与关怀。开篇设问，唤起善良之心。“谁道群生性命微？”诗人以反问开篇，质疑那些轻视生命的人。这里的“群生”指世间所有生物，而“性命微”则暗示许多人认为动物的生命微不足道。诗人通过反问，直接表达了对这种观念的否定，唤起读者内心的善良与同情。这种设问方式不仅点明了主题，更激发读者对生命的敬畏之心，为全诗奠定了善良的基调。

“一般骨肉一般皮”这句诗进一步强调生命的平等。诗人指出，无论是人类还是鸟儿，都有血肉之躯，都有生命的情感和需求。通过“一般骨肉一般皮”的表述，诗人呼吁人们不要轻视其他生物，而是以平等和慈悲的心态看待它们。这里的“骨肉”和“皮”不仅是生理结构的描述，更是对生命本质的强调。诗人希望读者理解，所有生命都值得尊重和爱护，这种观念正是善良的体现。“劝君莫打枝头鸟，子在巢中望母归”这两句是全诗的核心，诗人以劝诫的口吻，劝人们不要伤害枝头的鸟儿。诗人通过“子在巢中望母归”的描写，赋予鸟儿以人的情感，让读者感受到鸟儿的母子情深。这里的“子在巢中望母归”不仅是对鸟儿母子情的描写，更是一种善良的呼吁。诗人希望人们能够换位思考，理解鸟儿的痛苦，从而产生怜悯之心。这种对生命的怜悯正是善良的体现。这首诗的核心主题是对生命的尊重。诗人通过鸟儿的遭遇，呼吁人们不要轻视任何生命，即使是微小的鸟类，也有其存在的价值和情感。这种对生命的尊重，正是善良的体现。诗人希望读者能够理解，每一个生命都值得被尊重和爱护，这种观念不仅体现了对生命的敬畏，也展现了诗人内心的善良与慈悲。从艺术手法上来看，诗人以反问开篇，直接点明主题，唤起读者内心的善良与同情。这种开篇方式不仅增强了诗歌的感染力，也使主题更加鲜明。这首诗语言简洁明快，但内涵深刻。诗人用最简单的语言，表达了对生命的尊重和对善良的呼吁。这种简洁的语言风格使诗歌更具亲和力，也更容易被读者接受。因此，白居易的《鸟》是一首充满善良与慈悲情怀的诗作。诗人通过鸟儿的遭遇，表达了对生命的尊重和对善良的呼吁。这首诗语言简洁，但内涵深刻，通过反问、拟人化描写和劝诫的方式，唤起读者内心的同情与善良。这首诗不仅是白居易诗歌中的佳作，也是中国古代文学中关于善良与慈悲的经典之作。

诗词三：《赠卫八处士》

作者：杜甫（唐）
人生不相见，动如参与商。
今夕复何夕，共此灯烛光。
少壮能几时，鬓发各已苍。
访旧半为鬼，惊呼热中肠。
焉知二十载，重上君子堂。
昔别君未婚，儿女忽成行。
怡然敬父执，问我来何方。
问答未及已，驱儿罗酒浆。
夜雨剪春韭，新炊间黄粱。
主称会面难，一举累十觞。
十觞亦不醉，感子故意长。
明日隔山岳，世事两茫茫。

诗词鉴赏：“今夕复何夕，共此灯烛光”这句诗描绘了两人在灯光下重逢的情景，充满了温馨与亲切。这种久别重逢的温暖本身就是一种善良的体现，它展现了人与人之间真挚的情感和对彼此的牵挂。

“怡然敬父执，问我来何方”，卫八处士的儿女们对诗人表示敬意，询问他从何处而来。这种细节描写不仅展现了卫八处士家庭的和睦与教养，也体现了他们对父亲朋友的尊重和热情，这是一种善良的传承。“夜雨剪春韭，新炊间黄粱”，这句诗描绘了卫八处士在雨夜中为诗人准备食物的情景。春韭和黄粱都是普通的食材，但在诗人眼中，这些简单的食物却充满了温暖和善意。卫八处士的这种热情款待，体现了他对老朋友的深情厚谊，也展现了他善良、淳朴的品质。“驱儿罗酒浆”，卫八处士不仅亲自下厨，还让孩子们帮忙准备酒浆，这种热情和周到的款待，让诗人感受到了家的温暖，也体现了卫八处士的善良与好客。诗中多次表达了诗人对友情的珍视，这种珍视本身就是一种善良的体现。“主称会面难，一举累十觞”卫八处士感叹相见不易，于是频频举杯，与诗人畅饮。这种对友情的珍视，不仅让诗人感受到了温暖，也体现了卫八处士的善良与真诚。“十觞亦不醉，感子故意长”，诗人回应卫八处士的深情，表示自己虽然喝了很多酒，但依然不醉，因为感受到了老朋友的深情厚谊。这种对友情的珍视，不仅温暖了诗人的心，也让读者感受到了人与人之间真挚的情感。“明日隔山岳，世事两茫茫”，这句诗表达了诗人对未来的担忧和无奈，但即便如此，诗人依然珍惜眼前的相聚时光。这种对当下的珍惜和对未来的豁达态度，也是一种善良的体现。它提醒我们，在面对生活的不确定性时，要珍惜身边的人和事，用善良和温暖去面对每一个当下。综上所述，《赠卫八处士》虽然主要表达了诗人对时光流逝的感慨和对友情的珍视，但从“善良”的角度来看，诗中充满了温暖人心的细节和情感。卫八处士的热情款待、对友情的珍视以及对未来的豁达态度，都体现了他的善良与真诚。这首诗不仅展现了诗人与故友之间深厚的情谊，也提醒我们在生活中要珍惜身边的人和事，用善良和温暖去面对每一个当下。

诗词四：《拟寒山拾得》（其一）

作者：王安石（宋）
风吹瓦坠屋，正打破我头。
瓦亦自破碎，匪独我血流。
众生造众业，各有一机抽。
世莫笑我痴，我痴笑世迷。

诗词鉴赏：“风吹瓦堕屋，正打破我头”，这两句通过一个生活中的小事件——瓦片被风吹落，砸破了诗人的头——引出主题。这种开篇方式生动形象，容易引起读者的共鸣。然而，诗人并没有停留在自身的痛苦上，而是以一种超然的态度看待这件事。诗人没有抱怨瓦片的“无情”，也没有责怪风的“无常”，而是以一种包容的心态看待这件事。这种心态正是善良和宽容的体现。“瓦亦自破碎，非独我血流”，诗人进一步思考：瓦片在砸破诗人的头的同时，自己也破碎了。这里体现了诗人对事物的平等观照——不仅关注自身的痛苦，也关注瓦片的破碎。诗人没有将自己置于受害者的位置，而是以一种平等的心态看待这件事。这种平等观照体现了诗人的宽容。他没有将痛苦归咎于他人或外物，而是理解到世间万物都在因果循环之中。这种心态不仅是一种智慧，更是一种善良和宽容的体现。“众生造众业，各有一机抽”，这两句引入了佛教的因果报应观念。“众生”指世间一切生命，“众业”指各种行为和造作，“机抽”则暗示因果报应的必然性。诗人认为，世间万物都在因果循环之中，每个人的行为都会带来相应的结果。诗人通过因果循环的观念，提醒人们不要轻易伤害他人或外物，因为伤害他人最终也会伤害到自己。这种观念不仅体现了对生命的尊重，也倡导了一种善良和慈悲的心态。“世莫笑我痴，我痴笑世迷”，诗人以一种自嘲的口吻，批判世人的愚昧和短视。他指出，世人往往只看到表面的得失，却忽略了更深层次的因果关系。诗人以“痴”自居，实际上是在表达一种对世态的清醒认识。诗人并没有因为世人的愚昧而愤怒，而是以一种宽容的心态看待他们。他希望人们能够理解因果循环的道理，从而在生活中保持善良和慈悲。从艺术手法来看，诗人通过一个生活中的小事件（瓦片砸头）引出对人生的深刻思考。这种以小见大的手法使诗歌更具感染力，也更容易引起读者的共鸣。诗人通过这件小事，倡导了一种善良和宽容的心态。王安石在诗中融入了佛教的因果报应观念，使诗歌具有了深刻的哲理内涵。这种禅理入诗的手法不仅丰富了诗歌的内涵，也启发了读者的慈悲之心。诗人以一种自嘲的口吻批判世人的愚昧，同时也表达了对自身的反思。这种批判与自省的手法使诗歌更具思想性，也更能够引发读者的思考。诗人通过这种手法，倡导了一种宽容和善良的心态。综上所述，王安石的《拟寒山拾得》是一首充满禅理、智慧和慈悲的诗作。诗人通过一个生活中的小事件，引出对人生的深刻思考，表达了对生命的尊重、对世人的宽容以及对善良的倡导。这首诗不仅语言简洁，更通过批判与自省的手法，使诗歌更具思想性。它不仅是王安石诗歌中的佳作，也是中国古代文学中关于善良与慈悲的经典之作。

【阅悟人生】

当生活的节奏愈发急促，竞争的浪潮汹涌而来，我们常常在焦虑与疲惫中迷失方向，而善良与宽容恰似一缕清风，悄然拂过心灵的尘埃，带来宁静与慰藉。善良，是心灵深处的温柔力量，它让我们在与他人相处时，能够以细腻的感知去捕捉他人的需求，用真诚的关怀去传递温暖，让冷漠的世界多一份温情。它教会我们在复杂的人际关系中保持内心的纯净，不被利益与纷争所蒙蔽，用善意去化解冷漠与隔阂。宽容，则是智慧的光芒，照亮我们在面对生活的不完美时的迷茫。它让我们在遭遇误解与不公时，能够放下愤怒与怨恨，以豁达的心态去接纳差异与瑕疵，用宽广的胸怀拥抱多元的世界。善良与宽容交织在一起，成为我们应对复杂世界、实现心灵富足的基石。以善良待人，内心便充满温暖；以宽容处世，生活便充满和谐。愿我们都能在善良与宽容的滋养下，让生命绽放出最温柔而坚韧的光芒，照亮自己，也温暖他人。

【写作锦囊】

写作训练

以“心有暖阳”为题，写一篇800字记叙文，围绕“善良与宽容”的主题展开叙述。注意通过人物的言行、心理活动以及环境描写，展现善良与宽容在人际交往中的力量，让人物的情感和故事的意义真实可感。或者以“善良与宽容：人性的光辉”为题，写一篇800字议论文，结合历史、现实和理论，论证善良与宽容对个人和社会的重要性。要求论点明确，论证严密，层次清晰。

写作提示

记叙文：在记叙文中，善良与宽容可以通过一个具体的故事来展现。比如，可以讲述一个人如何在冲突中选择宽容，或者一个孩子如何用善良温暖他人。通过人物的内心挣扎、行为表现以及周围环境的描写，突出善良与宽容的力量。例如，可以描写一个学生在学校中被误解后，如何选择用善良和宽容去化解矛盾。通过描写他在面对同学的指责时的沉默，以及他在事后主动关心对方的举动，展现他内心的善良与宽容。此外，可以通过对比手法，描写另一个选择报复的人在冲突升级后的后悔，从而形成鲜明的反差。在叙述过程中，可以通过细节描写增强感染力。比如，描写他在被误解时眼神中的委屈，或是他在选择宽容时嘴角的微笑；还可以通过环境描写烘托氛围，比如教室里紧张的气氛，或是阳光透过窗户洒在他身上的温暖。这些细节不仅能让故事更加生动，也能让读者感受到善良与宽容的深刻意义。此外，可以通过人物的内心独白，展现他对善良和宽容的思考。比如，他可能会在内心告诉自己："善良是一种选择，宽容是一种力量。"这种心理描写能够让故事更加真实感人，也让主题更加深入人心。

议论文：在议论文中，善良与宽容可以从理论层面进行探讨，结合历史、现实和哲学观点，阐述其重要性。首先，可以从历史角度切入，列举一些著名人物通过善良与宽容成就伟大事业的故事，比如蔺相如"完璧归赵"后对廉颇的宽容，以及甘地用非暴力抵抗赢得印度独立。这些例子不仅能够增强论点的说服力，还能让文章更具文化底蕴。接着，可以从现实角度分析善良与宽容在当今社会的意义。比如，在人际关系中，善良是温暖他人的桥梁，宽容是化解矛盾的良药；在社会层面，善良与宽容是构建和谐社会的基础。可以结合社会现象，如网络暴力、人与人之间的冷漠，进一步论证这一观点。此外，可以从哲学或心理学角度探讨善良与宽容的内在价值。比如，善良是一种内在的美德，是对他人生命的尊重；宽容是一种智慧，是对人性的理解和包容。可以引用一些名言警句，如"以善为本，以宽为怀""宽容是一种美德，更是一种力量"，来增强文章的深度和说服力。最后，可以结合个人或社会的实际，提出一些建议。比如，如何在生活中培养善良与宽容的心态，如何通过教育和制度建设提升社会的文明程度。通过层层递进的论述，让读者不仅理解善良与宽容的重要性，还能从中获得启发和力量。

第六讲：自律与规则

【主题解读】

一、自律：灵魂的坚韧之柱

自律，是灵魂深处最坚定的力量，是心灵在纷繁世界中坚守的信念。它如同一座灯塔，在迷茫中为自我照亮前行的道路，也稳固着自己的内心世界。自律的人，总是以一颗坚韧的心去面对生活中的种种诱惑，用自己的毅力去守护每一个目标和承诺。

自律是一种无声的坚守，它让我们在面对诱惑时，毫不动摇地坚持自己的原则。它告诉我们，生命的意义不仅在于追求快乐，更在于能够实现自我价值与成长。每一次自律的坚持，都是一次灵魂的磨砺，让我们在付出中感受到生命的坚韧与力量。自律让我们明白，真正的自由不是随心所欲，而是在规则中找到自己的方向。

自律如同冬日的寒梅，傲雪凌霜，绽放希望。它让我们在面对自己的不足时，不再逃避，而是以一颗坚定的心去改正与提升。因为只有当我们以自律之心对待自己，才能在生命的旅途中收获更多的成长与成就。自律是灵魂的支柱，是心灵的基石，它让我们在迷茫中找到方向，在诱惑中坚守自我。

二、规则：社会的和谐之基

规则，是灵魂在自律之后的秩序与规范，是内心深处的自律在社会中的延伸与体现。它是生命中那片最稳固的大地，是灵魂在经历了坚韧的磨砺后，展现出的秩序与和谐。

规则源于自律，却高于自律。自律让我们能够约束自己的行为，而规则则让我们在面对社会的复杂性时，依然能够保持内心的秩序与公正。规则不是束缚，而是一种基于对社会深刻理解后的秩序与规范。它让我们相信，即使个人有差异，即使世界充满不确定性，我们依然可以用一套共同的规则去维护和谐。

规则是自律的升华，它让灵魂在经历了坚韧的磨砺后，变得更加有序与和谐。它告诉我们，生命的意义不仅在于实现自我价值，更在于用这份价值去维护社会的公平与正义。规则让我们在社会的舞台上，以一种有序的姿态，展现出灵魂的公正与坚定。

规则如同森林中的参天大树，枝繁叶茂，承载万物。它让我们在面对社会的纷争与冲突时，不再迷茫，不再无措，而是以公正的心态去面对与解决。规则是一种内在的修养，它让我们在自律中找到社会的秩序，在秩序中找到规则的力量。规则让我们在人生的旅途中，以一种有序的姿态，去迎接每一个挑战与机遇。

自律与规则，如同生命的两座灯塔，相互辉映，相互成就。自律让我们在坚守中感受到生命的坚韧，规则让我们在秩序中收获社会的和谐。它们共同构成了一首和谐的生命乐章，让我们在成长的道路上，既有坚韧的自律，又有公正的规则。自律是规则的基础，规则是自律的升华。自律让我们以一颗坚韧的心去面对自我，规则则让我们以一颗公正的心去面对社会。在这首乐章中，我们看到了自己的成长，也看到了社会的美好。自律与规则，是我们生命中最宝贵的财富，让我们在喧嚣的世界中，依然能够保持内心的秩序与宁静，用一颗坚韧而公正的心去面对一切。

【名言精粹】

名言一：君子慎独，不欺暗室。

出处：《礼记·中庸》《列女传·卫灵夫人》

解读："君子慎独，不欺暗室"是中华传统文化中重要的道德观念，它强调一个人在独处时也要严格要求自己，不做违背道德和法律的事情。这句话由两部分组成，分别出自不同的典籍，但共同体现了儒家思想中对个人修养的极高要求。"君子慎独"，出自《礼记·中庸》："是故君子戒慎乎其所不睹，恐惧乎其所不闻。莫见乎隐，莫显乎微，故君子慎其独也。"这句话的意思是，君子在独处时，即使没有人看见、听见，也要谨慎不苟，不做违背道德的事情。因为不好的意念和欲望往往在隐晦和细微之处容易显露出来，所以君子更应严格要求自己，防微杜渐。"不欺暗室"，最早出自《列女传·卫灵夫人》。这句话的意思是，即使在别人看不见的地方，也不做昧心的事，不做违背道德和法律的事情。这两句话强调了道德自律的重要性。一个人的品德不仅体现在公共场合，更体现在独处时的行为。只有在无人监督的情况下，依然能够坚守道德准则，才是真正的君子。这种自律不仅是一种行为上的约束，更是一种内心的诚实与正直。它要求人们在面对自己的欲望和诱惑时，能够坚守原则，不欺骗自己，不欺骗他人。这种修养是一种高级的自律，是对自己内心的不断叩问和修炼。它要求人们在独处时，依然能够保持清醒和自律，不做违背良心和原则的事。从更广泛的意义上讲，这种自律和正直是社会和谐的基础。当每个人都能够在独处时坚守道德，社会自然会更加公正和和谐。总之，"君子慎独，不欺暗室"是一种高尚的道德修养和为人处世的准则，它要求我们在独处时依然能够坚守道德，不欺骗自己，不欺骗他人。这种自律和正直，是个人修养的体现，也是社会和谐的基础。

名言二：不以规矩，不能成方圆。

出处：《孟子·离娄上》

解读："不以规矩，不能成方圆"是一句中国古代的格言，出自《孟子·离娄上》。这句话简洁而深刻，揭示了规则和规范在社会和个人生活中的重要性。"不以规矩，不能成方圆"的字面意思是，如果没有圆规和矩尺，就无法画出完美的圆形和方形。这里的"规矩"指的是工具，而"方圆"则代表了标准和规范。引申含义：这句话比喻没有规则和规范，就无法完成任何事情。它强调了规则和规范在社会和个人生活中的重要性。这句话在结构上采用了对仗的手法，"不以规矩"与"不能成方圆"在字数和意义上相互呼应，形成了一种平衡和对称的美感。这种对仗不仅增强了语言的节奏感和韵律感，也使得这句话更加富有说服力和感染力。这句话深刻地揭示了规则和规范在社会和个人生活中的重要性。它告诉我们，无论是个人的行为还是社会的运行，都需要有明确的规则和规范来引导和约束。没有规则，个人的行为将失去方向，社会的秩序将陷入混乱。

例如，在个人层面，道德规范和行为准则帮助人们在面对各种诱惑和选择时，保持正确的行为和决策；在社会层面，法律规则和制度保障了社会的公平和正义，维护了社会的稳定和和谐。这句话还体现了自律与他律的关系。自律是指个人在内心深处对规则的尊重和遵守，而他律则是通过外部的制度和法律来约束人们的行为。只有将自律与他律相结合，才能真正实现个人的自我提升和社会的和谐发展。例如，一个人在独处时依然能够遵守道德规范，这就是自律的体现；而社会通过法律和制度来规范人们的行为，这就是他律的作用。只有在自律和他律的共同作用下，个人和社会才能实现真正的和谐与稳定。此外，这句话强调规则对于维护秩序和和谐的作用。只有在规则的框架内，个人和社会才能实现有序的运行和发展。规则不仅约束了人们的行为，也保障了人们的自由和权利，使得社会能够在有序的状态下实现和谐与进步。例如，交通规则保障了道路的安全和畅通，法律规则维护了社会的公平和正义，道德规范引导人们的行为，使其符合社会的期望。这些规则共同构成了社会的骨架，支撑着社会的正常运转。因此，"不以规矩，不能成方圆"这句话不仅以其简洁明了的语言和对仗工整的结构，展现了中华传统文化的语言智慧，更以其深刻而富有哲理的内涵，揭示了规则和规范在个人和社会生活中的重要性。它强调了规则对于维护秩序和和谐的作用，体现了自律与他律的结合，为后世的道德教育、社会管理和文化传承提供了重要的启示。在现代社会中，我们依然可以从这句话中汲取智慧，学会尊重规则，用规则来保障自由和促进创新，实现个人的成长和社会的和谐发展。

名言三：法，国之权衡也，时之准绳也。

出处：《贞观政要·公平》

解读："法，国之权衡也，时之准绳也。权衡所以定轻重，准绳所以正曲直"，这句话出自唐代吴兢的《贞观政要·公平》。这句话的意思是：法律是国家的秤，是社会的准绳。秤是用来判定轻重的，准绳是用来纠正弯曲的。通过比喻，形象地说明了法律在国家治理中的重要作用。法律是国家治理的基石：法律如同秤一样，能够衡量社会行为的正当与否，保障国家的稳定和发展。法律规范人们的行为，维护公平正义，使社会秩序井然。法律是社会公平的保障：法律如同准绳，能够纠正不正之风，维护社会的公平正义。法律明确了公民的权利和义务，为弱势群体提供保护，使每个人都能在公平的环境下生活和发展。法律的公正性与稳定性：法律必须公正无私，不能因个人的喜怒而随意改变。法律的制定和执行应当宽平公正，不能因一时的情绪而严酷对待罪人。这句话反映了唐代对法律的重视，强调了法律在治国理政中的重要性。唐代是中国历史上法律制度较为完善的时期，唐太宗李世民非常重视法律的公正执行。

在现代社会，这句话依然具有重要的启示意义。法律是维护社会秩序、保障公民权益的重要工具，必须严格遵守和执行。同时，法律也需要与时俱进，不断调整和完善，以适应社会发展的需要。因此，这句话不仅体现了中国古代对法律重要性的深刻认识，也为现代社会的法治建设提供了宝贵的经验和启示。

名言四：克己复礼为仁。一日克己复礼，天下归仁焉。

出处：《论语·颜渊》

解读：这句话是孔子对颜渊提出的“仁”的解释，强调了通过自律（克己）和遵守社会规范（复礼）来达到“仁”的境界。克制自己的欲望和行为，不使其过度或违背道德礼仪。这里的“克己”不仅是对个人行为的约束，更是对内心欲望的控制。自律是个人修养的基础。只有通过自我约束，才能避免因个人私欲而做出违背道德和法律的行为。“复礼”回归到礼仪的规定上来。在古代，“礼”是社会秩序和道德规范的体现，复礼意味着遵循社会规则和道德标准。遵守规则是社会秩序的保障。通过遵循礼仪和规则，社会才能保持和谐稳定。

一日克己复礼，天下归仁焉的含义是如果一个人能够真正做到约束自己，遵守礼仪，那么这种“仁”的境界不仅仅是个人的修养，还能影响周围的人，甚至整个社会的风气都会向着“仁”的方向转变。

个人的自律和遵守规则能够对社会产生积极的影响，形成良好的社会风气。因此，个人应当通过自律和遵守规则来提升自身的品德修养，做到“克己复礼”，从而达到“仁”的境界。社会应当通过教育和制度建设，引导人们自律和遵守规则，从而实现社会的和谐与稳定。通过“克己复礼”，个人不仅能够提升自身的道德修养，还能对社会产生积极的影响，推动社会向更加和谐、公正的方向发展。

名言五：君子动则思礼，行则思义，不为利回，不为义疚。

出处：《左传·昭公二十五年》

解读：这句话体现了儒家思想中君子的行为准则和道德修养。“动则思礼”：君子在行动之前，首先要考虑是否符合礼的规范。礼是儒家思想中非常重要的概念，代表着社会秩序、道德规范和行为准则。君子在行动时，必须遵循礼的要求，确保自己的行为合乎道德和社会规范。“行则思义”：君子在做事时，要思考是否符合义的原则。义是儒家思想中的核心概念之一，代表着正义、道义和正当性。君子在行动时，必须以义为准则，确保自己的行为是正当的、合乎道义的。“不为利回”：君子不会因为私利而改变自己的原则和行为。儒家强调君子应当以道德和正义为重，而不是被私利所驱使。君子在面对利益诱惑时，能够坚守原则，不为利益所动摇。“不为义疚”：君子在做符合道义的事情时，不会感到愧疚或不安。这意味着君子在遵循道义行事时，内心是坦荡的、无愧的。君子坚信自己的行为是正当的，因此不会因为外界的压力或质疑而感到愧疚。这句话精炼地概括了儒家思想中君子的行为准则和道德修养。它强调了君子在行动和做事时，应当以礼和义为准则，不为私利所动，也不因遵循道义而感到愧疚。这种思想体现了儒家对道德修养的高度重视，强调君子应当以道德和正义为重，追求内心的坦荡和行为的正当性。在现代社会，这句话仍然具有重要的指导意义。它提醒我们在行动和决策时，应当遵循道德和正义的原则，不为私利所动，坚守自己的道德底线。这种思想对于培养个人的道德修养和社会责任感具有重要的启示作用。

名言六：自律不严，何以服众！

出处：《风宪忠告》

解读：“自律不严，何以服众”，这句话强调了自律的重要性，尤其是对于领导者或身处高位的人而言。自律是立身之本，也是赢得他人尊重和信任的关键。如果一个人对自己要求不严格，言行不一，又怎能期望他人信服和追随呢?这句话言简意赅，直击要害，强调了自律的重要性。“自律不严，何以服众”这句话提醒我们，无论是个人修养还是团队管理，自律都是至关重要的。对于个人而言，要时刻保持自律，严格要求自己，不断提升自己的品德和才能，这样才能在社会中立足，赢得他人的尊重和认可。对于管理者而言，更要以身作则，做到自律，用自己的言行影响和带动团队成员，这样才能赢得团队的信任和支持，带领团队取得成功。同时，这句话也告诫我们，要时刻保持清醒的头脑，抵制各种诱惑，坚守自己的原则和底线，做到自律自强，这样才能在人生的道路上走得更远，赢得更多的尊重和荣誉。

【人物逸事】

故事一：曾子杀猪

曾子之妻之市，其子随之而泣。其母曰："女还，顾反为女杀彘。"妻适市来，曾子欲捕彘杀之。妻止之曰："特与婴儿戏耳。"曾子曰："婴儿非与戏也。婴儿非有知也，待父母而学者也，听父母之教。今子欺之，是教子欺也。母欺子，子而不信其母，非所以成教也。"遂烹彘也。

出处：《韩非子·外储说左上》

译文：曾子的妻子准备去集市，她的儿子一边跟着她一边哭闹。妻子说："你先回家，等我回来后杀猪给你吃。"妻子从集市回来后，发现曾子正准备杀猪。妻子急忙阻止他，说："我只不过是和孩子开个玩笑罢了。"曾子说："不可以和孩子开玩笑。孩子是没有知识的，他们要向父母学习，听从父母的教导。现在你欺骗他，这就是在教他学会欺骗。母亲欺骗孩子，孩子就不会再相信母亲的话，这样就很难再教育好孩子了。"于是，曾子真的杀了猪，兑现了承诺。

解读：首先从自律的角度来看，曾子的妻子为了哄孩子，随口许下承诺，但曾子却将这个承诺当真。这体现了曾子高度的自律精神。他没有因为妻子的玩笑话而忽视承诺，而是严格要求自己遵守说出的话，哪怕这只是一个"玩笑"。自律意味着对自己的言行负责，不轻易违背自己的承诺。曾子通过自己的行为，向我们展示了自律的重要性：只有自律的人，才能真正赢得他人的信任。曾子深知，作为父亲，他的一言一行都会对孩子产生深远的影响。他通过自己的自律行为，为孩子树立了榜样。孩子从小看到父亲如此自律，就会在潜移默化中学会自律。这种自律的榜样作用，比单纯的说教更有效。孩子会模仿父母的行为，如果父母自律，孩子也更容易养成自律的习惯。曾子杀猪的故事中，妻子的玩笑话如果被忽视，就会破坏家庭内部的信任规则。如果父母可以随意违背承诺，孩子就会对父母失去信任，家庭的和谐也会受到影响。同样，在社会中，规则的存在是为了维护社会秩序和信任。如果每个人都随意违背规则，社会就会陷入混乱。曾子通过杀猪，维护了家庭内部的信任规则，也向我们展示了规则的重要性。

从规则的角度来看，曾子坚持杀猪，实际上是在向孩子传递一个重要的规则意识：承诺必须兑现，规则必须遵守。这种规则意识从小培养，孩子长大后才会成为一个遵守社会规则的人。规则不仅是家庭内部的约束，也是社会运行的基础。通过家庭内部的规则教育，孩子可以更好地适应社会规则，成为一个有责任感和公德心的人。因此，"曾子杀猪"的故事从自律与规则的角度来看，强调了自律是遵守规则的基础，而规则是自律的外在约束。曾子通过自己的自律行为，维护了家庭内部的信任规则，为孩子树立了榜样。这种自律与规则的结合，不仅有助于家庭的和谐，也有助于社会的稳定。在现代社会中，我们同样需要培养自律精神，遵守社会规则，这样才能构建一个更加和谐、有序的社会环境。

故事二：岳飞冻死不拆屋，饿死不掳掠

卒夜宿，民开门愿纳，无敢入者。冻死不拆屋，饿死不掳掠。卒有疾，亲为调药。诸将远戍，则遣妻问劳其家；死事者，哭之而育其孤，或以子婚其女。凡有颁赏，分给军吏，秋毫无犯。

出处：《宋史·岳飞传》

译文：（岳飞治军严格，纪律严明，命令如山）士兵们夜间宿营时，百姓们打开家门愿意接纳他们，但没有一个士兵敢进入百姓家中。岳家军的口号是“冻死不拆屋，饿死不掳掠”。士兵生病时，岳飞亲自为他们调药。将领们远征戍边时，岳飞的妻子会慰问他们的家人；对于因公殉职的将领，岳飞会痛哭并抚养他们的遗孤。朝廷颁发的犒赏，岳飞都会公平地分给军吏，秋毫无犯，绝不侵占百姓的利益。

解读：首先，自律与规则的体现。岳飞通过严格的军纪来约束岳家军。他规定士兵不得私自进入百姓家中，不得抢夺百姓财物，即使在饥寒交迫的情况下，也要遵守这些规则。这种纪律的执行，不仅赢得了百姓的信任，也增强了军队的凝聚力。岳飞不仅要求士兵遵守纪律，自己也以身作则。他的长子岳云在训练中失误，岳飞也毫不留情地给予处罚。这种自律精神为全军树立了榜样，使得“冻死不拆屋，饿死不掳掠”不仅仅是一句口号，而是实际行动。岳飞对违反军纪的行为绝不姑息，对遵守纪律的士兵则给予丰厚的奖赏。这种赏罚分明的管理方式，使得士兵们心服口服，自觉遵守军纪。其次，对士兵的关怀。岳飞非常重视士兵的生活保障，确保他们有足够的物资。他通过屯田和回易等方式解决军饷问题，避免士兵因饥寒而违纪。这种对士兵生活的关怀，使得士兵们能够安心作战，减少了违纪行为的发生。岳飞对士兵的关怀不仅体现在物质上，还体现在情感上。士兵生病时，他亲自调药；将领远征时，他让妻子慰问其家人；士兵战死，他收养其遗孤。这种情感上的关怀，增强了士兵对军队的归属感和忠诚度。再次，对百姓的尊重。岳飞的“冻死不拆屋，饿死不掳掠”的口号，体现了对百姓利益的尊重。这种尊重不仅赢得了百姓的支持，也为岳家军的作战提供了良好的社会基础。岳家军在与百姓交易时，坚持公平交易，不压价、不抢夺。这种行为赢得了百姓的信任，使得百姓愿意支持岳家军，甚至主动为士兵提供物资。综上所述，“冻死不拆屋，饿死不掳掠”不仅是岳家军的口号，更是岳飞治军理念的体现。通过严明的纪律、以身作则、赏罚分明以及对士兵和百姓的关怀，岳飞成功地打造了一支纪律严明、战斗力强大的军队。这种自律与规则的结合，不仅赢得了士兵的忠诚和百姓的支持，也为后世树立了治军的典范。

故事三：包拯不持一砚归

包拯知端州，端土产砚，前守缘贡，率取数十倍以遗权贵。拯命制者足贡数，

无羡取。岁满不持一砚归。一日，拯过高要，乡绅持一端砚赠之，拯固辞。乡绅曰："此砚特制，非受赂也。"拯曰："吾为官，当守清正，岂可受私馈？"乡绅惭而退。拯行至江中，舟子以一方砚呈之，曰："此高要乡绅所赠，小人不敢拒。"拯怒曰："吾既拒之，汝何敢受？"遂投砚于江，曰："吾不受私馈，以明吾志。"

出处：《宋史·包拯传》

译文：包拯担任端州知州时，端州以盛产端砚闻名。历任知州常常借进贡的名义，私自截留大量端砚，送给权贵，数量往往是朝廷规定进贡的几十倍，这给当地百姓带来了沉重的负担。包拯到任后，下令制砚工匠只按照朝廷规定的数量生产端砚，不额外多取一块。三年任期结束时，包拯没有拿走一方端砚回家。有一天，包拯路过高要县，当地乡绅拿着一方端砚来赠送给他，包拯坚决推辞。乡绅说："这方砚台是特制的，并非行贿之物。"包拯回答说："我身为官员，应当坚守清正廉洁的原则，怎能接受私人馈赠？"乡绅感到羞愧，只好退下。在返回途中，包拯行至江中，船夫拿出一方端砚呈上，说："这是高要乡绅赠送的，小人不敢拒绝。"包拯大怒，斥责道："我既然已经拒绝了，你怎么还敢收下？"于是他将砚台扔入江中，说道："我不接受私人馈赠，以此表明我的决心。"

解读：首先，自律与廉洁的典范。包拯在任端州知州期间，面对地方官员利用进贡名义大肆敛财的现象，他没有向权贵妥协，而是坚决制止这种现象，要求砚台的生产仅仅满足进贡的需求。这种自律精神体现了他对廉洁的坚守，即使面对名贵的端砚，也毫不动心。包拯不仅自身严格自律，还通过实际行动为后人树立了廉洁自律的榜样。他的"不持一砚归"成为千古佳话，激励着后世官员清正廉洁。其次，规则意识与公正执法。包拯在任期间，严格执行朝廷规定，不允许地方官员私自截留端砚，这体现了他对规则的尊重和维护。他通过制定严格的管理制度，确保每块端砚的去向都有记录，避免了官员的贪污行为。包拯的这种规则意识不仅体现在对端砚的管理上，还体现在他对贪污腐败的严厉打击上。他一生痛恨贪官污吏，敢于直言不讳，严格遵循法律，成为民众心中的"清官"。包拯"不持一砚归"的故事，生动体现了他清正廉洁、自律自持的高尚品质。他通过严格执行规则、关怀百姓、以身作则以及传承廉洁家风，成为历史上著名的清官典范。包拯的故事不仅对当时的社会产生了积极影响，也为后世提供了廉洁从政的宝贵经验。

故事四：司马光警枕自律

司马光七岁，凛然如成人，闻讲《左氏春秋》，爱之，退为家人讲，即了其大指。自是手不释书，至不知饥渴寒暑。群儿戏于庭，独如痴如呆，手不释卷。及长，倒圆木为警枕，睡觉则起读书，用功勤苦如此。平生居处简陋，闻义则服。刻苦读书，终于成为一代名臣，著《资治通鉴》。

出处：《宋史·司马光传》

译文：司马光七岁时，就表现得像成年人一样庄重严肃。他听人讲解《左氏春秋》后，非常喜欢，回家后讲给家人听，就能理解其中的大意。从此，他手不释卷，甚至忘记了饥渴和寒暑。其他孩子们在庭院中玩耍时，他却独自一人沉浸在书本中，显得痴呆而专注。长大后，司马光为了强迫自己早起读书，特意找来一段圆木，将其加工成一个光滑的圆柱形枕头。因为圆木枕头容易滚动，只要他稍一翻身，枕头就会滚开，头就会落在床板上，从而惊醒他。他醒来后就立刻起床读书，用功如此勤苦。司马光一生生活简朴，听到有道理的话就立刻接受并付诸行动。他刻苦读书，最终成为了一位学识渊博的大学问家，著有《资治通鉴》。

解读：首先，自律的重要性。司马光通过制作“警枕”来约束自己，克服贪睡的习惯。这种自我约束体现了自律的精神，即通过设定规则来规范自己的行为。他坚持使用警枕，每天早起读书，这种持之以恒的自律精神最终帮助他克服了记忆力差的弱点，并取得了极高的学术成就。其次，自律与目标的关系。司马光的目标是成为一名学识渊博的学者。为了实现这一目标，他通过自律的方式不断努力。自律是他实现目标的重要手段。明确的目标能够激励人们自律。司马光通过设定具体的学习目标（如早起读书），并用警枕来提醒自己，从而实现了自律。最后，自律与习惯的养成。司马光通过长期坚持使用警枕，逐渐养成了早起读书的习惯。这种习惯的养成使自律变得更加自然。小改变带来大影响：通过一个小的改变（如使用警枕），司马光成功地改变了自己贪睡的习惯，进而影响了他的学习和生活。因此，司马光“警枕自律”的故事生动地展示了自律的重要性。通过自我约束、明确目标、养成习惯以及传承家风，司马光不仅克服了自己的弱点，还取得了巨大的成就。这个故事告诉我们，自律是实现目标的重要手段，而通过一些小的改变，我们可以逐步养成自律的习惯，从而成就更好的自己。

【诗词精华】

诗词一：《教子诗》

作者：范仲淹（宋）

人有善愿，天必佑之。积金千两，不如明解经书。养子不教如养驴，养女不教如养猪。养子不教父之过，教而无方父之祸。

诗词鉴赏：“人有善愿，天必佑之。积金千两，不如明解经书。”

这两句诗开篇点明了教育的意义。范仲淹认为，积累财富不如积累知识和智慧。他强调通过学习经典著作来提升个人修养和品德，这种观念体现了他对教育的高度重视。“养子不教如养驴，养女不教如养猪”这两句通过生动的比喻，警示父母必须重视子女的教育。范仲淹认为，如果父母只养育子女而不教育他们，就如同养驴或养猪一样，没有意义。这种比喻形象而深刻，表达了他对“教子有方”的强烈倡导。“养子不教父之过，教而无方父之祸”这两句进一步明确了父母在子女教育中的责任。范仲淹指出，如果子女没有受到良好的教育，是父亲的过错；而如果教育方法不当，同样会给子女带来祸害。这不仅强调了教育的重要性，也提醒父母要注重教育的方法和效果。这首诗的核心主题是强调教育的重要性以及对教育规则的提倡。范仲淹认为，教育不仅是传授知识，更是培养品德和修养。他通过这首诗表达了对后代的殷切期望，希望他们能够通过学习经典著作，成为有德行、有智慧的人。范仲淹通过“养子不教如养驴，养女不教如养猪”的比喻，生动形象地表达了教育的重要性。这种比喻通俗易懂，容易被大众接受，体现了他作为教育家的智慧。范仲淹不仅强调父母的责任，还倡导教育的方法。这种全面的观念体现了他对家庭教育的深刻理解，也使这首诗具有很强的现实意义。

因此，范仲淹的《教子诗》是一首充满教育智慧的诗作。通过简短的语言，范仲淹表达了对教育的重视、对父母责任的明确以及对品德培养与教育规则的倡导。这首诗不仅语言简洁，更通过生动的比喻和深刻的寓意，使诗歌更具感染力。它不仅是范仲淹教育思想的体现，也是中国古代家庭教育的经典之作，对现代社会的教育仍具有重要的启示意义。

诗词二：《示冕》

作者：于谦（明）

由俭入奢易，由奢入俭难。

饮食要知止，宴乐要防闲。

后生勿高视，勤苦守恒安。

圣贤遗训在，须念寸心丹。

诗词鉴赏：这首诗是于谦写给儿子于冕的家训诗，体现了于谦对儿子的严格要求和对自律、规则的重视。“由俭入奢易，由奢入俭难”这两句是全诗的核心观点，于谦以简洁的语言，揭示了自律的必要性。他指出，从节俭走向奢侈很容易，但要从奢侈回归节俭则非常困难。这不仅是对生活态度的告诫，更是对自律精神的强调。这两句体现了于谦对自律的深刻理解。自律是一种自我约束的能力，它要求人们在生活中时刻保持节制，避免过度放纵。这种自律不仅是个人修养的体现，也是社会规则的基础。“饮食要知止，宴乐要防闲”这两句进一步明确了自律的具体表现。于谦告诫儿子在饮食上要懂得节制，不能过度；在娱乐活动中要有所防范，不能沉迷。这两句体现了于谦对生活细节的关注。自律不仅体现在大是大非上，更体现在日常生活中的点滴之处。通过这些具体的生活规则，于谦希望儿子能够养成良好的生活习惯，避免因放纵而迷失自我。“后生勿高视，勤苦守恒安”这两句是于谦对儿子的寄语，他告诫儿子不要好高骛远，而要脚踏实地，通过勤奋和努力来实现自己的目标。于谦在这里强调了“勤苦”的重要性。自律不仅是一种约束，更是一种积极的生活态度。通过勤奋和努力，人们可以在自律的基础上实现自己的价值，同时也能够更好地遵守社会规则。“圣贤遗训在，须念寸心丹”这两句总结全诗，于谦希望儿子能够牢记圣贤的教诲，时刻保持内心的自律和正直。这两句体现了于谦对自律的更高要求。自律不仅是一种外在的约束，更是一种内心的坚守。只有时刻保持内心的正直和自律，才能真正成为一个有道德、有修养的人。于谦的这首诗语言简洁明了，但寓意深刻。他用最简练的语言，表达了对自律和规则的重视，使诗歌具有很强的感染力。他还从饮食、宴乐等生活细节入手，告诫儿子要时刻保持自律。这种以小见大的手法不仅使诗歌更具说服力，也更容易被读者接受。在诗的结尾他还引用圣贤的教诲，提升了诗歌的思想高度。这种总结圣贤遗训的手法不仅使诗歌更具文化底蕴，也使自律和规则的主题更加鲜明。

综上所述，于谦的《示冕》是一首充满教育意义的诗作。通过简洁而深刻的语言，于谦表达了对儿子的严格要求，特别是对自律和规则的重视。这首诗不仅语言简洁，更通过具体的生活规则和圣贤遗训，使自律和规则的主题更加鲜明。它不仅是于谦家训的经典之作，也是中国古代家庭教育中关于自律与规则的典范之作，对现代社会的教育仍具有重要的启示意义。

诗词三：《观书有感》

作者：朱熹（宋）

其一

半亩方塘一鉴开，天光云影共徘徊。

问渠那得清如许？为有源头活水来。

其二

昨夜江边春水生，艨艟巨舰一毛轻。

向来枉费推移力，此日中流自在行。

诗词鉴赏：首先，景物描写与哲理寓意。《观书有感》（其一）通过描写半亩方塘的清澈明净，引出“源头活水”的哲理。诗中“半亩方塘一鉴开，天光云影共徘徊”描绘出一幅宁静而生动的画面：半亩大的池塘如同一面镜子，映照着天空的光影，显得格外清澈。然而，诗人并未止步于景物描写，而是通过“问渠那得清如许？为有源头活水来”点明主旨：池塘的清澈是因为有源源不断的活水注入。这里，“源头活水”暗喻读书学习，只有不断汲取新的知识，才能保持思想的活跃与进步。其次是托物言志与比兴手法。朱熹在这首诗中运用了托物言志的手法，表面上写的是池塘的景色，实际上是在表达读书的感悟。这种比兴手法使得诗歌既有生动的自然美，又蕴含着深刻的哲理。诗人通过对池塘的描写，巧妙地将读书的心得体会融入其中，使读者在欣赏自然美景的同时，也能领悟到读书的重要性。从自律的角度来看，《观书有感》（其一）强调了持续学习的重要性。朱熹认为，只有不断学习，才能保持心灵的澄明和思想的活力。这与自律的主题密切相关，因为自律意味着要有计划、有目标地学习，不断自我提升。诗中的“源头活水”象征着持续不断的学习和自我更新，只有通过自律，才能像池塘一样，不断有新的知识注入，保持思想的清澈。《观书有感》（其二）也与自律有关。诗中“昨夜江边春水生，艨艟巨舰一毛轻”描绘了春水上涨后，大船变得轻快自如的景象。诗人借此比喻读书学习的循序渐进：只有在不断积累知识的过程中，才能达到“中流自在行”的境界。这同样体现了自律的重要性，即通过持之以恒的努力，才能在学习和生活中游刃有余。《观书有感》通过生动的自然景物描写，巧妙地传达了读书学习的重要性。从自律的角度来看，这首诗提醒我们，只有不断学习、持续自我提升，才能保持思想的活力和心灵的澄明。

诗词四：《过零丁洋》

作者：文天祥（宋）

辛苦遭逢起一经，干戈寥落四周星。
山河破碎风飘絮，身世浮沉雨打萍。
惶恐滩头说惶恐，零丁洋里叹零丁。
人生自古谁无死？留取丹心照汗青。

诗词鉴赏：诗的开篇“辛苦遭逢起一经，干戈寥落四周星”回顾了文天祥的个人经历。他从科举入仕，历经战乱，坚守抗元。这种坚守不仅是对外敌的抵抗，更是对自己信念的坚守。自律的起点在于明确的目标和坚定的信念，文天祥将个人命运与国家命运紧密相连，即使面对艰难险阻，也毫不动摇。颔联“山河破碎风飘絮，身世浮沉雨打萍”描绘了国家山河破碎、个人命运飘零的悲惨景象。然而，文天祥并未在困境中沉沦，而是以坚韧不拔的精神面对一切。自律在困境中体现为坚韧和担当，即使面对巨大的压力，也要坚守自己的职责和使命。颈联“惶恐滩头说惶恐，零丁洋里叹零丁”通过地名的双关，表达了文天祥对自身处境的反思和自省。他在惶恐滩上感到惶恐，在零丁洋里感到孤独，但这种反思并未让他消沉，反而更加坚定了他的信念。自律的内核在于反思和自省，只有不断审视自己，才能在困境中保持清醒和坚定。尾联“人生自古谁无死？留取丹心照汗青”是全诗的高潮，也是自律的升华。文天祥以死明志，表达了自己对国家和民族的忠诚。这种舍生取义的精神，不仅是对个人生命的超越，更是对自律的最高诠释。自律的最终目标是实现更高的价值，即使牺牲生命也在所不惜。《过零丁洋》通过文天祥的亲身经历，展现了他在困境中坚守信念、反思自省、舍生取义的高尚品质。从自律的角度来看，这首诗不仅是对个人自律的生动诠释，更是对中华民族传统美德的崇高表现。

诗词五：《商鞅》

作者：王安石（宋）
自古驱民在信诚，一言为重百金轻。
今人未可非商鞅，商鞅能令政必行。

诗词鉴赏：王安石的《商鞅》可以从规则的建立、执行以及对社会秩序的影响等角度进行深入解读。这首诗通过对商鞅变法的评价，展现了规则在社会变革中的重要性，同时也反映了王安石对规则执行和维护的深刻思考。“自古驱民在信诚，一言为重百金轻”这两句诗强调了建立规则的基础在于信任。商鞅变法之初，通过“立木为信”的举措，以实际行动赢得了百姓的信任。他用一根三丈高的木柱，承诺能将其搬到北门者赏金十两，后又增至五十两，最终兑现承诺。这一举措不仅展示了商鞅的诚信，也奠定了变法的基础。规则的建立需要信任作为支撑。只有当人们相信规则的公正性和执行力时，才会自觉遵守规则。商鞅通过“立木为信”展示了规则的严肃性和可信度，为后续的变法奠定了坚实的基础。“今人未可非商鞅，商鞅能令政必行”这两句诗肯定了商鞅在规则执行方面的成功。商鞅变法不仅制定了新的法律和制度，更重要的是他能够确保这些规则得到有效执行。商鞅通过严厉的法律和明确的奖惩机制，使秦国的政令得以畅通无阻，极大地提高了国家的治理效率。从艺术手法上来看，以古鉴今，强调规则的重要性。王安石通过咏叹商鞅变法，实际上是在表达自己对北宋改革的看法。这种以古鉴今的手法，使诗歌具有了深刻的现实意义。他通过对商鞅的评价，暗示自己推行新法的决心和对规则的重视。这首诗语言简洁明快，但寓意深刻。王安石用最简练的语言，表达了对规则建立和执行的深刻思考。这种简洁的语言风格使诗歌更具感染力，也更容易被读者接受。王安石在诗中对商鞅的评价既肯定了其变法的积极作用，也暗示了其局限性。这种辩证的思维方式，使诗歌具有了较高的思想性，也体现了王安石作为政治家的深刻洞察力。这首诗提醒我们，规则是社会秩序的基础。只有通过建立和执行公正、透明的规则，社会才能保持稳定和高效。在现代社会，无论是国家治理还是企业管理，规则的重要性都不言而喻。综上所述，王安石的《商鞅》是一首充满智慧和深刻见解的咏史诗。通过简洁而深刻的语言，王安石表达了对规则建立和执行的重视。这首诗不仅语言简洁，更通过“立木为信”和“政令必行”的典故，强调了规则在社会秩序中的重要性。它不仅是王安石对商鞅变法的评价，也是他对北宋改革的深刻思考，对现代社会的规则建设仍具有重要的启示意义。

【阅悟人生】

在纷繁复杂的现代社会中，人们常常被快节奏的生活和激烈的竞争所裹挟，逐渐在焦虑与疲惫中迷失了自我。面对这样的困境，自律与规则如同两盏明灯，为我们指引方向，赋予我们前行的力量。

自律，是灵魂深处的坚韧力量，它让我们在面对生活的诱惑时，能够以坚定的信念去坚守自己的原则，用不懈的努力去追求目标，让浮躁的世界多一份沉稳。它教会我们在复杂的生活环境中保持内心的坚定，不被外界的喧嚣所干扰，用毅力去克服困难与挫折。规则，则是秩序的基石，稳固我们在面对社会的复杂性时的迷茫。它让我们在遭遇混乱与无序时，能够遵循既定的规范，以公正的态度去维护公平与正义，用严谨的行为塑造和谐的社会环境。自律与规则交织在一起，成为我们应对复杂世界、实现心灵富足的基石。以自律修身，内心便充满力量；以规则处世，生活便充满秩序。在自律与规则的指引下，我们应努力让自己的生命绽放出坚韧而明亮的光芒，不仅照亮自己的前行之路，也为他人带来温暖与希望。

【写作锦囊】

写作训练

以“规则之光”为题，写一篇800字记叙文，围绕“自律与规则”的主题展开叙述。注意通过人物的言行、心理活动以及环境描写，展现自律与规则在个人成长和社会生活中的重要性，让人物的情感和故事的意义真实可感。或者以“自律与规则：秩序的基石”为题，写一篇800字议论文，结合历史、现实和理论，论证自律与规则对个人和社会的重要性。要求论点明确，论证严密，层次清晰。

写作提示

记叙文：在记叙文中，自律与规则可以通过一个具体的故事来展现。比如，可以讲述一个人如何在面对诱惑时坚守规则，或者一个团队如何通过自律和规则取得成功。通过人物的内心挣扎、行为表现以及周围环境的描写，突出自律与规则的重要性。例如，可以描写一个学生在考试中面对作弊的诱惑时，如何坚守自己的原则。通过描写他在考场上的紧张神情，以及他在内心与作弊念头的斗争，展现他自律的力量。此外，可以通过对比手法，描写另一个选择作弊的学生在被发现后的羞愧和后悔，从而形成鲜明的反差。在叙述过程中，可以通过细节描写增强感染力。比如，描写他在面对诱惑时紧握的拳头，或是他在坚守原则后释然的微笑；还可以通过环境描写烘托氛围，比如考场的安静、窗外的阳光，或是教室里同学们的紧张气氛。这些细节不仅能让故事更加生动，也能让读者感受到自律与规则的深刻意义。此外，可以通过人物的内心独白，展现他对规则的思考。比如，他可能会在内心告诉自己：“规则是自律的体现，自律是对自己最好的尊重。”这种心理描写能够让故事更加真实感人，也让主题更加深入人心。

议论文：在议论文中，自律与规则可以从理论层面进行探讨，结合历史、现实和哲学观点，阐述其重要性。首先，可以从历史角度切入，列举一些著名人物通过自律和遵守规则取得成功的故事，比如曾国藩以“日课十二条”自律，成就一代名臣；或者古罗马人通过严格的法律和规则建立强大的帝国。这些例子不仅能够增强论点的说服力，还能让文章更具文化底蕴。接着，可以从现实角度分析自律与规则在当今社会的意义。比如，在个人层面，自律是实现目标、提升自我的重要途径；在社会层面，规则是维护秩序、保障公平的基础。可以结合社会现象，如交通规则的遵守、职场中的职业道德，进一步论证这一观点。此外，可以从哲学或心理学角度探讨自律与规则的内在价值。比如，自律是一种内在的自我约束，是对自由的真正理解；规则是一种外在的约束，是对社会契约的尊重。可以引用一些名言警句，如“自律即自由”“无规矩不成方圆”，来增强文章的深度和说服力。最后，可以结合个人或社会的实际，提出一些建议。比如，如何在生活中培养自律的习惯，如何通过教育和制度建设提升社会的规则意识。通过层层递进的论述，让读者不仅理解自律与规则的重要性，还能从中获得启发和力量。

第七讲：学习与思考

【主题解读】

一、学习：知识的阶梯之途

学习，是灵魂在知识海洋中不断探索的旅程，是心灵在广阔世界中追求智慧的渴望。它如同一座桥梁，连接着未知与已知，也拓展着我们的视野与思维。学习的人，总是以一颗求知的心去面对生活中的种种挑战，用自己的勤奋去积累每一份知识和经验。

学习是一种无声的积累，它让我们在面对困难时，毫不退缩地追求知识的深度与广度。它告诉我们，生命的意义不仅在于享受当下，更在于能够通过学习不断提升自我。每一次学习的努力，都是一次灵魂的升华，让我们在探索中感受到知识的力量与智慧的光芒。学习让我们明白，真正的成长不是一蹴而就，而是在持续的积累中找到自己的方向。

学习如同春日的嫩芽，破土而出，充满希望。它让我们在面对自己的无知时，不再自卑，而是以一颗进取的心去探索与发现。因为只有当我们以学习之心对待自己，才能在生命的旅途中收获更多的智慧与成就。学习是灵魂的翅膀，是心灵的灯塔，它让我们在迷茫中找到方向，在困境中坚守自我。

二、思考：智慧的启迪之光

思考，是灵魂在知识积累之后的洞察与反思，是内心深处的学习在智慧中的延伸与升华。它是生命中那束最明亮的光芒，是灵魂在经历了知识的滋养后，展现出的智慧与深度。

思考源于学习，却高于学习。学习让我们能够积累知识，而思考则让我们在面对复杂的问题时，依然能够保持内心的清晰与睿智。思考不是空想，而是一种基于对知识深刻理解后的洞察与反思。它让我们相信，即使知识有边界，即使世界充满未知，我们依然可以用思考去探索真理。

思考是学习的升华，它让灵魂在经历了知识的滋养后，变得更加睿智与深刻。它告诉我们，生命的意义不仅在于积累知识，更在于用这份知识去启迪智慧。思考让我们在人生的舞台上，以一种睿智的姿态，展现出灵魂的深度与广度。

思考如同星空中的北斗七星，指引方向，照亮前路。它让我们在面对人生的困惑与迷茫时，不再徘徊，不再迷茫，而是以一种清晰的思路去面对与解决。思考是一种内在的修养，它让我们在学习中找到智慧的启迪，在智慧中找到思考的力量。思考让我们在人生的旅途中，以一种睿智的姿态，去迎接每一个挑战与机遇。

学习与思考，如同生命的两盏明灯，相互辉映，相互成就。学习让我们在积累中感受到知识的力量，思考让我们在洞察中收获智慧的启迪。它们共同构成了一首智慧的生命乐章，让我们在成长的道路上，既有知识的积累，又有智慧的启迪。学习是思考的基础，思考是学习的升华。学习让我们以一颗求知的心去面对知识，思考则让我们以一颗睿智的心去面对生活。在这首乐章中，我们看到了自己的成长，也看到了生命的智慧。学习与思考，是我们生命中最宝贵的财富，让我们在喧嚣的世界中，依然能够保持内心的智慧与宁静，用一颗求知而睿智的心去面对一切。

【名言精粹】

名言一：学而不思则罔，思而不学则殆。

出处：《论语·为政》

解读：这句话的意思是只学习而不思考就会感到迷惑而无所得，只思考而不学习则会陷入困境。孔子认为，学习是获取知识的基础，但仅有学习而不思考，知识就会变得零散、孤立，难以真正理解和运用。思考则是对知识的深化和内化，它能帮助我们理解知识的内在逻辑，形成自己的见解。这句话提醒我们，学习和思考不能偏废。如果只学习不思考，就会陷入“罔”的困境，即迷惘而无所得；而如果只思考不学习，则会陷入“殆”的困境，即疑惑而无定见。在现代社会，这句话依然具有重要的启示意义。无论是学生的学习还是成年人的自我提升，都需要将学习与思考相结合。在信息爆炸的时代，我们不仅要广泛学习，还要善于思考，才能真正将知识转化为自己的能力。总之，“学而不思则罔，思而不学则殆”不仅是学习方法的指导，更是一种智慧的体现，提醒我们在学习和生活中要平衡好学习与思考的关系。

名言二：博学之，审问之，慎思之，明辨之，笃行之。

出处：《礼记·中庸》

解读：这句话是儒家经典中关于学习和修养的经典论述，体现了儒家对学习和实践的系统性要求。“博学”强调广泛学习，不局限于某一领域，而是要涉猎多方面的知识。这是学习的基础，只有广泛涉猎，才能拓宽视野，为深入理解和思考提供丰富的素材。“审问”是指对所学知识进行仔细的询问和质疑。学习过程中，不能盲目接受，而要敢于提出问题，通过提问和探讨来深化对知识的理解。“慎思”要求对所学知识进行谨慎的思考。思考是学习的重要环节，通过思考可以将知识内化为自己的理解，形成自己的观点和见解。“明辨”是指对所学知识进行明确的辨别和判断。在思考的基础上，要能够区分是非、真假、善恶，形成正确的判断力。“笃行”强调将所学知识付诸实践，通过实践来检验和巩固知识。学习的最终目的是应用，只有将知识转化为实际行动，才能真正体现学习的价值。这句话提醒我们，首先要注重系统性学习。学习是一个系统的过程，不能孤立地看待任何一个环节。从广泛学习到深入思考，从质疑辨别到付诸实践，每一个步骤都不可或缺。其次强调了实践的重要性。学习的最终目的是应用，只有通过实践，才能真正理解和掌握知识。在现代社会，理论与实践相结合尤为重要，只有将所学知识运用到实际工作中，才能发挥其价值。再次，持之以恒的精神，原文中提到“人一能之，己百之；人十能之，己千之”，强调了持之以恒的精神。无论学习还是实践，都需要付出努力和时间，只有坚持不懈，才能取得成功。最后还强调了批判性思维。“审问”和“明辨”体现了批判性思维的重要性。在信息爆炸的时代，我们要学会质疑和辨别，不盲目接受，而是通过思考和判断来获取真实可靠的知识。因此，“博学之，审问之，慎思之，明辨之，笃行之”不仅是学习的方法论，更是一种修养和智慧的体现。它教导我们在学习和生活中要广泛涉猎、深入思考、谨慎判断、勇于实践，最终实现个人的成长和进步。

名言三：吾尝终日而思矣，不如须臾之所学也。

出处：《荀子·劝学》

解读：这句话是荀子在论述学习的重要性时提出的经典论断，深刻地揭示了学习与思考的关系，以及学习在个人成长中的关键作用。荀子通过这句话强调了学习的重要性。他指出，单纯依靠思考而不进行学习，即使整天都在思考，也比不上片刻所学到的知识。这说明学习是获取知识和智慧的最有效途径。学习能够帮助我们系统地获取知识，而思考则是在已有知识的基础上进行深入的探索和理解。这句话也揭示了学习与思考的辩证关系。学习是思考的基础，没有学习，思考就会失去依托；而思考则是学习的深化，能够帮助我们更好地理解和运用所学知识。二者相辅相成，缺一不可。荀子在《劝学》中还提到“君子生非异也，善假于物也”，意在说明君子之所以能够取得成功，并非因为他们天生与众不同，而是因为他们善于借助外物的力量。学习也是如此，借助书籍、老师、工具等外物，可以更高效地获取知识，提升自己的能力。对我们的启示还包括重视学习：在现代社会，知识更新换代的速度非常快，只有不断学习，才能跟上时代的步伐。学习不仅能够帮助我们获取新的知识和技能，还能够拓宽我们的视野，提升我们的综合素质。结合思考：学习过程中，不能仅仅停留在知识的表面，而要善于思考，将所学知识进行消化和吸收，形成自己的理解和见解。只有通过思考，才能真正将知识内化为自己的能力。善于借助外物：现代社会为我们提供了丰富的学习资源和工具，如互联网、图书馆、在线课程等。善于利用这些资源和工具，可以大大提高学习的效率和质量。同时，向他人请教、与他人合作也是一种重要的学习方式。持之以恒：学习是一个长期的过程，需要持之以恒的努力。荀子在《劝学》中还提到“锲而不舍，金石可镂”，强调了坚持不懈的重要性。只有坚持不懈地学习，才能取得真正的进步。因此，“吾尝终日而思矣，不如须臾之所学也”不仅是对学习重要性的深刻阐述，也是对学习方法的科学指导。它提醒我们，学习是获取知识和智慧的最有效途径，而思考则是学习的深化。在学习过程中，我们要善于借助外物的力量，持之以恒地学习和思考，才能不断提升自己，实现个人的成长和发展。

名言四：读书破万卷，下笔如有神。

出处：《奉赠韦左丞丈二十二韵》

解读：这句诗表达了杜甫对读书与写作关系的深刻理解。其中，“读书破万卷”形容读书的数量极多，且深入钻研，读透每一本书；“下笔如有神”则形容写作时才思敏捷，如有神助，能够妙笔生花。杜甫通过这句诗强调了广泛阅读和深入思考对写作的重要性，只有通过大量的阅读积累，才能在写作时得心应手，文思泉涌。这句诗提醒我们，阅读是写作的基础。只有通过广泛阅读，积累丰富的知识和词汇，才能在写作时有源源不断的灵感和素材。“破万卷”不仅强调阅读的数量，更强调阅读的深度。深入钻研每一本书，理解其内涵，才能真正将知识转化为自己的能力。读书不仅能积累知识，还能激发写作的灵感。通过阅读，我们能够接触到不同的思想和表达方式，从而提升自己的写作水平。杜甫在诗中提到“骑驴十三载，旅食京华春”，表达了他在追求学问和事业上的不懈努力。这启示我们，无论是阅读还是写作，都需要持之以恒的精神。总之，“读书破万卷，下笔如有神”不仅是对读书与写作关系的精妙总结，也是对学习态度和方法的深刻启示。它鼓励我们在学习和创作中不断积累、深入思考，以达到更高的境界。

名言五：学思并进，知行合一。

出处：《传习录》

解读：“学思并进，知行合一”这一理念融合了中国古代哲学中关于学习、思考与实践的重要思想，其核心思想可以追溯到儒家经典以及明代思想家王阳明的“知行合一”学说。“知行合一”是明代思想家王阳明在《传习录》中提出的哲学命题，强调知识与行动的统一。王阳明认为，真正的知识必须通过实践来验证，而实践的过程也是对知识的深化和巩固。他指出：“知是行之始，行是知之成”，即知识是行动的起点，而行动是知识的完成。这一概念虽然未明确出现在古代文献中，但其思想源于儒家经典中对学习与思考的重视。孔子在《论语》中提到“学而不思则罔，思而不学则殆”，强调学习与思考的结合。而“学思并进”进一步强调在学习过程中，要不断思考，将知识转化为自己的理解和能力。这一理念在现代被广泛引用，强调学习、思考与实践的紧密结合。它要求我们在学习过程中不仅要广泛涉猎、深入思考，还要将所学知识付诸实践，通过实践来检验和深化知识。“学思并进，知行合一”提醒我们，学习和思考是获取知识的基础，而实践是检验知识的唯一标准。只有将理论与实践相结合，才能真正掌握知识，提升能力。在快速变化的现代社会，持续学习和反思是个人成长的关键。通过不断学习新知识、新技能，并在实践中反思和调整，可以更好地适应社会发展的需求。知识的价值在于应用。无论学习了多少理论，如果不付诸行动，知识就失去了意义。因此，要勇于实践，将所学知识转化为实际行动，推动个人和社会的进步。总之，“学思并进，知行合一”不仅是一种学习方法，更是一种生活哲学。它鼓励我们在学习和生活中不断探索、思考和实践，实现个人成长与社会发展的统一。

名言六：敏而好学，不耻下问。

出处：《论语·公冶长》

解读：这句话是孔子对卫国大夫孔圉（孔文子）的评价。“敏而好学”，指聪敏且勤奋好学，能够积极主动地追求知识。不耻下问：不以向地位、学问比自己低的人请教为耻，形容一个人谦虚好学。子贡问孔子：“孔文子凭什么可以被称为‘文’呢？”孔子回答说：“他聪敏又勤学，不以向职位比自己低、学问比自己差的人求学为耻辱，所以可以用‘文’字作为他的谥号。”现代启示包括谦虚好学，即无论一个人多么聪明或有成就，都应该保持谦虚的态度，乐于向他人学习。勇于提问，即不耻下问体现了积极主动的学习态度，勇于向他人请教，有助于不断进步。终身学习，即这种精神鼓励我们在学习和生活中不断追求新知识，不断提升自己。这句话不仅体现了孔子的教育理念，也提醒我们在现代社会中，要保持开放的心态，勇于学习和探索。

【人物逸事】

故事一：匡衡凿壁借光

匡衡勤学而无烛，邻舍有烛而不逮。衡乃穿壁引其光，以书映光而读之。邑人大姓文不识，家富多书，衡乃与其佣作而不求偿。主人怪问衡，衡曰：“愿得主人书遍读之。”主人感叹，资给以书，遂成大学。

出处：《西京杂记》

译文：匡衡勤奋好学，但家境贫寒，晚上没有灯油点灯读书。他看到邻居家有光亮，但光线照不到他家。于是，匡衡在墙壁上凿了一个小洞，让邻居家的光线透过来，借着这微弱的光亮读书。同乡有一位姓文的大户人家，家里有很多书，但这位大户人家并不识字。匡衡主动提出为他家做佣工，却不求报酬。主人感到奇怪，问匡衡为什么不要报酬，匡衡回答说：“我希望能够读遍您家的藏书。”主人被他的精神所感动，便将书借给他。匡衡通过勤奋学习，最终成为了一位学识渊博的大学者。

解读：“匡衡凿壁借光”是中国古代著名的勤学励志故事，出自东晋葛洪的《西京杂记》。这个故事不仅反映了匡衡对知识的渴望和追求，更展现了他为了学习不惜创造条件的坚韧精神，具有深刻的教育意义。匡衡的故事最突出的特点是勤奋和坚持。他身处贫困，却从未放弃对知识的追求。即使在条件极其艰苦的情况下，他依然通过自己的智慧和努力，创造条件学习。这种坚持不懈的精神，正是他最终取得成功的关键。匡衡在面对没有灯光的困境时，没有选择放弃，而是通过凿壁借光的方式，巧妙地解决了问题。这种创新思维和智慧，体现了他在困境中不屈不挠的精神。这个故事告诉我们，无论环境多么艰苦，只要有决心和毅力，就能克服困难，实现自己的目标。它鼓励我们在学习和生活中，要勇于面对挑战，积极寻找解决问题的方法。匡衡的成功也体现了内因和外因的关系。虽然外部条件（如贫困、缺乏书籍和灯光）对他造成了限制，但正是他自身的努力和坚持（内因）最终帮助他克服了这些困难。外因（如邻居的灯光、富户的书籍）只是辅助，真正的动力来源于他自身的求知欲和毅力。匡衡的故事激励着无数人努力学习，追求知识。它提醒我们，知识是改变命运的重要力量，而勤奋和坚持则是获取知识的必经之路。总之，“匡衡凿壁借光”不仅是一个关于勤奋学习的励志故事，更是一种精神的象征。它告诉我们，只要有决心和毅力，任何困难都无法阻挡我们追求知识的脚步。

故事二：曾国藩的“日课十二条”

主敬：整齐严肃，无时不惧。无事时心在腔子里，应事时专一不杂。清明在躬，如日之升。

静坐：每日不拘何时，静坐四刻，正位凝命，如鼎之镇。

早起：黎明即起，醒后不沾恋。

读书不二：一书未完，不看他书。

读史：念二十三史，每日圈点十页，虽有事不间断。

谨言：刻刻留心，第一工夫。

养气：气藏丹田，无不可对人言之事。

保身：节劳，节欲，节饮食。

日知其所无：每日读书，记录心得语。

月无忘其所能：每月作诗文数首，以验积理的多寡，养气之盛否。

作字：饭后写字半时。凡笔墨应酬，当作自己课程。凡事不待明日，取积愈难清。

夜不出门：临功疲神，切戒切戒。

出处：《曾国藩家书》

译文：曾国藩在道光二十二年（1842年）冬，给自己订下了例行的十二条功课，称为“日课十二条”，具体内容如下。

主敬：保持整齐严肃的态度，时刻心怀敬畏。闲暇时保持内心的平静，处理事务时专注而不分心。保持内心的清明，如同初升的太阳。

静坐：每天在任何时间静坐四刻（古代计时单位，一刻约15分钟），端正姿势，凝神静气，如同鼎一样稳重。

早起：黎明即起，醒来后不贪恋床榻。

读书不二：一本书没有读完，不看其他书。

读史：阅读二十三史，每天圈点十页，即使有事也不中断。

谨言：时刻注意自己的言行，这是最重要的功夫。

养气：将气息沉入丹田，不做违背良心的事。

保身：节制劳逸，节制欲望，节制饮食。

日知其所无：每天读书时，记录自己的心得和体会。

月无忘其所能：每月写几首诗或文章，检验自己积累的知识和修养的深度。

作字：饭后练习写字半小时。所有笔墨应酬，当作自己的日常功课。凡事不拖延到明天，否则积压的事情会更难清理。

夜不出门：晚上避免出门，以免耗费精力，切记切记。

解读：曾国藩强调读书时要专心致志，一本书未读完之前，不去看其他书籍。这种专注的态度有助于深入理解和吸收知识，避免浅尝辄止。在现代学习中，我们常常面临信息过载的问题，容易被各种书籍和资料分散注意力。曾国藩的这一条提醒我们，学习需要深度，而不是广度。只有深入钻研一本书，才能真正掌握其中的知识和智慧。此外，曾国藩要求自己每天阅读二十三史，并圈点记录，即使有事也不间断。通过读史，可以了解历史兴衰，借鉴前人经验，提升自己的智慧。这一条体现了学习的持续性和深度。历史书籍内容丰富，需要长期坚持才能有所收获。曾国藩通过每天固定的时间阅读历史，不仅积累了大量的知识，还培养了自己的思考和分析能力。

每天黎明即起，“醒后不沾恋”，早起可以让人拥有更多的时间去规划和安排一天的事务，有助于提高工作效率。从学习的角度来看，早起可以为一天的学习提供充足的时间，使学习更加有条不紊。每日读书，记录心得语。通过不断学习和总结，弥补自己的不足，提升自己的知识水平。这一条强调了学习的计划性和总结性。每天的学习不仅是知识的积累，更是对知识的消化和吸收。通过记录心得，可以加深对知识的理解，同时也能发现自己学习中的不足。每月作诗文数首，以检验自己积累的知识和培养的气质。这种定期的自我检验有助于巩固所学，提升写作能力。曾国藩通过每月写作，检验自己对知识的掌握程度，同时也锻炼了自己的表达能力。这种方法提醒我们，学习不仅要有计划，还要有定期的复习和检验。说话时要谨慎，时刻注意自己的言辞，避免祸从口出。谨言不仅是一种修养，更是一种智慧，有助于减少不必要的麻烦。从学习的角度来看，谨慎的态度也适用于学习过程。在学习中，我们要谨慎对待每一个知识点，避免一知半解。饭后写字半小时，把笔墨应酬当作自己的课程。

凡事不拖延，避免积压。这一条体现了学习的实践性和效率。通过每天固定的写字时间，曾国藩不仅提升了书写能力，还养成了高效处理事务的习惯。这提醒我们，学习不仅要注重理论知识，还要注重实践能力的培养。整齐严肃，无时不惧。无事时心在腔子里，应事时专一不杂。这一条强调了学习的自律性。曾国藩通过“主敬”来约束自己的行为，保持内心的平静和专注。这种自律的态度有助于我们在学习中保持高度的专注力，提高学习效率。每天找时间静坐，通过静坐来涵养自己，恢复内心的平静和力量。静坐不仅是一种放松身心的方式，更是一种自我反思和沉淀的过程。在学习中，我们常常会遇到各种问题和困难，通过静坐反思，可以更好地调整学习方法，提升学习效果。修养自身的气质，保持内心的坦荡和正直，没有什么事情是不能对人言的。养气有助于提升个人的气质和风度，增强自信心。从学习的角度来看，良好的气质和心态有助于我们在学习中保持积极的态度，克服困难。曾国藩的“日课十二条”从多个方面为我们提供了学习的智慧和方法。从学习的专注与深度，到学习的计划与坚持，再到学习的态度与方法，以及学习的自律与反思，这些内容不仅适用于古代，同样适用于现代。在信息爆炸的时代，我们更需要像曾国藩一样，通过自律、专注和反思，不断提升自己的学习能力和知识水平。通过实践“日课十二条”中的学习方法，我们可以在学习的道路上更加坚定地前行，实现自己的目标。

故事三：苏轼八面受敌读书法

卑意欲少年为学者，每一书皆作数过尽之。书富如入海，百货皆有，人之精力，不能兼收尽取，但得其所欲求者耳。故愿学者，每次作一意求之。如欲求古今兴亡治乱、圣贤作用，但作此意求之，勿生余念。又别作一次，求事迹故实、典章文物之类，亦如之。他皆仿此。此虽迂钝，而他日学成，八面受敌，与涉猎者不可同日而语也。

出处：《又答王庠书》

译文：我的想法是，对于年轻的学者来说，读每一本书都应该多次反复地去读，直到完全理解。书籍的丰富就像大海一样，各种知识应有尽有。然而，人的精力有限，不可能把所有的知识都吸收。因此，我希望学者们每次读书时，都带着一个明确的目标去阅读。比如，如果想要了解古今的兴衰、治乱以及圣贤的行为和思想，就带着这个目标去阅读，不要被其他内容分散注意力。然后再另找一次机会，去寻找书中的历史事迹、典故、文物制度等内容，同样带着这个目标去阅读。其他内容也都可以用同样的方法。这种方法虽然看起来有些迂腐和费时，但等到将来学问有成时，就能在各个方面都应对自如，这与那些走马观花、浅尝辄止的人是不可同日而语的。

解读：首先在读书的专注性方面，苏轼强调读书时要集中精力，每次只专注于一个主题或目标。这种方法类似于军事上的“集中优势兵力击敌于一面”，避免精力分散，从而提高学习效率。例如，读《汉书》时，第一遍专注于治世之道，第二遍专注于用兵之法，第三遍研究人物和官制。这种专注性有助于深入理解书中的某一领域，避免浮光掠影式的阅读。“八面受敌读书法”要求对一本书进行多次阅读，每次阅读都有明确的目标和方向。这种方法不仅有助于深入理解书中的内容，还能系统地掌握书中的知识体系。通过多次阅读，读者可以从不同角度对书籍进行剖析，逐步构建起对书籍的全面理解。其次是读书的系统性。“八面受敌读书法”要求对一本书进行多次阅读，每次阅读都有明确的目标和方向。这种方法不仅有助于深入理解书中的内容，还能系统地掌握书中的知识体系。通过多次阅读，读者可以从不同角度对书籍进行剖析，逐步构建起对书籍的全面理解。再次是读书的实用性。再次，读书的实用性与深度。苏轼认为，读书的目的在于解决实际问题，而不是盲目地追求知识的广度。通过“八面受敌读书法”，读者可以根据自己的需求和兴趣，有针对性地阅读书籍，从而提高知识的应用价值。这种方法不仅适用于学术研究，也适用于日常生活中的学习和工作。苏轼提倡对书籍进行深入研读，而不是浅尝辄止。通过多次阅读和反复思考，读者可以逐渐挖掘书籍的深层含义，从而获得更丰富的知识和智慧。这种方法有助于培养读者的思考能力和分析能力，使读者能够从不同的角度来看待问题。最后是关于读书的效率。尽管“八面受敌读书法”看起来似乎比较“迂钝”，但实际上它是一种非常高效的读书方法。通过每次专注于一个目标，读者可以避免在阅读过程中浪费时间和精力，从而提高学习效率。这种方法不仅有助于读者深入理解书籍的内容，还能使读者在学习过程中更加有条理和系统。

故事四：朱熹格物致知

所谓致知在格物者，言欲致吾之知，在即物而穷其理也。盖人心之灵莫不有知，而天下之物莫不有理，唯于理有未穷，故其知有不尽也。是以《大学》始教，必使学者即凡天下之物，莫不因其已知之理而益穷之，以求至乎其极。至于用力之久，而一旦豁然贯通焉，则众物之表里精粗无不到，而吾心之全体大用无不明矣。此谓物格，此谓知之至也。

出处：《大学章句·补传》

译文：所谓“致知在格物”，意思是说要达到对知识的真正理解，就需要通过接触事物来探究其中的道理。因为人的心灵本质上是具有认知能力的，而天下万物也都蕴含着道理。只是因为有些道理还没有探究透彻，所以人的认知才会有局限。因此，《大学》一开始就教导学者，要对天下万物进行深入研究，利用自己已有的知识去进一步探究事物的道理，以达到对事物本质的完全理解。等到用功久了，自然有一天会豁然开朗，对万事万物的表面和内在、细节和整体都能了如指掌，同时自己内心的全部智慧和能力也会完全展现出来。这就叫作“物格”，也就是知识达到极致的境界。

解读：朱熹认为，人心具有先天的认知能力，而天下万物皆有其固有的道理（理）。通过“格物”（穷究事物的道理），可以扩充知识，提升智慧。这一过程不仅是对客观事物的认识，更是对内心道德意识的唤醒。朱熹将“格物”解释为“穷尽事物之理”，即通过深入研究事物的本质和规律，达到对事物全面而深刻的理解。他强调，格物的过程需要“至极”，即穷尽事物的每一个方面，不能浅尝辄止。

“致知”即扩充和深化知识，使知识达到无所不知的境界。朱熹认为，通过格物而致知，最终可以达到“豁然贯通”的境界，即对事物的本质和规律有全面的理解，从而实现道德修养的提升。朱熹的“格物致知”不仅是理论上的认知，更是实践中的探索。他强调，认识必须通过实践来验证，只有通过实践，才能真正理解事物的道理。朱熹的“格物致知”说具有重要的认识论价值。它不仅强调了认识的主客体关系，还提出了通过实践来深化认识的方法。这种方法既符合人类认识的一般规律，也强调了道德修养的重要性。

【诗词精华】

诗词一：《冬夜读书示子聿》

作者：陆游（宋）
古人学问无遗力，少壮工夫老始成。
纸上得来终觉浅，绝知此事要躬行。

诗词鉴赏：“古人学问无遗力，少壮工夫老始成”，这两句强调学习需要持之以恒、全力以赴。古人学习知识毫不保留，年轻时就开始努力，直到老年才有所成就。这不仅是对古人刻苦学习精神的赞美，也是对儿子的告诫。“纸上得来终觉浅，绝知此事要躬行”，这两句进一步指出，书本知识虽然重要，但终究是有限的。只有通过亲身实践，才能真正理解和掌握知识。这里体现了陆游对实践重要性的深刻认识，强调了理论与实践相结合的重要性。这首诗蕴含着深刻的哲理，表明直接经验和间接经验是获取知识的两种主要途径。书本知识是前人经验的总结，但只有通过实践，才能真正转化为自己的能力。这种观点在当时是非常先进的，对后世也有重要的启示。

诗词二：《读书》

作者：陆游（宋）
归志宁无五亩园，读书本意在元元。
灯前目力虽非昔，犹课蝇头二万言。

诗词鉴赏：这首诗是陆游晚年所作，通过简洁的四句诗，深刻地表达了他对读书的理解和态度。“归志宁无五亩园，读书本意在元元”，这两句诗直抒胸臆，表达了陆游读书的初衷。他虽然有归隐田园的愿望，但读书的目的并非为了个人的安逸，而是为了黎民百姓。这里的“元元”指的是普通百姓，体现了陆游忧国忧民的情怀。

“灯前目力虽非昔，犹课蝇头二万言”，这两句是写实，描绘了陆游在年老时依然坚持读书的情景。尽管视力不如从前，但他仍然坚持阅读大量的书籍，体现了他对知识的渴望和对学习的执着。这首诗语言平易晓畅，但蕴含着深刻的哲理和情感。陆游的诗歌继承了屈原以来诗人忧国忧民的优良传统，以现实主义风格为主，立足于时代。虽然这首诗以读书为题材，但诗人的眼光早已离开书斋这个狭小的空间，投向了整个人民。通过这首诗，我们可以感受到陆游对读书的热爱，以及他将读书与社会责任相结合的高尚精神。陆游一生笔耕不辍，诗词文俱有很高成就，其诗语言平易晓畅、章法整饬谨严，兼具李白的雄奇奔放与杜甫的沉郁悲凉，尤以饱含爱国热情对后世影响深远。这首《读书》七绝，如同诗人的学习体会，既反映了诗人在年老时仍坚持苦学的情况，又表明了他学习是为平民百姓而并无他求的可贵精神。

诗词三：《劝学诗》

作者：颜真卿（唐）
三更灯火五更鸡，正是男儿读书时。
黑发不知勤学早，白首方悔读书迟。

诗词鉴赏：颜真卿三岁丧父，家道中落，母亲殷氏对他寄予厚望，实行严格的家庭教育。颜真卿自己也格外自律，每日勤学苦读。这首诗正是颜真卿为了勉励后人所作。内容与结构上来看，这首诗共四句，前两句“三更灯火五更鸡，正是男儿读书时”描绘了勤奋学习的场景，强调了学习的时间和勤奋的重要性。后两句“黑发不知勤学早，白首方悔读书迟”则通过对比，警示人们不要虚度光阴，否则到老时会后悔。这种结构使得诗歌逻辑清晰，前因后果一目了然。语言修辞角度来看，诗中运用了对比和借代的修辞手法。对比体现在“黑发”与“白首”的对照，突出了学习要趁早的主题。借代则通过“黑发”和“白首”分别代指青年和老年，使表达更加生动。主题与情感上来看，《劝学诗》的核心主题是劝勉青少年珍惜少壮年华，勤奋学习，以免到老时一事无成，后悔莫及。诗中蕴含的情感是对学习的热爱和对时光的珍惜，同时也表达了对后人的殷切期望。这首诗语言深入浅出，自然流畅，富含哲理，被广为传诵。它不仅在当时激励了无数学子，也在后世成为劝学的经典之作，提醒人们珍惜时光，努力学习。

诗词四：《出山道中口占》

作者：朱熹（宋）
晨炊初出谷，春水渐盈川。
野鸟啼还歇，林花落复妍。
云开千嶂出，日落一峰悬。
不厌频来往，悠然独扣舷。

诗词鉴赏：“晨炊初出谷，春水渐盈川”，这两句诗描绘了诗人在清晨离开山谷，踏上旅途时所见的景色。山谷中的炊烟升起，象征着新的开始；春水涨满河川，展现出自然的生机。这两句不仅是对自然景色的描写，更隐喻了诗人对新一天的思考。清晨的炊烟和春水的涨满，象征着新的希望和机遇，也暗示了诗人对未来的期待和对生命循环的思考。“野鸟啼还歇，林花落复妍”，这两句诗通过对野鸟和林花的描写，展现了自然的动静之美。野鸟的啼声时断时续，林花虽有凋落，却依然美丽。这两句诗不仅是对自然景色的描写，更是对生命规律的思考。野鸟的啼声和林花的凋落与重生，象征着生命的无常与永恒。诗人通过这些细节，表达了对生命循环和自然规律的深刻理解。“云开千嶂出，日落一峰悬”，这两句诗描绘了旅途中的壮丽景色。云雾散开，露出千山万壑；夕阳西下，余晖映照在山峰之上，显得格外壮美。这两句诗通过对云开日落的描写，展现了自然的壮美与宁静。诗人以简洁的语言描绘出一幅动人的画面，同时也传达了对自然秩序的敬畏。云开千嶂出，象征着自然的宏大与神秘；日落一峰悬，则暗示了时间的流逝与永恒。诗人通过对这些自然现象的观察，表达了对自然规律的深刻思考。“不厌频来往，悠然独扣舷”，这两句诗表达了诗人对旅途的热爱和对人生的感悟。诗人不厌其烦地往返于山间，独自扣舷而歌，享受着旅途的宁静与自由。这两句诗不仅是对旅途的描写，更是对人生哲理的思考。诗人通过“不厌频来往”的描写，表达了对自然的热爱和对生活的豁达态度。同时，“悠然独扣舷”则暗示了诗人内心的宁静与自在，体现了他对人生意义的深刻思考。从艺术手法上看，朱熹在这首诗中运用了动静结合的手法，通过“野鸟啼还歇”和“林花落复妍”的描写，展现了自然的生机与宁静。这种动静结合的手法不仅使诗歌更具画面感，也增强了诗歌的艺术感染力，同时暗示了诗人对生命循环的思考。这首诗语言简洁明快，但意境深远。朱熹用最简练的语言，描绘了旅途中的自然景色，同时也传达了对人生的深刻感悟。这种简洁明快的语言风格使诗歌更具感染力，也更容易引发读者的思考。此外，朱熹通过自然景色的描写，表达了对人生的感悟和对自然的热爱。这种借景抒情的手法不仅使诗歌更具情感深度，也体现了诗人对自然和人生的深刻理解。这首诗提醒我们，自然之美无处不在。通过欣赏自然，我们不仅可以获得美的享受，还可以从中获得人生的感悟。诗人通过对自然规律的观察，表达了对自然的敬畏之情，这种敬畏之心在现代社会依然具有重要的意义。不仅如此，朱熹在诗中表达了对人生哲理的深刻思考。通过“不厌频来往，悠然独扣舷”的描写，诗人传达了对生活的豁达态度和对内心宁静的追求。这种思考不仅体现在对自然的欣赏中，也体现在对人生的深刻感悟中。综上所述，朱熹的《出山道中口占》是一首充满哲理思考的诗作。通过对旅途中的自然景观的描写，诗人展现了自然的壮美与生机，同时也表达了对人生、自然规律以及人与自然关系的深刻思考。这首诗不仅语言简洁明快，更运用动静结合的手法和借景抒情的方式，使诗歌更具艺术感染力。它不仅是朱熹诗歌中的佳作，也是中国古代文学中关于自然与人生哲理的经典之作。

诗词五：《观书》

作者：于谦（明）

书卷多情似故人，晨昏忧乐每相亲。
眼前直下三千字，胸次全无一点尘。
活水源流随处满，东风花柳逐时新。
金鞍玉勒寻芳客，未信我庐别有春。

诗词鉴赏：“书卷多情似故人，晨昏忧乐每相亲”，这两句诗以拟人化的手法，将书卷比作多情的老友，无论清晨还是夜晚，无论忧愁还是快乐，书卷都与自己相伴。这两句表达了于谦对读书的热爱和依赖。书卷不仅是知识的来源，更是心灵的慰藉。通过读书，于谦找到了精神上的寄托和情感上的共鸣，这种对学习的热爱是思考的起点。“眼前直下三千字，胸次全无一点尘”，这两句诗描绘了于谦读书时的专注状态。他能够迅速阅读大量文字，同时保持内心的纯净，不受外界干扰。这两句不仅展现了于谦的读书效率，更强调了读书时的专注和纯净心态。这种专注是深入思考的前提，而内心的纯净则有助于更好地吸收和理解知识。“活水源流随处满，东风花柳逐时新”，这两句诗以自然景象为喻，表达了知识的不断更新和思考的深化。活水象征着源源不断的知识，东风则象征着新的思想和见解。这两句强调了学习的动态性和思考的持续性。知识如同活水，不断更新和充实；而思考则如同东风，带来新的启发和见解。这种动态的学习和思考过程是于谦所倡导的。“金鞍玉勒寻芳客，未信我庐别有春”，这两句诗以对比的方式，表达了于谦对读书的自信。他认为，那些追求奢华生活的人无法理解读书带来的精神富足。这两句不仅是对读书的自信，也是对思考的坚持。于谦通过读书和思考，找到了属于自己的精神世界，这种坚持和自信是学习和思考的重要品质。从诗歌的主题与寓意来看，这首诗的核心主题之一是对学习的热爱。于谦将书卷比作老友，表达了对读书的依赖和热爱。这种热爱不仅是对知识的追求，更是对精神世界的充实。于谦还强调了读书时的专注和纯净心态。通过专注，他能够高效地吸收知识；通过纯净，他能够深入思考和理解。这种专注和纯净是思考的重要前提。不仅如此，于谦通过“活水”和“东风”的比喻，强调了知识的不断更新和思考的持续性。他认为，学习是一个动态的过程，只有不断更新知识，才能深化思考。最后，于谦通过对比，表达了对读书和思考的自信。他认为，读书带来的精神富足是那些追求奢华生活的人无法理解的。这种自信和坚持是学习和思考的重要品质。

从艺术手法来看，于谦将书卷比作多情的老友，通过拟人化的手法，生动地表达了对读书的热爱和依赖。这种手法不仅使诗歌更具感染力，也强调了学习的重要性和乐趣。于谦以“活水”和“东风”为喻，生动地展现了知识的更新和思考的深化。这种比喻不仅使诗歌更具画面感，也强调了学习和思考的动态性。于谦通过对比，将读书带来的精神富足与追求奢华生活的人形成鲜明对比。这种对比不仅使诗歌更具思想性，也表达了对学习和思考的自信。综上所述，于谦的《观书》是一首充满学习与思考的诗作。通过对读书过程的描写，于谦表达了对学习的热爱、对思考的专注以及对知识更新的重视。这首诗不仅语言简洁明快，更通过拟人化、比喻和对比等手法，生动地展现了学习和思考的重要性。它不仅是于谦个人学习态度的体现，也是中国古代文学中关于学习与思考的经典之作，对现代社会的学习和思考仍具有重要的启示意义。

【阅悟人生】

在漫长的人生旅途中，学习与思考是两把开启智慧之门的钥匙，它们不仅丰富了我们的内心世界，也为我们在复杂多变的环境中提供了前行的方向和力量。学习，是知识的积累与沉淀，是心灵在广阔世界中不断探索的过程。它如同一盏明灯，照亮了我们前行的道路，让我们在黑暗中不至于迷失方向。通过学习，我们能够汲取前人的智慧，拓宽自己的视野，提升自己的能力。每一次翻开书本，每一次聆听教诲，都是对自我认知的一次拓展，对心灵的一次滋养。学习让我们明白，知识的力量是无穷的，它能够帮助我们更好地理解世界，更好地应对生活中的各种挑战。然而，学习并非仅仅是知识的积累，更重要的是思考。思考是对所学知识的深入理解和内化，是对知识背后逻辑和规律的探究。它如同一把利剑，能够帮助我们穿透表象，直击问题的本质。在学习的过程中，我们不仅要记住知识，更要学会思考，学会质疑，学会从不同的角度去看待问题。只有通过思考，我们才能真正将知识转化为自己的智慧，才能在面对复杂多变的世界时，做出明智的判断和选择。在人生的旅途中，学习与思考是我们不可或缺的伙伴。它们如同两盏明灯，照亮了我们前行的道路；如同两把利剑，帮助我们披荆斩棘。让我们珍惜每一次学习的机会，认真对待每一次思考的挑战，用知识武装自己，用智慧指引方向。在学习与思考的陪伴下，我们定能在人生的道路上越走越远，越走越宽，最终实现自己的人生价值，绽放出属于自己的光芒。

【写作锦囊】

写作训练

以“学思之路”为题，写一篇800字记叙文，围绕“学习与思考”的主题展开叙述。注意通过人物的言行、心理活动以及环境描写，展现学习与思考在个人成长中的重要作用，让人物的情感和故事的意义真实可感。或者以“学习与思考：智慧的双翼”为题，写一篇800字议论文，结合历史、现实和理论，论证学习与思考对个人发展的重要性。要求论点明确，论证严密，层次清晰。

写作提示

记叙文：在记叙文中，学习与思考可以通过一个具体的故事来展现。比如，可以讲述一个学生如何在学习过程中通过思考解决问题，或者一个人如何在实践中不断学习和反思。通过人物的内心挣扎、行为表现以及周围环境的描写，突出学习与思考的重要性。例如，可以描写一个学生在面对一道难题时，如何通过反复思考和查阅资料最终找到答案。通过描写他在书桌前的专注神情，以及他在解题过程中不断尝试、不断反思的过程，展现学习与思考的力量。此外，可以通过对比手法，描写另一个同学只靠死记硬背而无法真正理解知识，从而形成鲜明的反差。在叙述过程中，可以通过细节描写增强感染力。比如，描写他在思考时眉头紧锁的样子，或是他在找到答案后兴奋地跳起来的场景；还可以通过环境描写烘托氛围，比如书房里堆满的书籍、窗外的星空，或是清晨的第一缕阳光。这些细节不仅能让故事更加生动，也能让读者感受到学习与思考的深刻意义。此外，可以通过人物的内心独白，展现他对学习和思考的思考。比如，他可能会在内心告诉自己："学习不仅仅是记忆，更是思考和理解。"这种心理描写能够让故事更加真实感人，也让主题更加深入人心。

议论文：在议论文中，学习与思考可以从理论层面进行探讨，结合历史、现实和哲学观点，阐述其重要性。首先，可以从历史角度切入，列举一些著名人物通过学习和思考成就伟大事业的故事，比如孔子"学而不思则罔，思而不学则殆"的智慧，或是爱因斯坦通过思考相对论改变人类对时间与空间的认知。这些例子不仅能够增强论点的说服力，还能让文章更具文化底蕴。接着，可以从现实角度分析学习与思考在当今社会的意义。比如，在知识爆炸的时代，学习是获取信息的途径，思考则是筛选和应用知识的关键；在个人成长中，学习与思考是提升自我、解决问题的重要方法。可以结合社会现象，如"快餐式学习"的弊端、深度思考的缺失，进一步论证这一观点。此外，可以从哲学或心理学角度探讨学习与思考的内在价值。比如，学习是一种对未知的探索，是知识积累的过程；思考是一种对已知的深化，是对知识的理解和应用。可以引用一些名言警句，如"纸上得来终觉浅，绝知此事要躬行""思考是智慧的源头"，来增强文章的深度和说服力。最后，可以结合个人或社会的实际，提出一些建议。比如，如何在生活中培养学习的习惯，如何通过批判性思维提升思考能力。通过层层递进的论述，让读者不仅理解学习与思考的重要性，还能从中获得启发和力量。

第八讲：责任与担当

【主题解读】

一、责任：生命之舟的压舱石

责任，如同岁月长河中的一盏明灯，照亮我们前行的道路；又似生命之舟的压舱石，赋予我们稳重与力量。它是人类社会的基石，是每一个生命个体在世间行走的使命与承诺。

从家庭的温暖港湾到社会的广阔天地，责任无处不在。父母对子女的呵护与培育，是爱的责任，是生命传承的温暖接力；子女对父母的孝顺与关怀，是感恩的责任，是亲情纽带的深情回馈。在家庭中，责任是清晨厨房里忙碌的身影，是深夜为孩子掖被角的温柔，是岁月沉淀下的爱与守护。在社会的舞台上，责任更是多元而深刻的体现。教师肩负着“传道授业解惑”的重任，他们用知识的火炬点燃学生的梦想，用耐心和智慧为孩子们指引方向，这是对教育事业的责任，更是对民族未来的担当。医生在生死一线间与病魔抗争，他们用精湛的医术和仁爱之心守护生命，这是对生命的尊重，也是对职业使命的坚守。而每一个普通公民，遵守法律、维护公共秩序，也是在为社会的和谐稳定贡献自己的力量，这是对社会大家庭的责任，是文明社会的基石。

责任，是一种无声的誓言，它让我们在面对困难和挑战时，不会轻易退缩。它是内心深处的一种自觉，让我们明白，每一个选择和行为都可能影响他人，影响社会。正如泰戈尔所说：“一个人的真正伟大之处就在于他能够认识到自己的渺小。”而责任，正是让我们在认识到自身渺小的同时，依然能够勇敢地承担起属于自己的那份使命。

二、担当：灵魂的高贵与力量的彰显

担当，是责任的升华，是灵魂的高贵与力量的彰显。它不仅仅是对责任的履行，更是一种主动的承担，一种在关键时刻挺身而出的勇气和决心。

在历史的长河中，无数仁人志士用他们的担当书写了壮丽的篇章。屈原“路漫漫其修远兮，吾将上下而求索”，他以一己之力担当起挽救楚国的重任，“虽九死其犹

未悔”；文天祥“人生自古谁无死，留取丹心照汗青”，在国家危难之际，他以生命捍卫民族尊严，用担当诠释忠诚与勇敢。这些伟大的灵魂，用他们的担当为历史留下了浓墨重彩的一笔，也激励着后人在面对困难时，能够勇敢地站出来。

在当今时代，担当同样有着重要的意义。它是科学家在科研道路上的不懈探索，是对未知世界的勇敢挑战；是企业家在市场竞争中的坚守与创新，是对社会经济发展的积极推动；是每一个普通人面对困难时不退缩、不放弃，用实际行动为生活添彩。担当，让我们在面对生活的风雨时，能够成为自己的英雄，成为他人的依靠。责任与担当，相辅相成，缺一不可。责任是担当的基础，担当是责任的升华。只有将责任与担当紧密结合起来，我们才能在时代的浪潮中站稳脚跟，成为真正的时代脊梁。在时代的舞台上，我们每个人都肩负着不同的责任，也面临着各种各样的挑战。在这个过程中，我们需要用责任来约束自己，用担当来激励自己。当我们看到社会的不公时，不能只是抱怨，而要勇敢地站出来，用行动去改变；当我们面对困难时，不能轻易放弃，而要用担当去克服。只有这样，我们才能在时代的洪流中，留下属于自己的印记。责任与担当，是一种精神的力量，它在让我们面对生活的琐碎时，依然能够坚守内心的信念；它让我们在面对时代的挑战时，依然能够勇敢地迈出步伐。让我们以责任为基石，以担当为旗帜，在生命的征程中，书写属于自己的辉煌篇章。

【名言精粹】

名言一：天下兴亡，匹夫有责。

出处：《日知录·正始》

解读：顾炎武生活在明末清初，目睹了明朝的灭亡和清军的入侵，社会动荡不安，百姓流离失所。他深刻反思明朝灭亡的原因，认为明朝的灭亡不仅仅是政权的更替，更是社会道德和文化传统的沦丧。在这种背景下，他提出了“保天下者，匹夫之贱，与有责焉耳矣”的观点。顾炎武在《日知录》中明确区分了“亡国”和“亡天下”的概念：“亡国”是指改朝换代，政权更替；而“亡天下”则是指社会道德沦丧、仁义不存，导致社会秩序崩溃，人民相互残杀。他认为，保卫国家是帝王将相和文武大臣的责任，而保卫天下的责任则与每一个普通百姓息息相关。这句话的核心在于强调普通百姓对社会道德和文化传统的责任，而不仅仅是对政权的责任。“天下兴亡，匹夫有责”这一思想在当时具有重要的现实意义。它打破了传统观念中“百姓只需安分守己，国家兴衰与己无关”的认知，唤醒了普通百姓的社会责任感和使命感。在明清之际的社会动荡中，这一思想激励了无数志士仁人为挽救民族危亡而努力奋斗。在现代社会，“天下兴亡，匹夫有责”的精神依然具有重要的现实意义。它提醒我们，每个人都是社会的一份子，国家的兴衰与每个人息息相关。无论身处何种岗位，都应该关注社会大局，为国家的繁荣发展贡献自己的力量。这种思想也促进了公民意识和社会责任感的形成，鼓励人们积极参与社会事务，推动社会的进步和发展。

综上所述，“天下兴亡，匹夫有责”不仅是一句名言，更是一种深刻的社会责任感和使命感的体现。它强调了普通百姓在维护社会道德和文化传统中的责任，激励着每一个中国人为了国家的繁荣和民族的复兴而努力奋斗。这一思想在历史上具有重要的意义，在现代社会依然具有强大的生命力。

名言二：先天下之忧而忧，后天下之乐而乐。

出处：《岳阳楼记》

解读：庆历四年（1044年），范仲淹的好友滕子京被贬至岳州（今湖南岳阳）任知州。滕子京在任期间，重修了岳阳楼，并请范仲淹为其作记。范仲淹在文中通过对洞庭湖景色的描写，引出了对“迁客骚人”不同心境的描绘，进而阐述了“古仁人之心”，即“不以物喜，不以己悲”，无论身处何种境地，都心系天下。“先天下之忧而忧，后天下之乐而乐”的字面意思是：在天下人忧愁之前先忧愁，在天下人快乐之后才快乐。这里的“忧”和“乐”不仅仅是个人的情绪，更是一种对国家、对社会的责任和担当。这句话体现了范仲淹对国家和人民的深切关怀。他强调，一个人无论身处何种地位，都应该把国家和人民的利益放在首位。这种思想与孟子所说的“乐以天下，忧以天下”一脉相承，是对儒家“仁爱”思想的继承和发展。这句话还体现了一种高尚的道德品质，即“吃苦在前，享乐在后”。范仲淹认为，真正的仁人志士应该在国家和人民面临困难时挺身而出，而不是只顾个人的安逸和享乐。这句话不仅是对个人品德的要求，更是对社会责任感和使命感的呼唤。范仲淹通过这句话，鼓励人们要有远大的理想和抱负，为国家的繁荣和人民的幸福而努力奋斗。在范仲淹所处的时代，社会动荡不安，百姓生活困苦。范仲通过淹《岳阳楼记》中的这句话，表达了他对国家和人民的深切关怀，同时也激励了无数仁人志士为国家的前途和命运而奋斗。这种精神在历史上产生了深远的影响，成为后世许多志士仁人的行为准则。在现代社会，“先天下之忧而忧，后天下之乐而乐”依然具有重要的现实意义。它提醒我们，无论身处何种岗位，都应该关注社会大局，为国家的繁荣发展贡献自己的力量。这种精神不仅能够激励个人的成长和发展，更能够推动整个社会的进步和繁荣。

名言三：鞠躬尽瘁，死而后已。

出处：《后出师表》

解读：蜀汉建兴六年（228年），当时诸葛亮第一次北伐中原未取得预期成果，面对朝中对再次北伐的诸多异议，他上表陈述北伐的必要性和决心。在这篇表文中，诸葛亮表达了自己对国家和先帝刘备的忠诚，以及为实现统一大业不惜牺牲一切的决心。“鞠躬尽瘁，死而后已”中的“鞠躬”意为弯腰，表示恭敬、谨慎；“尽瘁”指竭尽劳苦；“已”是停止的意思。整句话的意思是：恭敬谨慎地竭尽全力，直到死为止。这句话体现了诸葛亮对先帝刘备的忠诚以及对蜀汉国家的无私奉献。他一生致力于兴复汉室，统一天下，即使面对重重困难，也毫不退缩。这种忠诚和奉献精神，是中国传统文化中“忠”的重要体现。诸葛亮深知自己肩负的使命，他以“鞠躬尽瘁，死而后已”的精神，承担起国家的重任。这种责任感和使命感，激励着他在艰难困苦中不断前行。这句话还体现了诸葛亮的牺牲精神。他为了国家的利益，不惜牺牲自己的生命，这种高尚的品德令人敬仰。诸葛亮的这句名言，不仅表达了他个人的坚定信念，也成为了后世无数仁人志士的榜样。他的忠诚、奉献和牺牲精神，被后人传颂不衰。例如，毛泽东在《纪念孙中山先生》一文中，也曾引用这句话来赞美孙中山先生为改造中国而耗费毕生精力的精神。在现代社会，“鞠躬尽瘁，死而后已”依然具有重要的现实意义。它提醒我们，无论身处何种岗位，都应该以高度的责任感和使命感，为国家和社会的发展贡献自己的力量。这种精神不仅能够激励个人的成长和发展，更能够推动整个社会的进步和繁荣。

名言四：位卑未敢忘忧国。

出处：《病起书怀》

解读：《病起书怀》是陆游在被免官后于淳熙三年（1176年）四月在成都所作的诗。当时陆游身体虚弱，但仍心系国家，希望通过诗歌表达自己的爱国情怀。“位卑未敢忘忧国”中的“位卑”指的是地位或职位不高，而“未敢忘忧国”则表示即使地位低微，也不敢忘记忧虑国事。这句话体现了陆游强烈的爱国情怀，即使个人遭遇挫折，仍心系国家的安危和命运。它强调了每个人无论地位高低，都应承担起对国家的责任，这种责任感超越了个人的得失。这句话与顾炎武的“天下兴亡，匹夫有责”意思相近，都体现了中华民族热爱祖国的伟大精神。总之，“位卑未敢忘忧国”是一句充满智慧和力量的名言，它不仅体现了陆游高尚的人格魅力和深邃的思想境界，更成为中华民族精神的重要象征，激励着一代又一代的中国人为了国家和民族的繁荣富强而不懈奋斗。

名言五：苟利国家生死以，岂因祸福避趋之。

出处：《赴戍登程口占示家人》

解读：《赴戍登程口占示家人》是林则徐在道光二十二年（1842年）被发配新疆伊犁时所作。当时，林则徐因主张禁烟而受到投降派的诬陷，被道光帝革职发配。在西安与家人分别时，他写下这首诗，表达了自己对国家的忠诚和对个人命运的豁达态度。“苟利国家生死以，岂因祸福避趋之”的意思是：如果对国家有利，即使牺牲自己的生命也在所不惜，绝不会因为个人的祸福而回避或趋附。

这句话体现了林则徐强烈的爱国精神，他将国家的利益置于个人生死之上，展现了为国家不惜牺牲一切的决心。它还体现了林则徐刚正不阿、无私奉献的高尚品德，即使面对不公的待遇，依然坚守对国家的责任。这句话强调了个人对国家和社会的责任感，即使个人地位卑微，也应为国家的利益而奋斗。

名言六：为中华之崛起而读书。

出处：周恩来

解读：这句话出自周恩来总理在奉天省官立东关模范两等小学校（今沈阳市第六中学）就读时的一次课堂回答。1911年，13岁的周恩来在高小部第六班的一堂修身课上，面对老师提出的“读书为了什么”这一问题，他庄重地回答：“为中华之崛起而读书”。这一回答不仅给当时的魏校长留下深刻印象，也成为了他一生的信念和追求。这句话体现了周恩来总理强烈的爱国情怀和对国家命运的深刻思考。他意识到，当时的中国正处于内忧外患之中，列强环伺，民族危亡。因此，他将个人的读书目标与国家的前途命运紧密联系在一起，立志通过自己的努力振兴中华。这句话还展现了周恩来总理从小立下的远大志向和使命感。他认识到，读书不仅仅是为了个人的前途，更是为了国家的崛起和民族的复兴。这种使命感激励他一生为国家和人民不懈奋斗。这句话不仅是周恩来总理思想觉醒的体现，也为他后来的革命行动指明了方向。他通过读书和实践，不断探索救国救民的道路，最终成为伟大的无产阶级革命家。

【人物逸事】

故事一：司马迁忍辱著《史记》

司马迁，字子长，西汉龙门人也。父司马谈，为太史令。迁生龙门，耕牧河山之阳。年十岁诵古文，二十而南游江淮，北涉汶泗，讲业齐鲁之都，观夫子遗风，乡射邹峄，厄困鄱、薛、彭城，过梁楚以归。于是迁仕为郎中，奉使西征巴蜀以南，略邛、莋、昆明，还报命。是岁，天子始建汉家之封，而太史公留滞周南，不得与从事，发愤且卒。而子迁适使反，见父于河洛之间。太史公执迁手而泣曰：“予先，周室之太史也。自上世尝显功名于虞夏，典天官事。后世中衰，绝于予乎？汝复为太史，则续吾祖矣。今天子接千岁之统，封泰山，而予不得从行，是命也夫！汝为太史，无忘吾所欲论著矣。”迁俯首流涕曰：“小子不敏，请悉论先人所次旧闻，不敢阙。”卒三岁而迁为太史令，紬史记石室金匮之书。迁为太史令五岁而遭李陵之祸，遂下迁腐刑。迁既被刑之后，因隐忍苟活，著成《史记》。

出处：《报任安书》

译文：司马迁，字子长，是西汉龙门人。他的父亲司马谈是汉武帝时期的太史令。司马迁出生在龙门，童年时在黄河岸边耕种放牧。十岁时，他就能诵读古文。二十岁时，他南游江淮，北渡汶水、泗水，到齐鲁地区考察学习，感受孔子的遗风，又到邹峄山参加乡射之礼。他在彭城遇到困境，经过梁、楚等地后返回。此后，司马迁被任命为郎中，奉命出使西征巴蜀以南，开拓邛、莋、昆明等地，完成使命后返回汇报。这一年，汉武帝开始举行封禅大典，而司马谈却滞留在周南，未能参与，心中愤懑，即将去世。司马迁恰好出使返回，在黄河、洛水之间见到了父亲。司马谈握着司马迁的手，流着泪说："我们家的祖先，是周朝的太史。从上世以来，曾经在虞、夏两代显扬功名，主管天文之事。后来衰落了，难道要在我这里断绝吗？你如果继任太史，就能接续我们祖先的事业了。现在天子继承了千年的统绪，举行封禅大典，而我却不能前往，这是命运的安排啊！你担任太史，不要忘记我想要完成的著作啊。"司马迁低下头流着泪说："儿子虽然不聪明，但我会详细编撰先人留下的资料，不敢有所缺漏。"三年后，司马迁成为太史令，开始整理史记、石室、金匮等书籍。五年后，司马迁遭遇了李陵之祸，被判处宫刑。遭受宫刑后，司马迁隐忍苟活，最终完成了《史记》。

解读：这个故事主要从四个方面解读，首先忍辱负重的精神。司马迁在遭受宫刑后，身心受到极大的摧残，但他没有放弃自己的理想。他选择了忍辱负重，决心完成《史记》的创作。这种精神体现了他对历史的执着和对理想的坚守。其次，历史使命感。司马迁认为历史是一面镜子，可以为国家的发展提供借鉴。他希望通过《史记》记录历史的真实，为后人留下宝贵的历史资料。这种使命感使他在困境中依然坚持创作。再次对后世的影响。《史记》是中国历史上第一部纪传体通史，全书共分为十二本纪、三十世家、七十列传，共计一百三十篇。它详细地记载了从黄帝时代到汉武帝时期的历史，涵盖了政治、经济、文化、军事等各个方面的内容。《史记》不仅具有极高的历史价值，而且是一部优秀的文学作品，对后世产生了深远的影响。最后，个人品质的体现。司马迁的忍辱负重和坚韧不拔的精神，成为了后世文人墨客所崇尚的品质。他的事迹激励了无数人在面对困难和挫折时，依然能够保持坚韧不拔的精神，勇往直前。总之，司马迁忍辱著《史记》的故事，不仅展现了他个人的坚韧和毅力，也体现了他对历史的尊重和对理想的追求。他的事迹和精神将永远被后人铭记和传承。

故事二：屈原忧国忧民

屈平疾王听之不聪也，谗谄之蔽明也，邪曲之害公也，方正之不容也，故忧愁幽思而作《离骚》。屈平正道直行，竭忠尽智以事其君，谗人间之，可谓穷矣。信而见疑，忠而被谤，能无怨乎？屈平之作《离骚》，盖自怨生也。上称帝喾，下道齐桓，中述汤、武，以刺世事。明道德之广崇，治乱之条贯，靡不毕见。其文约，其辞微，其志洁，其行廉。其称文小而其指极大，举类迩而见义远。其志洁，故其称物芳；其行廉，故死而不容。自疏濯淖污泥之中，蝉蜕于浊秽，以浮游尘埃之外，不获世之滋垢，皭然泥而不滓者也。推此志也，虽与日月争光可也。

出处：《史记·屈原贾生列传》

译文：屈原痛心楚怀王被小人之言所迷惑，不能明辨是非，小人混淆黑白，使怀王看不明白，邪恶的小人妨碍国家，端方正直的君子则不为朝廷所容，所以忧愁苦闷，写下了《离骚》。屈原行为正直，竭尽自己的忠诚和智慧来辅助君主，谗邪的小人来离间他，可以说到了困境了。他虽被流放，但仍然眷恋着楚国，关心怀王，不忘祖国，希望君王能够一旦觉悟，楚国坏的习俗一旦改变。他虽然身处污泥之中，却像蝉蜕一样摆脱了污秽，浮游于尘世之外，不沾染世俗的污垢，保持清白之身，出淤泥而不染。从他的这种高尚的志向来看，即使与日月争辉也是可以的。

解读：屈原是中国古代伟大的文学家，他的作品《离骚》是中国文学史上的瑰宝。《离骚》不仅具有极高的文学价值，还深刻地反映了屈原的爱国情怀和忧国忧民的思想。他的作品充满了浪漫主义色彩，通过丰富的想象力和优美的语言，表达了他对理想的追求和对现实的不满。屈原一生忧国忧民，他不仅关心楚国的命运，也关心百姓的疾苦。在《离骚》中，他多次表达了对国家和人民的深切关怀，如"长太息以掩涕兮，哀民生之多艰"，体现了他对人民苦难的同情和对国家命运的担忧。屈原对楚国的忠诚和正直是他的重要品质。他坚持正道直行，竭尽忠诚和智慧来辅助君主，但最终却被谗邪的小人离间，导致被疏远和流放。尽管如此，他依然坚守自己的信念，不与邪恶势力同流合污。屈原的悲剧命运令人扼腕叹息。他虽有高尚的品德和卓越的才能，却因小人的陷害而被流放，最终投江自尽。然而，他的精神和作品却流传千古，激励着后人为了理想和正义而奋斗。屈原的忧国忧民情怀和忠诚正直的品质，成为了中国传统文化中重要的精神财富。他的作品和精神激励了无数文人墨客，成为后世追求理想和正义的典范。

故事三：林则徐虎门销烟

道光十八年，鸿胪寺卿黄爵滋请禁鸦片烟，下中外大臣议。则徐请用重典，言："此祸不除，十年之后，不惟无可筹之饷，且无可用之兵。"宣宗深韪之，命入觐，召对十九次。授钦差大臣，赴广东查办。十九年春，至。总督邓廷桢已严申禁令，捕击烟犯，洋商查顿先避回国。则徐知水师提督关天培忠勇可用，令整兵严备。檄谕英国领事义律查缴烟土，驱逐趸船，呈出烟土二万余箱，亲莅虎门验收，焚于海滨，四十余日始尽。请定洋商夹带鸦片罪名，依化外有犯之例，人即正法，货物入官，责具甘结。他国皆听命，独义律支吾未从。

出处：《清史稿・林则徐传》

译文：道光十八年（1838年），鸿胪寺卿黄爵滋上书请求禁止鸦片，道光帝将奏章下发内外朝大臣讨论。林则徐上奏请求采用严厉的刑律，说："吸食鸦片的祸害不除掉，十年后，国家不止没有可以筹措的粮饷，而且没有可以用来作战的士兵。"道光帝深以为然，命林则徐入朝觐见，召林则徐入朝对答十九次。最终任命他为钦差大臣，赴广东查禁鸦片。道光十九年（1839年）春天，林则徐抵达广州。广州总督邓廷桢已经严格申明禁烟令，抓捕打击烟犯，洋商查顿事先躲避回到本国。林则徐知道水师提督关天培忠诚勇敢值得任用，就让关天培整理军队严格戒备。林则徐发布通知晓谕英国领事义律清查上缴鸦片烟，驱逐趸船，恭敬地献出烟土二万多箱，林则徐亲自到虎门查验收缴的烟土，在海边焚化，四十多天才全部销毁。林则徐又上书请求确定洋商夹带鸦片的罪名，依据境外有触犯的先例，罪犯立即正法，货物没收放到官府，责令向官府提交保证书。其他国家都听从了官府命令，只有义律应付搪塞没有听从。

解读：鸦片的大量输入严重损害了吸食者的健康，造成白银外流，直接破坏社会生产，也使得清廷财政陷入困境，并使吏治日趋腐败，军队失去战斗力。林则徐受命禁烟，是在外临强敌，内对奸臣的关头。林则徐在面对强大的外敌和内部的阻力时，毅然决然地站出来，采取果断行动，展现了他强烈的爱国精神和民族责任感。他誓言："苟利国家生死以，岂因祸福避趋之。"虎门销烟是中国近代史上反帝斗争中的光辉一页，是中国人民反侵略斗争史上第一个伟大胜利。这一壮举维护了民族的尊严和利益，增长了中国人民的斗志。同时，林则徐的行动也激发了全国人民的爱国热情，为后来的反侵略斗争奠定了基础。虎门销烟不仅在当时取得了显著成效，遏制了鸦片在中国的泛滥，也向世界表明了中国人民反抗外来侵略的决心。西方以英国为代表的列强借口虎门销烟发动了鸦片战争，清政府的抵抗虽节节败退，但林则徐的爱国精神和民族气节永远值得后人铭记。

故事四：钱学森回国效力

1949年10月1日，中华人民共和国成立的消息传到美国，钱学森深感振奋，决定立即回国效力。当时，钱学森已经是美国加州理工学院喷气推进中心主任、教授，地位崇高，待遇优厚。然而，他毅然决定放弃这些优越条件，回到祖国。然而，钱学森的归国之路并不顺利。美国军方得知他要回国后，试图以优厚条件挽留他，但钱学森坚决拒绝。美国海军次长金布尔甚至表示："钱学森无论走到哪里，都抵得上5个师的兵力。宁可毙了他，也不能放他回红色中国。" 为了阻止他回国，美国政府对他进行了软禁和监视。在被软禁期间，钱学森通过秘密渠道向中国政府发出求援信。这封信最终被转交到周恩来总理手中。1955年8月1日，中美大使级谈判在日内瓦召开，中国代表以钱学森的信件为依据，要求美国释放他。最终，美国政府在国际舆论的压力下，不得不放行。1955年9月17日，钱学森一家登上"克利夫兰总统号"邮轮，正式踏上归国之路。在归国途中，他收到一封署名为父亲的电报，提醒他在抵达香港之前切勿下船。钱学森深知这封电报的深意，一路上谨遵嘱咐，最终安全抵达香港，并从罗湖桥进入大陆。

出处：《中国航天事业的奠基人——钱学森》

解读：钱学森的回国之路充满了艰难险阻，但他始终心系祖国，决心为祖国的建设事业贡献力量。他的行为体现了强烈的爱国精神和民族责任感。此外，钱学森在面对美国政府的软禁和威逼时，毫不动摇，坚决拒绝了美国的挽留。他的决心和信念最终帮助他克服重重困难，成功回国。回国后，钱学森迅速投身于中国的航空和国防建设。他主持和参与了多项重大科研项目，为中国的导弹、火箭技术的发展做出了巨大贡献。他的回国使中国在导弹和原子弹领域的发展至少向前推进了20年。因此，钱学森不仅是一位杰出的科学家，更是一位具有高尚品德的爱国者。他放弃了在美国的优厚待遇，选择回到祖国，为国家的繁荣富强贡献自己的力量。总之，钱学森回国效力的故事不仅展现了他个人的高尚品德和爱国精神，也体现了中国政府对海外学子的关心和支持。他的事迹激励着无数海外学子和科技工作者，为祖国的建设事业贡献力量。

【诗词精华】

诗词一：《茅屋为秋风所破歌》

作者：杜甫（唐）

八月秋高风怒号，卷我屋上三重茅。
茅飞渡江洒江郊，高者挂罥长林梢，下者飘转沉塘坳。
南村群童欺我老无力，忍能对面为盗贼。
公然抱茅入竹去，唇焦口燥呼不得，归来倚杖自叹息。
俄顷风定云墨色，秋天漠漠向昏黑。
布衾多年冷似铁，娇儿恶卧踏里裂。
床头屋漏无干处，雨脚如麻未断绝。
自经丧乱少睡眠，长夜沾湿何由彻！
安得广厦千万间，大庇天下寒士俱欢颜，风雨不动安如山！
呜呼，何时眼前突兀见此屋，吾庐独破受冻死亦足！

诗词鉴赏：此诗作于公元761年（唐肃宗上元二年）八月。当时安史之乱尚未平息，诗人由自身遭遇联想到战乱以来的万方多难，感慨万千，写下了这篇脍炙人口的诗篇。杜甫在这首诗中通过描写自己茅屋被秋风吹破的苦况，表达了对天下寒士的深切关怀和忧国忧民的情怀。诗中不仅描写了个人的痛苦，更通过这种痛苦来反映社会的苦难和时代的不幸。这首诗可分为四节，每节各有重点。第一段通过“风怒号”“卷我屋上三重茅”等描写，生动地展现了秋风的猛烈和茅屋的破败。第二段通过“南村群童欺我老无力”等描写，反映了诗人生活的困苦和无奈。第三段通过“床头屋漏无干处”等描写，进一步展现了生活的艰难。最后一段通过“安得广厦千万间，大庇天下寒士俱欢颜”等描写，表达了诗人对改善社会状况的强烈愿望。杜甫运用了丰富的修辞手法，如拟人（“风怒号”）、比喻（“布衾多年冷似铁”）、夸张（“雨脚如麻未断绝”）等，使诗歌生动形象，富有感染力。这首诗不仅反映了杜甫个人的生活困境，更表达了他对社会底层人民的同情和对国家命运的忧虑。诗中的“安得广厦千万间，大庇天下寒士俱欢颜”体现了杜甫的博大胸襟和崇高理想，表达了他先人后己、大公无私的高尚品质。

诗词二：《满江红》

作者：岳飞（宋）

怒发冲冠，凭阑处、潇潇雨歇。抬望眼，仰天长啸，壮怀激烈。三十功名尘与土，八千里路云和月。莫等闲，白了少年头，空悲切。

靖康耻，犹未雪；臣子恨，何时灭？驾长车，踏破贺兰山缺。壮志饥餐胡虏肉，笑谈渴饮匈奴血。待从头，收拾旧山河，朝天阙。

诗词鉴赏：这首词充满了激昂的爱国情怀和强烈的民族义愤。岳飞通过对自身经历的描写，表达了他对国家的忠诚和对敌人的仇恨。词中的“怒发冲冠”“壮怀激烈”等词句，生动地展现了岳飞内心的愤怒和对收复失地的强烈渴望。全词分为上下两片。上片主要描写岳飞的内心世界和壮志豪情，通过“三十功名尘与土”“八千里路云和月”等词句，展现了他不求功名、一心报国的决心。下片则进一步表达了他对国家的忠诚和对敌人的仇恨，通过“靖康耻，犹未雪”“臣子恨，何时灭”等词句，将情感推向高潮。岳飞运用了丰富的修辞手法，如夸张（“壮志饥餐胡虏肉，笑谈渴饮匈奴血”）、比喻（“三十功名尘与土”）、对仗（“靖康耻，犹未雪；臣子恨，何时灭”）等，使词句更加生动形象，富有感染力。这首词创作于南宋时期，当时金兵入侵，国家处于危难之中。岳飞作为南宋的著名将领，一生致力于抗击金兵，收复失地。这首词反映了他内心的痛苦和对国家命运的忧虑。《满江红》不仅是一首抒发个人情感的词，更是一首反映时代精神的爱国名篇。它表达了岳飞“精忠报国”的英雄气概和对国家的忠诚，激励了无数后人为国家的独立和民族的尊严而奋斗。总之，《满江红》以其激昂的情感、雄浑的气势和深刻的内涵，成为中国古代文学中的经典之作，激励着一代又一代的中国人。

诗词三：《从军行》（其四）

作者：王昌龄（唐）

青海长云暗雪山，孤城遥望玉门关。
黄沙百战穿金甲，不破楼兰终不还。

诗词鉴赏：这首诗通过描写边塞的艰苦环境和战士们的英勇无畏，表达了战士们为保卫祖国矢志不渝的崇高精神。诗中“黄沙百战穿金甲，不破楼兰终不还”展现了战士们不畏艰难、誓死保卫国家的决心。诗的前两句“青海长云暗雪山，孤城遥望玉门关”描绘了一幅苍凉的边塞景象，青海湖上乌云密布，连绵雪山一片黯淡，边塞古城与玉门关遥遥相望，营造出一种壮阔而悲凉的氛围。王昌龄运用了简洁而生动的语言，如“黄沙百战穿金甲”，通过“黄沙”“百战”“穿金甲”等词语，生动地描绘了战士们在艰苦环境中的战斗生活，同时也体现了战士们的英勇无畏。这首诗创作于盛唐时期，当时国力强盛，君主锐意进取、卫边拓土，人们渴望在这个时代崭露头角、有所作为。王昌龄通过这首诗反映了当时边塞战士的生活和精神面貌。《从军行》（其四）不仅描绘了边塞的艰苦环境，更通过战士们的英勇无畏，展现了盛唐时期人们为国家和民族奋斗的精神风貌以及责任与担当。这种精神激励了无数后人，成为盛唐气象的典型代表。总之，《从军行》（其四）以其雄浑的意境、生动的语言和深刻的思想内涵，成为中国古代边塞诗的经典之作。

诗词四：《杂诗》

作者：曹植（魏）
仆夫早严驾，吾将远行游。
远游欲何之？吴国为我仇。
将骋万里途，东路安足由？
江介多悲风，淮泗驰急流。
愿欲一轻济，惜哉无方舟。
闲居非吾志，甘心赴国忧。

诗词鉴赏：曹植的《杂诗》是其众多诗作中的一首，展现了诗人对人生、命运以及个人责任的深刻思考。这首诗通过对旅途的描写，隐喻了诗人对自身使命和担当的感悟。“仆夫早严驾，吾将远行游”，这两句诗开篇点题，诗人通过“早严驾”（早早备好车马）的动作，表达了自己即将踏上征程的决心。这里的“远行游”并非简单的游历，而是隐喻着诗人对使命的担当。这两句诗不仅描绘了诗人出发前的准备，更暗示了他内心的使命感。曹植意识到自己肩负着为国家、为人民承担责任的使命，这种担当意识贯穿全诗。“远游欲何之？吴国为我仇”，诗人明确了自己的目标——远游的目的是为了对抗吴国，为国家解除外患。这里的“吴国为我仇”不仅表达了对敌人的仇恨，更体现了诗人对国家的责任感。这两句诗直接点明了诗人的目标，他将个人的命运与国家的命运紧密联系在一起，体现了强烈的爱国情怀和担当精神。“将骋万里途，东路安足由？江介多悲风，淮泗驰急流”，这四句诗描绘了旅途的艰难险阻。诗人意识到，前往吴国的路途遥远且充满危险，但他依然坚定地选择了前行。这几句诗通过对旅途艰难的描写，展现了诗人面对困难时的坚定决心。他不畏艰险，勇于担当，体现了对国家和民族的责任感。“愿欲一轻济，惜哉无方舟”，这两句诗表达了诗人的遗憾。他渴望能够迅速渡过江河，但苦于没有船只。这里的“无方舟”象征着诗人面临的困境，但他并未因此放弃。这两句诗不仅展现了诗人的遗憾，更体现了他的坚守。即使面临困境，他依然不放弃使命，这种坚守正是担当精神的体现。“闲居非吾志，甘心赴国忧”，这两句诗总结了全诗的主旨。诗人明确表示，闲居的生活不是他的志向，他愿意为国家的忧患贡献自己的力量。这两句诗是诗人对责任与担当的直接表达。他将自己的人生价值与国家的命运紧密联系在一起，体现了强烈的使命感和责任感。从诗歌的主题与寓意角度分析，这首诗的核心主题是使命与担当。曹植通过“远游”“赴国忧”的描写，表达了自己对国家的责任感和使命感。他意识到个人的命运与国家的命运紧密相连，愿意为国家的安危贡献自己的力量。诗人在诗中多次提到旅途的艰难险阻，但他依然坚定地选择了前行。这种不畏艰险、勇于担当的精神，体现了他对使命的坚守和对国家的忠诚。曹植在诗中也明确表示，闲居的生活不是他的志向，他愿意为国家的忧患贡献自己的力量。这种将个人志向与国家命运紧密结合的精神，体现了他的高尚品质和担当意识。从艺术手法的角度来看，曹植在诗的开篇就点明了主题，表达了自己即将踏上征程的决心。这种直抒胸臆的手法，使诗歌的主旨更加鲜明，也体现了诗人对使命的担当意识。诗人通过对旅途艰难的描写，隐喻了自己在实现使命过程中的困难与挑战。这种描写不仅增强了诗歌的艺术感染力，也突出了诗人对责任的坚守。诗人通过“闲居非吾志，甘心赴国忧”的对比，强化了自己对使命的担当精神。这种对比不仅使诗歌更具思想深度，也体现了诗人高尚的品质。综上所述，曹植的《杂诗》（仆夫早严驾）是一首充满责任与担当精神的诗作。通过对旅途的描写，诗人表达了对国家的忠诚、对使命的坚守以及对困难的无畏。这首诗不仅语言简洁明快，更通过直抒胸臆、旅途描写和对比反衬等手法，生动地展现了责任与担当的重要性。它不仅是曹植个人品质的体现，也是中国古代文学中关于责任与担当的经典之作，对现代社会仍具有重要的启示意义。

诗词五：《少年行》（其二）

作者：王维（唐）
出身仕汉羽林郎，初随骠骑战渔阳。
孰知不向边庭苦，纵死犹闻侠骨香。

诗词鉴赏：“出身仕汉羽林郎，初随骠骑战渔阳”，这两句诗描绘了少年游侠投身军旅、保家卫国的场景。“出身仕汉”表明少年们为了国家的安宁，选择加入羽林军，成为国家的守护者。“初随骠骑战渔阳”进一步说明了他们跟随名将（骠骑将军）奔赴边疆，参与战斗。这两句诗不仅展现了少年们对国家的责任感，更体现了他们勇于担当的精神。他们深知保家卫国是自己的使命，因此毫不犹豫地投身战场，展现了高度的责任感。“孰知不向边庭苦，纵死犹闻侠骨香”，这两句诗表达了少年们对艰苦环境的无畏和对责任的坚守。“边庭苦”暗示了边疆环境的恶劣和战斗的艰苦，但少年们并不畏惧，他们愿意为了国家的安宁不惜牺牲生命。“纵死犹闻侠骨香”则进一步强调了他们对责任的坚守，即使牺牲，也要留下英勇无畏的美名。这两句诗通过对比“边庭苦”与“侠骨香”，突出了少年们对责任的坚守。他们不仅勇于面对困难，更愿意为了国家的安宁付出一切代价。这种不畏艰险、勇于担当的精神令人敬佩。从诗歌的主题与寓意来看，这首诗的核心主题是责任与担当。王维通过少年游侠的形象，展现了他们对国家的忠诚和对使命的坚守。少年们深知保家卫国是自己的责任，因此毫不犹豫地投身战场，展现了高度的责任感和担当精神。诗中通过“边庭苦”的描写，展现了少年们对艰苦环境的无畏。他们不仅勇于面对困难，更愿意为了国家的安宁付出一切代价。这种不畏艰险、勇于担当的精神是这首诗的核心。诗中“纵死犹闻侠骨香”一句，进一步强调了少年们对使命的坚守。他们愿意为了国家的安宁不惜牺牲生命，这种牺牲精神体现了他们对责任的最高诠释。从艺术手法来看，王维通过“边庭苦”与“侠骨香”的对比，突出了少年们对责任的坚守。这种对比不仅使诗歌更具思想深度，也强化了担当意识，展现了少年们不畏艰险、勇于担当的精神。这首诗还采用了直抒胸臆的手法，直接表达了少年们对国家的责任感和对使命的坚守。这种手法使诗歌的主旨更加鲜明，也更容易引发读者的共鸣。王维用简洁明快的语言，描绘了少年们投身军旅、保家卫国的场景。这种简洁的语言风格使诗歌更具感染力，也更容易突出责任与担当的主题。综上所述，王维的《少年行》（其二）是对责任与担当精神的生动展现。通过对少年游侠投身军旅、保家卫国的描写，诗人展现了他们对国家的忠诚和对使命的坚守。这首诗不仅语言简洁明快，更通过对比手法和直抒胸臆的方式，突出了责任与担当的主题。它不仅是王维诗歌中的经典之作，也是中国古代文学中关于责任与担当的经典篇章，对现代社会仍具有重要的启示意义。

【阅悟人生】

在人生的漫漫征途中，责任与担当犹如熠熠生辉的星辰，照亮我们前行的道路，给予我们无尽的启迪与力量。责任，是生命的底色，是我们在世间行走的基石。它源自内心的自觉，是对自己、对他人、对社会的庄重承诺。当我们肩负起责任，便拥有了面对生活的勇气与担当。它让我们在平凡的日子里，感受到生命的厚重与意义。无论是家庭中的亲情守护，还是职业中的敬业奉献，责任都如同一盏明灯，指引着我们坚守初心，不迷失方向。担当，则是责任的升华，是灵魂的高贵与力量的彰显。它是在关键时刻挺身而出的勇气，是在困难面前不退缩的决心。担当让我们在面对生活的风雨时，能够成为自己的英雄，成为他人的依靠。它教会我们在挫折中成长，在挑战中前行。在现代社会，责任与担当更是时代的呼唤。我们生活在一个充满机遇与挑战的时代，面对复杂多变的社会环境，只有勇于承担责任，敢于担当，才能在时代的浪潮中立于不败之地。

责任与担当的人生感悟，让我们明白，生命的意义不在于拥有多少，而在于我们能够为他人、为社会付出多少。每一次责任的履行，每一次担当的践行，都是我们生命价值的体现。它们让我们在岁月的沉淀中，收获成长与智慧，也让我们在人生的舞台上，绽放出独特的光芒。在现代生活中，责任与担当的启示更为深刻。它提醒我们，在追求个人梦想的同时，不要忘记对家庭的关爱、对社会的责任。在快节奏的生活中，我们可能会被各种诱惑和压力所困扰，但责任与担当能够让我们保持清醒的头脑，坚守内心的信念。它们激励我们在面对困难时，不退缩、不放弃，用实际行动去创造美好的未来。

让我们以责任为基石，以担当为旗帜，在人生的道路上，勇敢地迈出每一步。用我们的智慧和汗水，书写属于自己的精彩篇章，为家庭、为社会、为时代贡献自己的力量。

【写作锦囊】

写作训练

以“担当的力量”为题，写一篇800字记叙文，围绕“责任与担当”的主题展开叙述。注意通过人物的言行、心理活动以及环境描写，展现责任与担当在个人成长和社会生活中的重要性，让人物的情感和故事的意义真实可感。或者以“责任与担当：时代的呼唤”为题，写一篇800字议论文，结合历史、现实和理论，论证责任与担当对个人和社会的重要性。要求论点明确，论证严密，层次清晰。

写作提示

记叙文：在记叙文中，责任与担当可以通过一个具体的故事来展现。比如，可以讲述一个人在面对困难时如何主动承担责任，或者一个团队在危机中如何通过担当走出困境。通过人物的内心挣扎、行为表现以及周围环境的描写，突出责任与担当的重要性。例如，可以描写一个年轻人在家庭遭遇经济危机时，如何放弃学业，选择打工补贴家用。通过描写他在工厂里辛勤工作的背影，以及他在面对家人时的坚定眼神，展现他内心的担当。此外，可以通过对比手法，描写另一个逃避责任的人在面对困难时的退缩，从而形成鲜明的反差。在叙述过程中，可以通过细节描写增强感染力。比如，描写他在车间里满是老茧的双手，或是他在深夜思考家庭未来时的沉思；还可以通过环境描写烘托氛围，比如昏暗的灯光下他疲惫的身影，或是清晨第一缕阳光照在他脸上时的希望。这些细节不仅能让故事更加生动，也能让读者感受到责任与担当的深刻意义。此外，可以通过人物的内心独白，展现他对责任的思考。比如，他可能会在内心告诉自己：“家是我最坚实的后盾，我必须为它负责。”这种心理描写能够让故事更加真实感人，也让主题更加深入人心。

议论文：在议论文中，责任与担当可以从理论层面进行探讨，结合历史、现实和哲学观点，阐述其重要性。首先，可以从历史角度切入，列举一些著名人物通过责任与担当成就伟大事业的故事，比如林则徐虎门销烟的担当，或是在抗日战争中无数英雄的挺身而出。这些例子不仅能够增强论点的说服力，还能让文章更具文化底蕴。接着，可以从现实角度分析责任与担当在当今社会的意义。比如，在个人层面，责任是对自己和家人的关爱，担当是对事业的执着；在社会层面，责任与担当是推动社会进步、维护公平正义的关键。可以结合社会现象，如抗疫一线医护人员的无私奉献、志愿者的默默付出，进一步论证这一观点。此外，可以从哲学或社会学角度探讨责任与担当的内在价值。比如，责任是一种对自我的约束，是对他人和社会的尊重；担当是一种勇气，是在关键时刻挺身而出的品质。可以引用一些名言警句，如“天下兴亡，匹夫有责”“责任重于泰山”，来增强文章的深度和说服力。最后，可以结合个人或社会的实际，提出一些建议。比如，如何在生活中培养责任意识，如何通过教育和制度建设提升社会的担当精神。通过层层递进的论述，让读者不仅理解责任与担当的重要性，还能从中获得启发和力量。

第九讲：谦恭与谦逊

【主题解读】

一、谦恭：心灵的宁静与灵魂的谦卑

谦恭，如同清晨的露珠，纯净而透明，折射出心灵的宁静与美好；又似山谷中的回音，虽轻柔却能穿透心灵的深处。它是人性中最温柔的美德，是灵魂在尘世行走时最质朴的修养。

在生活的每一个角落，谦恭都散发着独特的光芒。在家庭中，谦恭是长辈对晚辈的耐心教导，是晚辈对长辈的恭敬回应。它是父母在孩子犯错时的温柔提醒，是子女在父母疲惫时的贴心关怀。在家庭的日常点滴中，谦恭是餐桌上的轻声细语，是争吵后的主动和解，是岁月沉淀下的爱与包容。在社会的舞台上，谦恭更是多元而深刻的体现。领导者以谦恭之心对待下属，用尊重与关怀凝聚人心；普通人以谦恭之心对待他人，用微笑和礼貌传递温暖。

谦恭，是一种无声的力量，它让我们在面对荣誉和成就时，依然能够保持内心的平静。它是内心深处的一种自觉，让我们明白，真正的伟大并非来自外在的光环，而是来自内心的谦逊与善良。正如老子所说："夫唯不争，故天下莫能与之争。"谦恭，正是让我们在认识到自身渺小的同时，依然能够以温柔的姿态去面对世界。

二、谦逊：灵魂的高贵与智慧的光芒

谦逊是灵魂的高贵与智慧的光芒。它不仅仅是对他人的一种尊重，更是一种对自己内心世界的深刻洞察和主动修炼。在历史的长河中，无数智者用他们的谦逊书写了人生的智慧篇章。孔子"三人行，必有我师焉"，他以谦逊之心向每一个人学习，成就了千古圣人的美誉；苏格拉底"我唯一知道的就是我一无所知"，他以谦逊的姿态探索真理，成为西方哲学的奠基人。这些伟大的灵魂，用他们的谦逊为人类留下了宝贵的精神财富，也启示着我们在面对知识和智慧时，永远保持一颗学习的心。在当今时代，谦逊同样有着重要的意义。它是科学家在探索未知时的敬畏之心，是对真理的追求不懈；是企业家在成功后的低调与内敛，是对市场的尊重和对未来的谨慎；是每一个普通人面对他人时的真诚与友善，是对生活的热爱和对世界的尊重。

谦逊，让我们在面对生活的喧嚣时，能够保持内心的宁静；让我们在面对他人的成就时，能够真诚地送上祝福。谦恭与谦逊，相辅相成，缺一不可。谦恭是谦逊的基础，谦逊是谦恭的升华。只有将谦恭与谦逊紧密结合起来，我们才能在人生的道路上走得更加从容，成为真正的智者。在生活的舞台上，我们每个人都肩负着不同的角色，也面临着各种各样的挑战。在这个过程中，我们需要用谦恭来约束自己，用谦逊来激励自己。当我们面对他人的批评时，不能只是反驳，而要虚心接受，用行动去改进；当我们面对自己的成就时，不能沾沾自喜，而要用谦逊去迎接新的挑战。只有这样，我们才能在人生的旅途中，留下属于自己的美好足迹。谦恭与谦逊，是一种精神的力量，它让我们在面对生活的琐碎时，依然能够坚守内心的善良；它让我们在面对世界的复杂时，依然能够保持灵魂的纯净。让我们以谦恭为基石，以谦逊为旗帜，在生命的征程中，书写属于自己的美好篇章。

【名言精粹】

名言一：谦虚温谨，不以才地矜物。

出处：《晋书·王湛传》

解读：王湛，字处冲，是东晋著名学者，以谦逊、谨慎和博学著称。这句话的意思是，王湛为人谦虚谨慎，从不因自己的才能和地位而傲慢待人。这种品质不仅在当时受到人们的赞誉，也成为后世评价一个人品德的重要标准。“谦虚温谨”指的是为人谦逊、温和、谨慎，不张扬、不傲慢。“不以才地矜物”则强调，即使一个人有才能和地位，也不应因此而自高自大，傲慢待人。这里的“才地”指的是才能和地位，“矜物”则是指傲慢、自大。谦虚是一种内在的修养，它体现了一种对自身能力的清醒认知和对他人尊重的态度。谦虚的人不会因自己的成就而自满，也不会因他人的不足而轻视。这种品质不仅有助于个人的成长和发展，还能赢得他人的尊重和信任。这句话强调，即使一个人拥有高超的才能和显赫的地位，也不应因此而骄傲自满。谦虚不是掩盖才能，而是更好地发挥才能的一种方式。一个谦虚的人能够更好地与他人合作，发挥团队的力量，从而取得更大的成就。在社会交往中，谦虚是一种重要的社交美德。谦虚的人更容易与他人建立良好的关系，因为他们尊重他人的意见和感受，不会因自己的成就而轻视他人。这种尊重和理解能够减少冲突，增进合作，促进社会的和谐发展。

名言二：不骄方能师人之长，而自成其学。

出处：《论学者不当骄人》

解读：这句话的意思是，只有不骄傲自满，才能虚心学习他人的长处，从而形成自己的学问。这句话深刻揭示了谦逊与学习之间的关系，强调了谦逊在个人成长和学问积累中的重要性。谦逊使人能够认识到自己的不足，从而保持开放的心态，愿意向他人学习。骄傲自满则会让人陷入自我满足的陷阱，忽视他人的优点和长处，从而失去学习和进步的机会。一个人的才能和知识是有限的，只有通过不断学习他人的长处，才能弥补自己的不足，丰富自己的知识体系。这句话提醒我们，要善于发现他人的优点，并虚心向他人请教。谦逊不仅有助于个人的学习和成长，更是成就学问的关键。只有通过不断学习和积累，才能形成自己的学术成果。这句话强调了谦逊在学问积累中的重要性。总之，“不骄方能师人之长，而自成其学”不仅是一句关于学习的名言，更是一种为人处世的智慧。它提醒我们在任何时候都要保持谦逊的态度，不断学习他人的长处，从而实现个人的成长和进步。

名言三：劳谦虚己，则附之者众；骄慢倨傲，则去之者多。

出处：《抱朴子·外篇·刺骄》

解读：葛洪字稚川，号抱朴子，是东晋时期的道教理论家、著名学者和炼丹家。《抱朴子》分为内篇和外篇，内篇主要讲述道教的修炼和理论，外篇则多涉及社会、政治和道德伦理等方面的内容。《刺骄》是外篇中的一篇，专门批判骄慢之风，强调谦虚的重要性。在当时的社会背景下，葛洪看到许多人在取得一定成就后变得骄傲自满，从而导致人际关系的破裂和社会地位的丧失。因此，他通过《刺骄》一文，批判了这种不良风气，倡导人们保持谦虚的态度。“劳谦虚己”：这里的“劳”指的是勤劳、努力；“谦”指谦逊、低调；“虚己”则是指虚心待人，不自满。这句话的意思是，一个人如果勤劳、谦逊、虚心待人，就会赢得他人的尊重和亲近。“骄慢倨傲”：这里的“骄”指骄傲自满；“慢”指怠慢、轻视；“倨傲”则是指傲慢无礼。这句话的意思是，一个人如果骄傲自满、怠慢他人、傲慢无礼，就会导致身边的人逐渐疏远他。因此，“劳谦虚己，则附之者众；骄慢倨傲，则去之者多”这句名言不仅揭示了谦虚与傲慢在人际关系和社会交往中的截然不同的影响，还强调了谦虚在个人修养和社会交往中的重要性。谦虚不仅是一种美德，更是一种智慧。它能够帮助我们在个人成长中不断进步，在社会交往中赢得尊重，在职业发展中取得成功。无论在哪个时代，保持谦虚的态度都是我们走向成功的重要保障。通过自我反思、尊重他人、合作与分享，我们可以在个人和社会层面实现更大的进步和发展，从而实现个人与社会的共同繁荣。

名言四：谦谦君子，卑以自牧。

出处：《易传·象传上·谦》

解读：“谦谦君子，卑以自牧”是《易经》第六十四卦“谦卦”的象辞。《易经》是中国古代重要的哲学经典之一，成书于西周初年，经过春秋战国时期儒家学者的整理和注释，成为儒家经典之一。在《易经》中，“谦卦”象征着谦逊的美德，强调通过谦逊来修身养性。“谦谦君子”指的是谦逊有礼的君子；“卑以自牧”中的“卑”指谦卑，“牧”有“守”“管理”的意思，整个短语的意思是通过谦卑的态度来自我约束和修养。这句话强调，即使处于高位或拥有成就，君子也应保持谦逊，不自满、不自大，通过自我约束来提升自己的品德。这句话强调了谦逊在个人修养中的重要性。谦逊不仅是外在的表现，更是一种内在的修养。谦逊的人能够认识到自己的不足，愿意向他人学习，从而不断提升自己的品德和能力。

即使处于高位或拥有成就，君子也应保持谦逊，不自满、不自大。这种平衡体现了儒家思想中“中庸”的理念，即在任何情况下都要保持适度，避免极端。谦逊的人更容易与他人建立良好的关系，因为他们尊重他人的意见和感受，不会因自己的成就而轻视他人。这种尊重和理解能够减少冲突，增进合作，促进社会的和谐发展。

名言五：满招损，谦受益。

出处：《尚书·大禹谟》

解读：这句话的意思是，骄傲自满会招致损失，而谦虚谨慎则会带来益处。它强调了谦逊在个人修养、事业发展和社会交往中的重要性，是儒家思想中关于谦逊美德的典型表达。这句话最早见于《尚书·大禹谟》，原文为：“满招损，谦受益，时乃天道。”。这句话是伯益劝告大禹时所说，意在提醒大禹即使功绩显赫，也要保持谦逊，不可骄傲自满。后来，这句话被广泛引用，成为劝诫人们保持谦逊、戒骄戒躁的重要格言。“满招损”，指骄傲自满会招致损失。这里的“满”指的是自满、骄傲，而“损”则是指损失、损害。“谦受益”，指谦虚谨慎会带来益处。这里的“谦”指的是谦逊、虚心，而“益”则是指益处、好处。这句话揭示了谦逊与成功之间的辩证关系。谦逊使人能够认识到自己的不足，从而保持学习和进步的动力。而骄傲自满则会让人停止学习，甚至忽视他人的意见和建议，从而导致失败。谦逊的人更容易与他人建立良好的关系，因为他们尊重他人的意见和感受。相反，骄傲自满的人往往会引起他人的反感，导致人际关系的破裂。在社会交往中，谦逊是一种重要的社交美德。它能够减少冲突，增进合作，促进社会的和谐发展。而骄傲自满则会引发矛盾，破坏社会的稳定。

名言六：君子泰而不骄，小人骄而不泰。

出处：《论语·子路篇》

解读：这句话是孔子对君子与小人行为和心态的深刻对比，是其在与弟子讨论君子与小人的行为特点时提出的。孔子通过对君子和小人行为的对比，强调了内在修养与外在表现之间的关系。孔子认为，君子和小人的行为差异源于他们不同的内在修养和道德观念。“君子泰而不骄”：君子内心充实、平和，态度安详舒泰却不骄傲自满。“小人骄而不泰”：小人内心空虚、不安，却常常表现出骄傲自满、傲慢无礼。君子之所以“泰而不骄”，是因为他们内心充实、品德高尚，能够做到心态平和、行为得体。他们不会因成就而骄傲，也不会因地位而傲慢，始终保持着谦逊和尊重他人的态度。小人则相反，他们往往内心空虚，却试图通过外在的傲慢来掩饰自己的不足。他们缺乏真正的自信和内在的充实，因此无法做到真正的平和与坦然。

君子的行为和心态是内在修养的自然流露，他们能够做到“无众寡，无小大，无敢慢”，即无论对方地位高低，都能保持尊重和谦逊。而小人则因内心的不安和空虚，表现出“长戚戚”（忧惧的样子），在人群中显得拘谨和不安。这句话提醒我们在日常生活中要保持谦逊和尊重他人的态度，不要因个人的成就或地位而骄傲自满。谦逊不仅是一种美德，也是一种智慧。它能够帮助我们赢得他人的尊重和信任，建立良好的人际关系。

【人物逸事】

故事一：晏子其御者之妻

晏子为齐相，出，其御者之妻从门间而窥其夫。其夫为相御，拥大盖，策驷马，意气扬扬，甚自得也。既而归，其妻请去。夫问其故。妻曰：“晏子长不满六尺，身相齐国，名显诸侯。今者妾观其出，志念深矣，常有以自下者。今子长八尺，乃为人仆御，然子之意自以为足，妾是以求去也。”其后夫自抑损。晏子怪而问之，御以实对。晏子荐以为大夫。

出处：《史记·管晏列传》

译文：晏子担任齐国宰相时，一次外出，他的车夫的妻子从门缝中偷偷观察自己的丈夫。她的丈夫为宰相驾车，头顶华盖，驾驭四匹骏马，神态飞扬，显得十分得意。回家后，妻子提出要离开他。丈夫询问其中的原因，妻子答道：“晏子身高不足六尺，却身为齐国宰相，名扬诸侯。今日我见他出行时，思虑深沉，常显谦逊之态。而你身高八尺，不过是个替人驾车的仆役，但是你的神态却是自己感觉很满足的样子。我因此请求离去。”此后，丈夫开始收敛言行，自我克制。晏子察觉他的变化，感到奇怪就询问他，车夫把实情告诉晏子。晏子欣赏车夫便举荐他做了大夫。

解读：这段话能体现中国传统文化中对谦恭美德的追求，首先感受到的是晏子之谦，感受晏子位高而自守的智者风范。这种风范在形矮德高的象征性对照中展现出来。晏子“长不满六尺”的生理缺陷与“身相齐国，名显诸侯”的功业形成强烈反差，暗示真正的尊严不源于外在形貌或权势，而是内在的谦卑自持。晏子“志念深矣，常有以自下者”的举止，恰如《周易》所言：“谦尊而光，卑而不可逾”——谦卑者因其低姿态反显精神高度。借助文段我们可以窥见晏子谦恭背后的精神境界。晏子身为宰相却无骄矜之气，其“自下”不仅是社交礼仪，更是对自身局限的清醒认知。这种谦恭源于对权力的敬畏、对责任的审慎，暗合老子“大者宜为下”的智慧，彰显居高位者“高处不胜寒”的自我约束。对谦恭美德的追求亦可以从车夫之变感受到，感受他从张扬到自抑的修身历程。车夫“拥大盖，策驷马，意气扬扬”的浮夸姿态，恰似《论语》所讽“色取仁而行违”的虚伪。他以驾驭宰相车马的表面荣耀为满足，暴露出对身份符号的盲目崇拜，与晏子内敛的谦德形成鲜明对比。车夫的妻子以“求去”为谏，实为以家庭伦理倒逼丈夫反思：真正的价值不在于外在身份（“为人仆御”），而在于能否以谦逊之心超越现状。车夫“自抑损”的转变，印证了《中庸》“君子之道，暗然而日章”的修身逻辑——收敛锋芒方显德行光辉。文段正是从这两方面让我们认识到谦恭的文化意蕴，认识到从个人品德到治国智慧的延伸，让我们从中认识到谦德的社会教化功能。故事揭示谦恭不仅是个人修养，更是维系社会秩序的精神纽带。妻子以家庭角色介入道德规训，晏子以政治权力奖掖谦德，共同构建了“修身——齐家——治国”的儒家伦理链条。故事还体现了谦卑用人的政治隐喻。晏子举荐知错能改的车夫为大夫，打破了“仆御”与“大夫”的阶级壁垒。此举既是对谦逊品格的认可，亦暗含“宰相起于州部”的用人观——治国者需有包容谦卑者的胸襟，方能“江海不择细流，故能就其深”（《谏逐客书》）。总之，此篇以车夫夫妇的日常对话为切入点，将“谦恭”这一抽象品德具象化为生动的行为对照。晏子的身矮心高、车夫的由骄转谦、妻子的深明大义，共同诠释了谦德的三重境界：对外示弱而不失尊严，对内自省而不断精进，对上容下而天下归心。文中“谦恭”绝非懦弱退缩，而是如大地般厚德载物的生命姿态，至今仍为立身处世之圭臬。

故事二：程门立雪

杨时字中立，南剑将乐人。幼颖异，能属文，稍长，潜心经史。熙宁九年，中进士第。时河南程颢与弟颐讲孔、孟绝学于熙、丰之际，河、洛之士翕然师之。时调官不赴，以师礼见颢于颍昌，相得甚欢。其归也，颢目送之曰：“吾道南矣。”四年而颢死，时闻之，设位哭寝门，而以书赴告同学者。至是，又见程颐于洛，时盖年四十矣。一日见颐，颐偶瞑坐，时与游酢侍立不去，颐既觉，则门外雪深一尺矣。

出处：《宋史·杨时传》

译文：杨时，字中立，是南剑州将乐县人。他自幼聪颖过人，善于写文章。长大后，他潜心研究经典史籍。熙宁九年（1076年），杨时考中进士。当时，河南的程颢和他的弟弟程颐讲解孔子和孟子的学说，黄河和洛水一带的学者纷纷拜他们为师。杨时被调任官职但没有赴任，而是以弟子的礼节去颍昌拜见程颢，两人相处得非常融洽。杨时离开时，程颢目送他说：“我的学问传到南方去了。”四年后，程颢去世，杨时听说后，特意设灵位在卧室中痛哭，并写信通知程颢的其他弟子。后来，杨时又到洛阳拜见程颐，当时他已经四十岁了。有一天，杨时去见程颐，程颐偶然闭目静坐，杨时和游酢侍立在旁，没有离开。等到程颐醒来时，门外的雪已经积了一尺深。

解读：“程门立雪”是中国古代尊师重道的典范故事。杨时和游酢为了向程颐请教学问，冒着大雪在门外等待，直到程颐醒来，门外的雪已深一尺。这种对老师的尊敬和对学问的虔诚态度，体现了古代学者对师道的尊重和对知识的敬畏。杨时和游酢在程颐面前表现出了谦虚好学的精神。他们不仅虚心请教，还以恭敬的态度等待老师醒来，展现了对知识的渴望和对学术的敬畏。这种精神不仅帮助他们获得了知识，也赢得了后世的敬佩。此外，在大雪中站立等待，体现了杨时和游酢坚定的求学毅力。他们不畏严寒，坚守信念，这种毅力是他们成功的重要因素。这种精神也激励着后人在求学路上不畏艰难，坚持到底。“程门立雪”告诉我们，在求学过程中，谦虚和尊重是必不可少的品质。只有尊重老师，才能获得知识；只有谦虚，才能不断进步。这种精神不仅适用于古代，同样适用于现代教育，提醒我们在学习中要保持敬畏之心，尊重师长。综上所述，“程门立雪”故事的核心在于“尊师重道”和“谦虚好学”。杨时和游酢的行为展现了他们对老师的尊重和对知识的谦逊态度。他们没有因为自己的成就而自满，而是始终保持谦虚，向老师请教。这种谦虚不仅体现在他们对老师的恭敬上，也体现在他们对知识的敬畏上

故事三：孔融让梨

昔孔融年四岁，与诸兄同食梨，融独择小者。人问其故，答曰：“吾年幼，当取小者。”

出处：《后汉书·孔融传》

译文：从前，孔融四岁时，和哥哥们一起吃梨。孔融独自挑选了一个最小的梨。有人问他为什么这样做，他回答说：“我年纪小，应该拿小的。”

解读：孔融让梨的故事体现了尊老爱幼的传统美德。孔融作为年幼者，主动将大梨让给兄长和父母，展现了他从小懂得尊重长辈、关爱晚辈的高尚品德。这种谦让不仅是一种礼貌，更是一种对他人的尊重和关爱。孔融四岁就能展现出如此谦让的品德，说明从小培养良好品德的重要性。良好的品德修养能够为一个人的未来发展打下坚实的基础，帮助他们在社会中更好地与他人相处。孔融让梨的故事传递了一个重要的价值观：谦虚和尊重他人是为人处世的重要品质。通过谦让，孔融不仅赢得了家人的赞赏，也成为了后世传颂的美德典范。这种品德不仅适用于家庭，也适用于社会生活的各个方面。谦让是一种美好的品德，它能够促进家庭和社会的和谐。当每个人都学会谦让时，人与人之间的关系会更加融洽，社会也会更加美好。孔融让梨的故事告诫后学之徒要学会谦让，在谦让中学会生活，学会发展进步。

故事四：扁鹊自认医术最差

魏文王问扁鹊曰：“子昆弟三人其孰最善为医？”

扁鹊曰：“长兄最善，中兄次之，扁鹊最为下。”

魏文王曰：“可得闻邪？”

扁鹊曰：“长兄于病视神，未有形而除之，故名不出于家。中兄治病，其在毫毛，故名不出于闾。若扁鹊者，镵血脉，投毒药，副肌肤，故名出闻于诸侯。”

魏文王曰：“善。”

出处：《鹖冠子·世贤》

译文：魏文王问扁鹊说："你们兄弟三人，谁最擅长行医？"

扁鹊回答说："我的长兄最擅长，二哥次之，我最差。"

魏文王说："可以详细说说吗？"

扁鹊说："我的长兄在疾病尚未显现症状时就能看出病因并加以治疗，因此他的名声只在家中传播。我的二哥在疾病刚刚出现细微迹象时就能治疗，因此他的名声只在邻里之间传播。至于我，只能在疾病已经严重到需要针刺血脉、投用毒药、切开肌肤时才进行治疗，因此我的名声传遍了诸侯各国。"

魏文王说："说得好。"

解读：扁鹊是春秋战国时期著名的医学家，以高超的医术闻名于世。然而，在这个故事中，扁鹊却自认医术最差。魏文王询问扁鹊三兄弟中谁的医术最高明，扁鹊回答说大哥医术最好，二哥次之，自己最差。他解释说，大哥能够在病情尚未显现时就通过观察人的精神状态提前预防，铲除病因，因此他的名声仅限于家中；二哥能够在病情初起时就及时治疗，虽然药到病除，但人们只认为他擅长治小病，所以名声仅限于乡里；而扁鹊则是在病情严重时才进行治疗，通过针刺、放血、敷药等手段，虽然看似神奇，但其实是最下等的医术。这个故事的核心寓意在于"治未病"的理念。所谓"治未病"，是指在疾病尚未形成或症状尚未明显时就进行预防和治疗，避免疾病的发生和发展。这种理念体现了中医的预防医学思想，强调预防胜于治疗。在现代医学中，"治未病"的理念同样重要。通过健康的生活方式、定期体检和早期干预，可以有效预防许多慢性疾病的发生和发展。扁鹊自认医术最差，展现了他谦逊的品质和自知之明。这种品质不仅值得医学界学习，也适用于其他领域。只有认识到自己的不足，才能不断进步。总之，扁鹊自认医术最差的故事不仅体现了中医"治未病"的理念，还传达了谦逊、自知之明和预防为主的价值观。这些理念在现代社会中依然具有重要的现实意义。

【诗词精华】

诗词一：《咏竹》

作者：徐庭筠（宋）

不论台阁与山林，爱尔岂惟千亩阴。
未出土时先有节，便凌云去也无心。
葛陂始与龙俱化，嶰谷聊同凤一吟。
月朗风清良夜永，可怜王子独知音。

诗词鉴赏："不论台阁与山林，爱尔岂惟千亩阴"，这句诗表明诗人对竹子的喜爱并非仅仅因为它能提供阴凉，而是出于对竹子本身品质的赞赏。竹子无论生长在繁华的台阁还是幽静的山林，都能保持其高洁的本性。这种不因环境而改变的品质，象征着谦虚的美德。“未出土时先有节，便凌云去也无心”，这是全诗的核心句。竹子在尚未出土时就已具备节节分明的特质，象征着竹子从一开始就拥有高尚的节操。即便它高耸入云，也从无炫耀之心，这正是谦虚的体现。“葛陂始与龙俱化，嶰谷聊同凤一吟”，这两句运用典故，进一步烘托竹子的高洁。葛陂的竹子化为龙，嶰谷的竹子制成乐器引凤鸣，都象征着竹子虽有非凡的品质，却从不张扬。“月朗风清良夜永，可怜王子独知音”，最后一句以“王子”（王子猷，魏晋名士，爱竹成癖）为例，表明竹子的高洁与谦虚只有少数人能够理解，进一步强调了竹子的低调与内敛。这首诗以竹子为喻，通过“未出土时先有节，便凌云去也无心”等句，生动地展现了竹子的谦虚品质。竹子虽有高洁的节操，却不张扬，即便高耸入云，也保持着低调的姿态。这种谦虚不仅体现在竹子的自然特性上，更象征着诗人所倡导的高尚人格。在中国传统文化中，竹子常常被用来象征君子的品德。竹子的虚心、有节、坚韧等特性，被赋予了高尚的道德寓意。徐庭筠的这首诗不仅赞美了竹子的自然之美，更通过竹子的谦虚品质，表达了对高尚人格的追求。这种以自然物象寓意人格修养的写作手法，是中国古典诗词中常见的表现形式，也体现了中国古代文人对道德修养和人格理想的追求。

诗词二：竹梅图的对联

作者：郑板桥（清）

虚心竹有低头叶，傲骨梅无仰面花。

诗词鉴赏：“虚心竹有低头叶”，竹子的茎是空心的，象征着虚心。竹叶低垂，仿佛在低头，形象地描绘了竹子谦逊的姿态。竹子虽然有气节，但始终保持着低调的姿态，不张扬、不炫耀，这正是谦虚的体现。“傲骨梅无仰面花”，梅花在寒冬中绽放，象征着坚韧不拔的傲骨。然而，梅花的花朵从不仰面朝天，而是低垂绽放，仿佛在表达一种谦逊的态度。即使有傲骨，也不傲慢自大，这体现了谦虚与坚韧并存的品质。竹子在中国文化中常常被用来象征君子的品德。竹子的“虚心”不仅体现在它的空心结构上，更体现在它的姿态上。竹叶低垂，象征着谦逊和低调。竹子虽然有节节高升的特性，但始终保持着谦虚的姿态，不因自己的成就而自满。这种谦虚的品质，正是郑板桥所倡导的高尚人格。梅花以其在寒冬中绽放而著称，象征着坚韧不拔的傲骨。然而，梅花的花朵从不仰面朝天，而是低垂绽放，这体现了即使有傲骨，也不失谦逊的品质。梅花的这种姿态，既展现了它的坚韧，又展现了它的谦逊，是一种谦虚与坚韧并存的完美结合。这副对联通过竹子和梅花的自然特性，巧妙地传达了谦虚与坚韧并存的高尚品质。竹子的虚心和低头叶，梅花的傲骨和低垂花，都象征着谦逊的美德。这种谦虚不仅是一种外在的姿态，更是一种内在的修养，提醒人们在成就面前要保持低调，不骄不躁。

在中国古代文化中，竹子和梅花常常被用来象征君子的品德。竹子的虚心、有节、坚韧，梅花的傲骨、高洁、谦逊，都是君子所应具备的品质。郑板桥通过这副对联，不仅赞美了竹子和梅花的自然之美，更表达了他对高尚人格的追求。这副对联也反映了郑板桥自身的品德修养。他以竹子和梅花自比，表达了自己谦虚自省的态度。通过这种自谦，他提醒自己和他人，无论在何种境遇下，都要保持谦逊的品质，不因成就而自满，不因困难而退缩。因此，郑板桥的这副对联“虚心竹有低头叶，傲骨梅无仰面花”，通过对竹子和梅花的自然特性描写，生动地展现了谦虚与坚韧并存的高尚品质。这副对联不仅具有深刻的文化内涵，也具有重要的现实意义，提醒我们在成就面前要保持谦逊，在困难面前要保持坚韧，努力追求高尚的人格修养。

诗词三：《奉和御制读五代晋史》

作者：夏竦（宋）
子文怀妙识，奥学洞天常。
恬淡游莲幕，谦虚践玉堂。
至仁周仆御，大雅变词章。
慎默诚无怠，危机可尽防。

诗词鉴赏：夏竦，字子乔，江州德安县（今江西九江市德安县车桥镇）人。北宋时期大臣，世称夏文庄公、夏英公、夏郑公。他以文学起家，曾为国史编修官，也曾任多地官员，著有《文庄集》等作品。这首诗通过对子文（指文献或历史人物）的赞美，表达了诗人对博学多才、谦虚谨慎的品质的钦佩。“子文怀妙识，奥学洞天常”，诗人赞美子文拥有深奥的学问，其见识通达，如同洞悉天地的奥秘。这里的“奥学”指博学深邃的知识，“洞天常”则形容其学问深不可测。“恬淡游莲幕，谦虚践玉堂”，诗人描绘子文性格恬淡，游走于幕府之间，为人谦虚谨慎，如同在玉堂中稳健前行。这里的“莲幕”指幕府，而“玉堂”则象征宫殿或高雅的场所。“至仁周仆御，大雅变词章”，诗人认为子文具有至仁的品德，能够周全地对待身边的仆人和侍卫，其高尚的品德还能改变文辞的风格，使文章更加高雅。“慎默诚无怠，危机可尽防”，诗人强调子文的谨慎和沉默，认为这种品质能够杜绝懈怠，防范潜在的危机。这里的“慎默”指谨慎沉默，“无怠”表示毫不懈怠。这首诗通过对子文的赞美，表达了诗人对博学多才、谦虚谨慎的品质的钦佩。诗人通过描绘子文的品德和学识，强调了谦虚、谨慎和至仁的重要性，认为这些品质是防范危机、成就大业的关键。

诗词四：《酬张少府》

作者：王维（唐）
晚年惟好静，万事不关心。
自顾无长策，空知返旧林。
松风吹解带，山月照弹琴。
君问穷通理，渔歌入浦深。

诗词鉴赏：“晚年惟好静，万事不关心”，这两句诗开篇点明了诗人晚年的生活态度。王维表示，自己晚年只追求宁静的生活，对世事不再过多关心。这种态度并非消极，而是一种对自身角色的清晰认知和对生活的谦逊态度。这两句诗展现了王维的谦逊。他没有过多地介入世事纷争，而是选择了一种宁静的生活方式，这本身就是一种对自身能力的谦逊认知。“自顾无长策，空知返旧林”，这两句诗进一步表达了王维的自我反思。他承认自己没有高明的策略来改变社会或国家的现状，只能选择回归自然，回归旧日的山林。这两句诗体现了王维的谦逊。他没有自视过高，而是清晰地认识到自己的局限性，并以一种谦逊的态度接受自己的不足。“松风吹解带，山月照弹琴”，这两句诗描绘了王维在山林中的宁静生活。松风徐来，诗人解带舒怀；山月高照，诗人弹琴自娱。这种生活虽然简单，却充满了诗意和宁静。这两句诗不仅展现了王维的谦逊，还体现了他的豁达。他没有因自己的不足而感到沮丧，而是选择了一种宁静而诗意的生活方式，这种豁达本身就是一种谦逊的体现。“君问穷通理，渔歌入浦深”，这两句诗是王维对友人张少府的回应。张少府可能曾问过王维关于人生穷通的道理，王维则以“渔歌入浦深”作答，暗示人生哲理深邃，难以言尽，只能以渔歌表达内心的宁静与豁达。

这两句诗展现了王维对友人的谦逊回应。他没有直接回答张少府的问题，而是以一种含蓄的方式表达了自己对人生哲理的理解，这种含蓄本身就是一种谦逊。从诗歌主题与寓意的角度来看，这首诗的核心主题是谦逊。王维通过“晚年惟好静，万事不关心”的描写，展现了自己对生活的谦逊态度。他选择了一种宁静的生活方式，而不是过多地介入世事纷争。王维在诗中多次提到自己的不足，如“自顾无长策”，这种自我反思体现了他的谦逊。他没有因自己的才华而自满，而是清晰地认识到自己的局限性。王维通过“松风吹解带，山月照弹琴”的描写，展现了自己在宁静生活中的豁达与谦逊。他选择了一种简单而诗意的生活方式，这种选择本身就是一种对生活的谦逊。王维以“渔歌入浦深”回应友人的问题，这种含蓄的方式体现了他的谦逊。他没有直接回答问题，而是以一种诗意的方式表达了自己对人生哲理的理解。从艺术手法来看，王维在诗的开篇就点明了自己的生活态度，这种直抒胸臆的手法使诗歌的主旨更加鲜明，也体现了诗人的谦逊。诗中通过“自顾无长策”与“空知返旧林”的对比，强化了诗人的谦逊。这种对比不仅使诗歌更具思想深度，也突出了诗人的谦逊态度。综上所述，王维的《酬张少府》是一首充满谦逊与豁达的诗作。通过对自身境遇和心态的描写，诗人展现了自己对生活的谦逊态度和对人生的深刻理解。这首诗不仅语言简洁明快，更通过直抒胸臆、对比手法和含蓄表达的方式，突出了谦逊与豁达的主题。它不仅是王维诗歌中的经典之作，也是中国古代文学中关于谦逊与豁达的经典篇章，对现代社会仍具有重要的启示意义。

诗词五：《赠孟浩然》

作者：李白（唐）
吾爱孟夫子，风流天下闻。
红颜弃轩冕，白首卧松云。
醉月频中圣，迷花不事君。
高山安可仰，徒此揖清芬。

诗词鉴赏：“吾爱孟夫子，风流天下闻”，这两句诗开篇点明了李白对孟浩然的敬意。“吾爱”直接表达了李白对孟浩然的喜爱和敬仰之情，而“风流天下闻”则赞美了孟浩然的才情和品行。这两句诗不仅展现了李白对孟浩然的敬仰，也体现了李白自身的谦逊。他没有以自己的才华自傲，而是真诚地赞美孟浩然的成就，这种谦逊的态度贯穿全诗。“红颜弃轩冕，白首卧松云”，这两句诗描绘了孟浩然的高洁品行。他年轻时放弃高官厚禄，选择隐居山林，晚年依然保持着这种清高的生活态度。这两句诗不仅赞美了孟浩然的品行，也反映了李白对这种高尚品质的向往。李白通过赞美孟浩然，表达了自己对清高生活的敬仰，同时也体现了自身的谦逊。“醉月频中圣，迷花不事君”，这两句诗描绘了孟浩然的豁达与自由。他醉心于自然之美，不为世俗所累，不为功名所动。这两句诗不仅展现了孟浩然的豁达，也反映了李白对这种自由生活的向往。李白通过赞美孟浩然，表达了自己对自由生活的敬仰，同时也体现了自身的谦逊。“高山安可仰，徒此揖清芬”，这两句诗以“高山”为喻，表达了李白对孟浩然的敬仰之情。“高山安可仰”暗示孟浩然的品德和才华令人高山仰止，而“徒此揖清芬”则表达了李白对孟浩然的谦逊之情。这两句诗不仅赞美了孟浩然的高尚品德，也体现了李白自身的谦逊。他以谦逊的态度向孟浩然致敬，表达了对前辈的敬仰。从诗歌的主题与寓意角度来看，这首诗的核心主题是对孟浩然的敬仰。李白通过赞美孟浩然的品行、才华和豁达，表达了对这位前辈的深深敬意。李白在诗中多次表达了对孟浩然的敬仰，同时也反映了自身的谦逊。他没有因自己的才华而自傲，而是真诚地赞美孟浩然的成就，这种谦逊的态度贯穿全诗。李白通过赞美孟浩然的豁达与自由，表达了对这种生活的向往。他渴望像孟浩然一样，远离世俗的纷扰，追求自由和清高。从艺术手法来看，李白在诗的开篇就点明了对孟浩然的敬仰，这种直抒胸臆的手法使诗歌的主旨更加鲜明，也体现了李白的谦逊。诗中通过“红颜弃轩冕”与“白首卧松云”的对比，强化了孟浩然的高洁品行。这种对比不仅使诗歌更具思想深度，也突出了李白对孟浩然的敬仰。李白以“高山安可仰”为喻，表达了对孟浩然的敬仰之情。这种比喻不仅使诗歌更具画面感，也突出了李白的谦逊。李白以“徒此揖清芬”回应，这种含蓄的表达方式体现了李白的谦逊。他没有直接赞美孟浩然，而是以一种谦逊的态度向他致敬。综上所述，李白的《赠孟浩然》是一首充满敬意与谦逊的诗作。通过对孟浩然的赞美，李白展现了对前辈的敬仰以及自身的谦逊。这首诗不仅语言简洁明快，更通过直抒胸臆、对比手法和含蓄表达的方式，突出了谦逊与敬仰的主题。它不仅是李白诗歌中的经典之作，也是中国古代文学中关于谦逊与敬仰的经典篇章，对现代社会仍具有重要的启示意义。

【阅悟人生】

在现代社会的纷繁复杂中，谦恭与谦逊宛如两盏明灯，照亮我们前行的道路，给予我们深刻的人生启示。谦恭教会我们尊重他人、敬畏生命，让我们在喧嚣中保持内心的宁静与平和。它提醒我们，无论身处何种地位，每个人都有其独特的价值，值得被尊重和理解。谦逊则赋予我们智慧与力量，让我们在面对成就时不骄傲自满，在面对挑战时不退缩逃避。它让我们明白，真正的强大并非来自外在的炫耀，而是来自内心的谦逊与自我反思。谦恭与谦逊共同构成了一种高尚的人格魅力，帮助我们在快节奏的生活中保持清醒的头脑，不被名利所迷惑，不被世俗所左右。它们让我们懂得，真正的成功不是超越他人，而是不断超越自我，以一颗谦卑的心去面对生活中的每一次机遇与挑战。在人生的旅途中，谦恭与谦逊是我们最宝贵的财富，它们不仅塑造了我们的品格，更指引我们走向更加充实和有意义的人生。

【写作锦囊】

写作训练

以“谦逊之心”为题，写一篇800字记叙文，围绕“谦恭与谦逊”的主题展开叙述。注意通过人物的言行、心理活动以及环境描写，展现谦恭与谦逊在个人成长和人际交往中的重要性，让人物的情感和故事的意义真实可感。或者以“谦逊：品德的至高境界”为题，写一篇800字议论文，结合历史、现实和理论，论证谦恭与谦逊对个人品德和社会和谐的重要性。要求论点明确，论证严密，层次清晰。

写作提示

记叙文：在记叙文中，谦恭与谦逊可以通过一个具体的故事来展现。比如，可以讲述一个人如何在成功后依然保持谦逊，或者一个年轻人如何通过谦逊赢得他人的尊重。通过人物的内心挣扎、行为表现以及周围环境的描写，突出谦逊的力量。例如，可以描写一个年轻的科学家在获得诺贝尔奖后，仍然保持低调，谦逊地对待同行和学生。通过描写他在颁奖典礼上的低调发言，以及他在实验室里与年轻同事平等交流的场景，展现他内心的谦逊。此外，可以通过对比手法，描写另一个在成功后变得傲慢的人，最终失去他人的尊重，从而形成鲜明的反差。在叙述过程中，可以通过细节描写增强感染力。比如，描写他在与人交谈时微微低头的姿态，或是他在面对赞誉时淡然一笑的表情；还可以通过环境描写烘托氛围，比如实验室里温暖的灯光，或是颁奖典礼上庄重而低调的氛围。这些细节不仅能让故事更加生动，也能让读者感受到谦逊的深刻意义。此外，可以通过人物的内心独白，展现他对谦逊的思考。比如，他可能会在内心告诉自己："真正的成就不是用来炫耀的，而是用来激励他人的。"这种心理描写能够让故事更加真实感人，也让主题更加深入人心。

议论文：在议论文中，谦恭与谦逊可以从理论层面进行探讨，结合历史、现实和哲学观点，阐述其重要性。首先，可以从历史角度切入，列举一些著名人物通过谦逊成就伟大事业的故事，比如孔子"三人行，必有我师"的谦逊态度，或是毛泽东"虚心使人进步，骄傲使人落后"的教导。这些例子不仅能够增强论点的说服力，还能让文章更具文化底蕴。接着，可以从现实角度分析谦逊在当今社会的意义。比如，在个人层面，谦逊是赢得他人尊重和信任的重要品质；在社会层面，谦逊是构建和谐人际关系、促进团队合作的基础。可以结合社会现象，如职场中的"玻璃心"和"傲慢与偏见"，进一步论证这一观点。此外，可以从哲学或心理学角度探讨谦逊的内在价值。比如，谦逊是一种对自我认知的清醒，是对他人智慧和努力的尊重；谦逊也是一种智慧，是在复杂环境中保持低调、稳步前行的策略。可以引用一些名言警句，如"谦逊是美德之母""满招损，谦受益"，来增强文章的深度和说服力。最后，可以结合个人或社会的实际，提出一些建议。比如，如何在生活中培养谦逊的品德，如何通过教育和文化传承弘扬谦逊的价值观。通过层层递进的论述，让读者不仅理解谦逊的重要性，还能从中获得启发和力量。

第十讲：勇气与坚持

【主题解读】

一、勇气：灵魂的利剑，斩断荆棘之路

勇气，是灵魂深处最锋利的剑，它能斩断前行路上的荆棘与迷雾。它是心灵的呐喊，是对未知世界的无畏探索，是面对困难时那一抹不屈的光芒。勇气，如同夜空中最亮的星，照亮我们内心最深处的渴望，让我们在黑暗中也能坚定地迈出步伐。

勇气，是对自我潜能的挖掘，是心灵对自由的向往。它让我们在面对恐惧时，能够挺直脊梁，直视前方。勇气不是鲁莽，而是一种基于智慧的果敢，是一种在困境中依然能够保持希望的力量。它告诉我们，即使前路布满荆棘，也要勇敢地迈出第一步，因为只有迈出这一步，才能看到前方的曙光。

勇气，是生命的火焰，燃烧在每一个渴望突破的灵魂中。它是马丁·路德·金在种族歧视的压迫下，依然高呼“我有一个梦想”的无畏；是特蕾莎修女在贫瘠的土地上，用爱与慈悲点亮希望的坚持；是每一个在困境中挣扎却永不放弃的人，用行动诠释的信念。勇气，让我们在生命的舞台上，成为自己命运的主宰，书写属于自己的传奇。

二、坚持：时间的馈赠，铸就生命的辉煌

坚持，是时间的馈赠，是岁月给予我们最宝贵的礼物。它是滴水穿石的毅力，是破茧成蝶的坚韧，是在漫长岁月中对梦想的执着追求。坚持，如同一条蜿蜒的小河，虽有曲折，却始终向着大海奔流不息。坚持，是对梦想的坚守，是对初心的不离不弃。它让我们在面对挫折时，依然能够咬紧牙关，继续前行。坚持不是盲目，而是一种基于信念的执着，是一种在困境中依然能够坚守希望的力量。它告诉我们，成功并非一蹴而就，而是需要在漫长的岁月中，一步一个脚印地积累。

坚持，是生命的底蕴，沉淀在每一个为梦想奋斗的灵魂中。它是贝多芬在失聪后依然创作出《命运交响曲》的顽强；是爱迪生在无数次失败后依然不放弃，最终点亮世界的第一盏灯的执着；是每一个在平凡岗位上默默耕耘的人，用汗水和努力铸就的辉煌。坚持，让我们在生命的长河中，成为自己命运的书写者，用时间铸就

生命的辉煌。

勇气与坚持，是生命中不可或缺的双翼。勇气让我们敢于开始，坚持让我们能够抵达。只有将勇气与坚持相结合，我们才能在生命的旅途中，跨越重重障碍，抵达心中的彼岸。让我们以勇气为剑，以坚持为盾，在生命的征程中，书写属于自己的壮丽篇章。

【名言精粹】

名言一：路漫漫其修远兮，吾将上下而求索。

出处：《离骚》

解读：这句话表达了屈原对理想的不懈追求。他深知实现理想的道路漫长而遥远，但仍然坚定地表示要不断探索、努力前行。这种对理想的执着，是人类精神中最宝贵的部分之一。无论面对多大的困难和挑战，都不放弃对目标的追求，这种精神激励着无数人在各自的领域中努力奋斗。“路漫漫其修远兮”意味着追求理想的道路上充满了艰难险阻，但屈原依然表示要“上下而求索”，这体现了他坚忍不拔的毅力。面对困难，不退缩、不放弃，这种毅力是实现目标的关键因素。在人生的道路上，每个人都可能会遇到各种挫折和困难。只有具备坚忍不拔的毅力，才能在困境中坚持下去，最终实现自己的目标。这种毅力不仅是一种个人品质，也是一种社会精神，能够激励人们在面对挑战时保持积极的态度。在当今时代，科技飞速发展，社会日新月异。只有具备勇于探索的精神，才能在变化中找到机遇，推动社会的创新和发展。无论是科学研究、技术创新，还是文化创作，都需要这种敢于突破、勇于探索的精神。从更深层次来看，这句话也反映了屈原对真理的不懈追求。他通过“上下求索”来寻找真理，这种对真理的追求是人类文明进步的重要体现。真理往往隐藏在复杂的现象背后，需要人们不断地探索和发现。

名言二：长风破浪会有时，直挂云帆济沧海。

出处：《行路难》（其一）

解读：“长风破浪会有时，直挂云帆济沧海”是唐代诗人李白在《行路难》（其一）中的一句名言，它不仅展现了诗人豪迈的气魄和坚定的信念，更蕴含着深刻的人生哲理和精神力量。这句诗出自李白的《行路难》（其一），创作于他被“赐金还山”、离开长安之后。当时，李白怀着远大的政治抱负来到长安，却因权贵的排挤而被变相逐出，理想与现实的巨大落差让他深感苦闷与迷茫。在这样的背景下，他写下了这首诗，表达了自己虽遭遇挫折，但依然对未来充满信心。

“长风破浪会有时，直挂云帆济沧海”的意思是总有一天会乘长风破万里浪，高高挂起云帆，在沧海中勇往直前，到达理想的彼岸。其中，“长风破浪”源自南朝宋宗悫的典故，他年少时曾说“愿乘长风破万里浪”，表达了志向远大、冲破困难的决心。这句诗展现了李白在困境中依然保持的坚定信念和乐观精神。尽管前路艰难险阻，但他坚信“长风破浪会有时”，这种乐观主义精神激励着人们在面对挫折时不放弃希望。诗人不仅有坚定的信念，更有勇往直前的行动力。“直挂云帆济沧海”描绘了一幅宏伟的画面，象征着诗人要在人生的广阔天地中勇往直前，去追求自己的目标。诗中通过“长风”“云帆”“沧海”等宏大的意象，营造出一种雄浑壮阔的意境，给人以力量感和视觉上的冲击。这种意境与诗人豪迈的情感相契合，使读者能够深刻感受到诗人内心的激情澎湃和对广阔天地的向往。这句诗具有强烈的激励作用，告诉人们无论遇到多大的困难和挫折，只要保持坚定的信念和积极的态度，总有一天能够实现自己的目标。它鼓励人们在困境中不退缩，勇敢地追求自己的理想。在现实生活中，这句诗依然具有重要的启示意义。无论是在个人的成长道路上，还是在社会的发展进程中，我们都会遇到各种困难和挑战。李白的这句诗提醒我们，面对困境时，要像他一样保持乐观的心态，坚定信念，勇往直前。只有这样，我们才能在人生的海洋中乘风破浪，最终到达理想的彼岸。

名言三：宝剑锋从磨砺出，梅花香自苦寒来。

出处：《警世贤文·勤奋篇》

解读：“宝剑锋从磨砺出，梅花香自苦寒来”是一句蕴含深刻哲理的名言，它以简洁而生动的语言，揭示了成功与奋斗之间的必然联系，成为激励人们在困境中坚守信念、砥砺前行的经典语句。这句名言通过两个生动的比喻，形象地表达了事物发展过程中的因果关系。宝剑之所以锋利，是因为经过了无数次的磨砺；梅花之所以芬芳，是因为它经历了寒冬的洗礼。这里的“磨砺”和“苦寒”象征着人生道路上的艰难险阻和困苦磨难，而“锋利”与“芬芳”则代表着成功与成就。从哲学的角度来看，这句名言体现了对立统一的辩证关系。宝剑与磨砺、梅花与苦寒，看似是对立的，但正是这种对立，促成了事物的转化与发展。磨砺使宝剑更加锋利，苦寒让梅花更加芬芳，这种转化并非偶然，而是必然的结果。它告诉我们，成功从来不是一蹴而就的，而是需要经历艰难困苦的磨砺和考验。这句名言所蕴含的精神力量是多方面的，“宝剑锋从磨砺出”强调了在面对困难时，需要有坚韧不拔的毅力。磨砺的过程是漫长而艰苦的，宝剑在磨砺中可能会出现缺口，甚至可能会折断，但只有经过这样的磨砺，才能最终成为一把锋利的宝剑。同样，在人生的道路上，我们也可能会遇到各种挫折和失败，但只有具备坚韧不拔的毅力，才能在困境中坚持下去，最终实现自己的目标。“梅花香自苦寒来”则体现了乐观向上的态度。梅花在寒冬中绽放，不仅没有被寒冷打败，反而散发出更加迷人的芬芳。这种乐观向上的态度，使梅花在困境中依然能够保持自信和勇气。在现实生活中，我们也应该学习梅花的精神，即使身处困境，也要保持乐观的心态，相信自己能够克服困难，最终取得成功。这句名言还让我们对成功有了更深刻的理解。成功并不是一帆风顺的，而是需要付出努力和代价的。宝剑的锋利和梅花的芬芳，都是通过艰苦的磨砺和考验才得来的。这种对成功的深刻理解，让我们明白，成功并不是偶然的，而是必然的结果。只有通过不懈的努力和坚持，才能在人生的道路上取得成功。

名言四：锲而舍之，朽木不折；锲而不舍，金石可镂。

出处：《劝学》

解读：这句话通过对比“锲而舍之”与“锲而不舍”两种截然不同的行为结果，深刻地揭示了坚持与放弃的天壤之别。“锲而舍之，朽木不折”如果雕刻一下就放弃，即使是腐朽的木头也无法被折断。“锲而不舍，金石可镂”如果一直不停地雕刻，即使是坚硬的金属和石头，也能被雕刻成功。这句话寓意着坚持的重要性。荀子通过“锲而舍之”与“锲而不舍”的对比，强调了持之以恒的精神对于成功的关键作用。只有通过不懈的努力和坚持，才能克服困难，最终实现目标。这句话生动地说明了坚持的力量。无论面对多么艰巨的任务，只要坚持不懈，就能够取得成功。相反，如果半途而废，即使是再简单的事情也难以完成。它提醒人们在追求目标的过程中，毅力和恒心是不可或缺的品质。只有具备坚定的毅力，才能在困难面前不退缩，最终实现自己的理想。这句话也体现了积累的重要性。正如原文中所说“不积跬步，无以至千里；不积小流，无以成江海”，只有通过持续的积累和努力，才能取得最终的成功。

名言五：不经一番寒彻骨，怎得梅花扑鼻香。

出处：《上堂开示颂》

解读：这句话通过梅花在严寒中绽放的意象，生动地表达了只有经历艰苦磨难，才能取得成功和成就的道理。这句诗的意思是：如果不经历冬天那刺骨的严寒，梅花又怎能散发出扑鼻的芳香。这里的“寒彻骨”象征着艰难困苦的环境，而“梅花扑鼻香”则象征着成功和成就。梅花在寒冷的冬天依然能够绽放，象征着在困难面前不屈不挠的精神。只有坚持下去，才能在困境中取得突破。这句话强调了成功与努力之间的因果关系。只有经历了艰苦的磨砺，才能收获成功的果实。即使在最艰难的时刻，也要保持乐观的心态，相信最终能够迎来成功。这句诗常被用来勉励人们在面对困难时不要轻易放弃，要坚定信念，努力奋斗。它提醒我们，所有的成功都不是偶然的，而是通过不懈的努力和坚持得来的。

名言六：老当益壮，宁移白首之心？穷且益坚，不坠青云之志。

出处：《滕王阁序》

解读：“老当益壮，宁移白首之心？穷且益坚，不坠青云之志”出自唐代王勃的《滕王阁序》。这句话的意思是，年纪虽老但志气更旺盛，怎能在白头时改变初衷？处境艰难但意志更加坚定，绝不会放弃远大的志向。这句话表达了王勃面对困境时的坚定信念和豪迈情怀。他强调，无论年龄多大、处境多艰难，都不能放弃自己的理想和追求。这种精神激励着人们在逆境中不屈不挠，保持积极向上的心态。这句名言具有很强的励志意义，提醒我们在面对困难和挫折时，要保持坚定的信念，不因年龄或困境而动摇。无论何时，都应坚守自己的理想和抱负，努力追求自己的目标。这句话不仅在文学上具有很高的价值，更在精神层面上成为无数人奋斗的动力源泉。

【人物逸事】

故事一：李白铁杵磨针

磨针溪，在眉州象耳山下。世传李太白读书山中，未成，弃去。过小溪，逢老媪方磨铁杵，问之，曰："欲作针。"太白感其意，还卒业。媪自言姓武。今溪旁有武氏岩。

出处：《方舆胜览》

译文：磨针溪位于眉州的象耳山下。传说李白曾在山中读书，但没有完成学业就放弃了。当他路过一条小溪时，遇到一位老妇人正在磨铁杵。李白问她在做什么，老妇人回答说："我想把铁杵磨成针。"李白被她的毅力所感动，于是回到山中完成了学业。老妇人自称姓武。如今，溪边有一处名为武氏岩的地方。

解读：《铁杵磨针》讲述了李白小时候读书不顺，弃学途中偶遇一位老妇人用铁杵磨针，从而受到触动，最终发奋读书，学有所成的故事。这个故事的核心寓意是"持之以恒"。老妇人用铁杵磨针的行为象征着只要坚持不懈，再难的事情也能成功。李白被老妇人的毅力所感动，从而认识到学习也需要这种持之以恒的精神。这种精神不仅适用于学习，也适用于生活中的任何目标。无论目标多么艰巨，只要坚持不懈，最终都能实现。"只要功夫深，铁杵磨成针"这句名言就出自这个故事，它成为激励后人持之以恒求学的警句。这句话简洁而深刻，表达了只要付出足够的努力和时间，任何困难都能克服的道理。这种精神在李白的诗歌创作中也得到了体现，他的许多作品都展现了对坚持和努力的赞美。故事中，李白最初因为学习不顺利而放弃，但在遇到老妇人后，他意识到自己的问题。老妇人虽然没有直接批评李白，但她通过自己的行动向李白展示了坚持的力量。李白的这种态度转变，提醒我们在面对困难时，不要轻易放弃，而要学习老妇人的精神，持之以恒地努力。这个故事发生在唐代，当时的社会重视教育和文化，但同时也强调个人的努力和坚持。李白作为唐代著名的诗人，他的故事激励了无数后来的学者和文人。这个故事不仅反映了唐代的文化背景，也体现了中国古代文化中对坚持和努力的重视。在现代社会中，这个故事依然具有重要的现实意义。无论是在学业上还是在事业上，持之以恒都是成功的关键。通过这个故事，我们可以学到，面对困难和挑战时，只要坚持不懈，就能取得最终的胜利。

故事二：苏秦刺股

（苏秦）说秦王书十上而说不行，黑貂之裘弊，黄金百斤尽，资用乏绝，去秦而归。羸縢履蹻，负书担橐，形容枯槁，面目黧黑，状有愧色。归至家，妻不下纴，嫂不为炊，父母不与言。苏秦喟然叹曰：“妻不以我为夫，嫂不以我为叔，父母不以我为子，是皆秦之罪也。”乃夜发书，陈箧数十，得太公《阴符》之谋，伏而诵之，简练以为揣摩。读书欲睡，引锥自刺其股，血流至足，曰：“安有说人主不能出其金玉锦绣、取卿相之尊者乎？”期年，揣摩成，曰：“此真可以说当世之君矣！”于是乃摩燕乌集阙，见说赵王于华屋之下，抵掌而谈。赵王大说，封为武安君，受相印。革车百乘，锦绣千纯，白璧百双，黄金万溢，以随其后，约从散横，以抑强秦。

出处：《战国策·秦策一》

译文：苏秦向秦王上书十次，但他的建议都没有被采纳。他的黑貂皮衣穿破了，百斤黄金也用尽了，资财耗尽，只得离开秦国回家。他穿着草鞋，背着书籍，挑着行囊，形容憔悴，面色黝黑，脸上带着羞愧的神色。回到家后，妻子不下织机迎接他，嫂子不给他做饭，父母也不跟他说话。苏秦长叹一声说：“妻子不把我当丈夫，嫂子不把我当小叔，父母不把我当儿子，这都是秦国的过错啊！”于是，他连夜翻出书籍，摆开几十个书箱，找到了姜太公的《阴符》谋略，埋头苦读，反复揣摩。读书读到困倦时，他就用锥子刺自己的大腿，鲜血一直流到脚上。他说：“哪有游说君主而不能让他拿出金玉锦绣、取得卿相尊位的呢？”一年后，他终于揣摩透了《阴符》的谋略，自信地说：“现在我真的可以去游说当代的君主了！”于是，他前往燕国的乌集阙，在华丽的宫殿中拜见赵王，两人相谈甚欢。赵王非常高兴，封他为武安君，授予他相印，并赐给他百辆战车、千匹锦绣、百双白璧、万镒黄金，跟随在他身后。苏秦成功联合六国，瓦解了秦国的连横策略，抑制了强秦的扩张。

解读：苏秦最初游说秦国，多次上书都未被采纳，资金耗尽，穷困潦倒地回到家中。他的妻子、嫂子和父母都对他冷眼相待，这让他深刻反思自己的失败。苏秦意识到，自己的失败并非外界环境所致，而是自身能力不足。这种反思促使他下定决心，重新投入学习。苏秦回到家乡后，发愤读书，夜以继日地研读兵书。他甚至用锥子刺自己的大腿，以防止自己困倦。这种“刺股”的行为，体现了他对学习的极度重视和坚持不懈的精神。这种精神不仅帮助他克服了学习中的困难，也为他后来的成功奠定了基础。苏秦回到家乡后，发愤读书，夜以继日地研读兵书。他甚至用锥子刺自己的大腿，以防止自己困倦。这种“刺股”的行为，体现了他对学习的极度重视和坚持不懈的精神。这种精神不仅帮助他克服了学习中的困难，也为他后来的成功奠定了基础。尽管苏秦在事业上取得了巨大的成功，但他的个人生活却充满了悲剧。他后来因私通燕易王的母亲，被齐国大夫刺杀。苏秦的故事不仅是一个励志故事，也是一个警示，提醒我们在追求成功的同时，也要注意道德和品行的修养。

故事三：以学成忠的田鹏鸾

齐有宦者内参田鹏鸾，本蛮人也。年十四五，初为阍寺，便知好学，怀袖握书，晓夕讽诵。所居卑末，使役苦辛，时伺间隙，周章询请。每至文林馆，气喘汗流，问书之外，不暇他语。及睹古人节义之事，未尝不感激沉吟久之。吾甚怜爱，倍加开奖。后被赏遇，赐名敬宣，位至侍中开府。后主之奔青州，遣其西出，参伺动静，为周军所获。问齐王何在，绐云："已去，计当出境。"疑其不信，欧捶服之，每折一支，辞色愈厉，竟断四体而卒。蛮夷童丱，犹能以学成忠，齐之将相，比敬宣之奴不若也。

出处：《颜氏家训》

译文：北齐有个宦官叫田鹏鸾，本是少数民族人。十四五岁刚入宫当宦官时，就懂得努力学习，怀里袖中带着书本，早晚诵读。尽管他所处的地位低贱，被差使服役很辛苦，但不时地抽出空隙时间，周游往来询问求教。他每次到文林馆，都是气喘吁吁，汗流浃背，除了请教书中的问题之外，没时间谈及其他的事情。等到他从书中看到古人重节操、讲义气的事，未曾不十分感慨，赞叹很久。我很喜爱他，对他倍加开导鼓励。后来他被皇上赏识，赐名为敬宣，官位升到了侍中开府。北齐后主逃奔青州的时候，派他前往西边侦察动静，被北周的军队俘获。周军问他齐后主在什么地方，他撒谎骗周军说："已经离开，估计应当逃出边境了。"周军怀疑他不诚实，严加拷打他，企图让他屈服，然而他的四肢每被打断一条，他的言辞和神色就变得越加严厉，最后被打断了四肢而死。一个少数民族的孩子，尚且能够勤奋好学而成忠臣，北齐的将相们，比起这位名叫敬宣的奴仆来，真是不如啊！

解读：这段关于北齐宦官田鹏鸾的记载，通过人物命运轨迹与精神品格的双重叙事，展现了"坚持"与"勇气"这对核心品质在历史语境下的深刻演绎。其文学价值与思想内涵值得我们细细品鉴。我们先是看到了一个寒门学子的精神突围。在"所居卑末，使役苦辛"的生存困境中，田鹏鸾以"怀袖握书，晓夕讽诵"的治学姿态，在宫廷等级制度的夹缝中开拓出精神上升通道。这种坚持超越了传统士人"十年寒窗"的求学模式，呈现出更具张力的生存智慧：于"气喘汗流"的间隙中求知，在"问书之外"无暇他顾的专注里，将文化启蒙转化为突破身份桎梏的利器。其"每至文林馆"的执着身影，恰如黑暗中的萤火，照亮了寒门子弟突破社会阶层的可能路径。我们又看到了一种气节熔铸的生死抉择。面对周军的严刑逼供，"每折一支，辞色愈厉"的惨烈场景，将肉体毁灭与精神升华的辩证关系推向极致。这种"四体俱断而气节不坠"的悲壮，超越了单纯的政治忠诚，升华为文化人格的终极完成。值得注意的是，其临终表现的"辞色愈厉"与早年"沉吟感激"的读书情态形成精神呼应，暗示儒家经典中的节义思想已内化为生命信仰。这种从知识积累到精神淬炼的转化过程，正是中华文化中"知行合一"理念的生动诠释。我们还看到了身份反讽下的价值重构。作者以“蛮夷童丱”与“齐之将相”的尖锐对比，构建起极具张力的价值坐标系。作为文化意义上的“他者”，田鹏鸾通过儒学涵养完成精神华夏化，其气节操守反而使本土精英相形见绌。这种“奴婢胜士大夫”的叙事策略，既暗合魏晋南北朝时期“夷夏互化”的历史语境，又通过身份倒置解构了传统尊卑观念。特别值得玩味的是“赐名敬宣”的细节，这个汉化命名既是对其文化认同的官方认证，也成为其最终践行“敬天法祖”价值观的谶语。此段文字以微观史笔法，在不足三百字的篇幅内完成了对个体生命史的全景式观照。田鹏鸾从蛮族孩童到文化殉道者的蜕变历程，既展现了乱世中知识分子的精神坚守，也揭示了文化认同超越种族隔阂的深层力量。其“断肢尤烈”的终极抉择，将中国士人“杀身成仁”的传统命题推向新的精神高度，在血与火的淬炼中铸就了永恒的人格丰碑。这种在逆境中坚持向学、在绝境中坚守气节的精神品格，至今仍具有穿越时空的启示价值。

故事四：祖逖闻鸡起舞

初，范阳祖逖，少有大志，与刘琨俱为司州主簿，同寝，中夜闻鸡鸣，蹴琨觉，曰：“此非恶声也！”因起舞。及渡江，左丞相睿以为军谘祭酒。逖居京口，纠合骁健，言于睿曰：“晋室之乱，非上无道而下怨叛也，由宗室争权，自相鱼肉，遂使戎狄乘隙，毒流中土。今遗民既遭残贼，人思自奋，大王诚能命将出师，使如逖者统之，以复中原，郡国豪杰，必有望风响应者矣。”

出处：《晋书·祖逖传》

译文：起初，范阳人祖逖，年少时就有远大的志向。他与刘琨一起担任司州主簿，两人同住一室。半夜听到鸡鸣，祖逖踢醒刘琨，说：“这不是令人厌恶的声音！”于是两人起床舞剑，锻炼身体。后来，祖逖渡江南下，左丞相司马睿任命他为军谘祭酒。祖逖住在京口，聚集了一批骁勇健壮的人士，对司马睿说：“晋朝的动乱，并不是因为君主无道而导致百姓怨恨反叛，而是因为宗室之间争权夺利，自相残杀，才让戎狄有机可乘，祸害中原。如今，遗留在中原的百姓已经遭受了残害，人人都想奋发图强。大王如果能任命将领出兵，让我这样的人统领军队去收复中原，各郡国的豪杰一定会闻风响应。”

解读：祖逖年轻时就胸怀大志，立志收复中原失地。他与刘琨半夜闻鸡起舞的故事，展现了他们对国家命运的忧虑和对未来的坚定信念。这种立志与勤奋的精神，是他们最终能够成就一番事业的重要基础。祖逖生活在东晋时期，当时北方被异族占据，东晋王朝偏安南方。祖逖和刘琨面对国家的动荡不安，深感忧虑，立志要恢复中华。这种爱国情怀和责任感，是他们不懈努力的动力。祖逖不仅有远大的志向，更注重实际行动。他通过闻鸡起舞的方式，锻炼自己的体魄和武艺，为将来收复失地做准备。这种将理想付诸实践的精神，是他们成功的关键。而且，祖逖和刘琨的“闻鸡起舞”并非一时兴起，而是长期坚持的行动。无论风雨，他们每天听到鸡叫就起床练剑，这种坚韧不拔的毅力，是他们能够克服困难、实现目标的重要品质。祖逖闻鸡起舞的故事，不仅是一个励志故事，更是一个关于爱国、勤奋和坚持的故事。它告诉我们，无论身处何种困境，只要有坚定的信念和不懈的努力，就能实现自己的目标。这种精神激励着后人在学习和工作中，始终保持积极向上的态度，努力奋斗。

【诗词精华】

诗词一：《题青泥市壁》

作者：岳飞（宋）

雄气堂堂贯斗牛，誓将直节报君仇。

斩除顽恶还车驾，不问登坛万户侯。

诗词鉴赏：“雄气堂堂贯斗牛，誓将直节报君仇”，这两句诗开篇便展现了岳飞的豪迈气概和坚定信念。“雄气堂堂贯斗牛”形容岳飞的英勇之气直冲云霄，象征着他不屈不挠的勇气和决心。“誓将直节报君仇”则表明了他以忠诚和正直之心报效国家、抗击外敌的壮志。这两句诗不仅展现了岳飞的英勇无畏，更体现了他为国家和民族不惜牺牲一切的勇气。这种勇气是岳飞坚持抗金的精神支柱。“斩除顽恶还车驾，不问登坛万户侯”，这两句诗进一步表达了岳飞的坚持与决心。“斩除顽恶还车驾”表明他决心清除金兵这一顽敌，恢复国家的统一和尊严。“不问登坛万户侯”则表明他并不追求个人的功名利禄，而是将国家的利益放在首位。这两句诗不仅展现了岳飞的坚持，更体现了他的高尚品质。他将个人的命运与国家的命运紧密相连，这种坚持和牺牲精神令人敬佩。岳飞的《题青泥市壁》以“勇气”和“坚持”为主题，展现了他作为一位抗金英雄的伟大精神。他以“雄气贯斗牛”的勇气面对强敌，以“不问登坛万户侯”的坚持坚守初心。这种勇气与坚持的结合，不仅体现在他的诗歌中，更体现在他一生的抗金事业中。岳飞的抗金事迹激励了无数后人，他的精神也成为中华民族不屈不挠、奋勇向前的象征。这首诗虽然篇幅短小，但字字珠玑，充满了力量和信念，是岳飞精神的生动写照。综上所述，《题青泥市壁》是岳飞抗金精神的集中体现。诗中“雄气贯斗牛”展现了岳飞的英雄气概，“不问登坛万户侯”则体现了他的高尚情怀。这首诗以勇气与坚持为主题，展现了岳飞作为一位抗金英雄的伟大精神，激励着后人在面对困难时，也要勇敢地追求自己的理想和使命。

诗词二：《竹石》

作者：郑燮（清）

咬定青山不放松，立根原在破岩中。

千磨万击还坚劲，任尔东西南北风。

诗词鉴赏：《竹石》是清代著名书画家、文学家郑燮（号板桥）创作的一首七言绝句，同时也是一首题画诗，题于他自己的《竹石图》上。这首诗通过咏颂立根于破岩中的劲竹，展现了竹子坚韧不拔、顽强生存的精神品质。诗的含义是：竹子紧紧咬定青山，毫不放松，它的根原本就扎在破裂的岩石缝中。经过千磨万击，依然坚韧挺拔，无论是东南风还是西北风，都无法将它吹倒。诗的开篇“咬定青山不放松”，用“咬定”二字赋予了竹子以人的性格，生动地展现了竹子顽强的生命力和坚韧不拔的精神。紧接着，“立根原在破岩中”进一步说明了竹子生长的艰难环境，突出了其生命力的顽强。后两句“千磨万击还坚劲，任尔东西南北风”，进一步深化了竹子的坚韧形象。无论遭受多少磨难和打击，竹子依然挺拔坚韧，不屈不挠。这种精神不仅是对竹子的赞美，更是诗人自身性格的写照。郑板桥通过这首诗，借竹子的坚韧顽强，隐喻了自己不畏艰难、刚正不阿的高尚品格。诗中的竹子象征着在恶劣环境中依然能够保持本色、不屈服于外界压力的君子形象。全诗语言质朴明快，却蕴含着深刻的哲理和情感。郑板桥不仅在诗中展现了竹子的外在形态，更赋予了其内在的精神力量，使这首诗成为咏物诗中的佳作。总之，《竹石》不仅是一首咏物诗，更是一首托物言志的佳作。它通过赞美竹子的坚韧顽强，表达了诗人对高尚人格的追求和对困难的无畏精神。

诗词三：《行路难》（其一）

作者：李白（唐）
金樽清酒斗十千，玉盘珍羞直万钱。
停杯投箸不能食，拔剑四顾心茫然。
欲渡黄河冰塞川，将登太行雪满山。
闲来垂钓碧溪上，忽复乘舟梦日边。
行路难，行路难，多歧路，今安在？
长风破浪会有时，直挂云帆济沧海。

诗词鉴赏：《行路难》是乐府旧题，多咏叹世路艰难及贫困孤苦的处境。李白的《行路难》共三首，其中第一首最为著名。这首诗主要抒发了诗人在政治道路上遭遇艰难后的感慨。诗的译文如下：金杯中的美酒一斗价十千，玉盘里的菜肴珍贵值万钱。心中郁闷，我放下杯筷不愿进餐；拔出宝剑环顾四周，心里一片茫然。想渡黄河，冰雪却冻封了河川；想登太行山，莽莽风雪早已封山。像姜尚垂钓溪边，闲待东山再起；又像伊尹做梦，他乘船经过日边。人生道路多么艰难，多么艰难；歧路纷杂，如今又身在何处？相信乘风破浪的时机总会到来，到时定要扬起征帆，横渡沧海。诗的开篇“金樽清酒斗十千，玉盘珍羞直万钱”描绘了一场奢华的宴会，但紧接着“停杯投箸不能食，拔剑四顾心茫然”却展现了诗人内心的失落与迷茫。这种由盛转衰的情感变化，为全诗奠定了基调。“欲渡黄河冰塞川，将登太行雪满山”象征着诗人在追求理想道路上遇到的重重阻碍。黄河与太行山的冰雪，暗喻了现实中的艰难险阻。“闲来垂钓碧溪上，忽复乘舟梦日边”引用了姜尚和伊尹的典故。姜尚在磻溪钓鱼，最终遇到周文王；伊尹梦见自己乘舟绕日月而过，最终被商汤重用。这两个典故表达了诗人对未来的希望和信心。“行路难，行路难，多歧路，今安在？”这四句节奏短促，表达了诗人在困境中的迷茫与焦虑。然而，诗的结尾“长风破浪会有时，直挂云帆济沧海”则再次振作精神，表达了诗人对未来充满信心的豪迈气概。

全诗情感起伏变化剧烈，从开篇的失落到中间的迷茫，再到结尾的豪迈，展现了诗人复杂而真实的情感世界。通过黄河、太行山、姜尚、伊尹等意象和典故，生动地表达了诗人的情感和理想。尽管诗中充满了困境与挫折，但诗人始终保持着积极向上的精神，这种豪迈的气势使作品具有强大的感染力。总之，《行路难》（其一）是李白的经典之作，不仅展现了他在困境中的挣扎与坚持，更表达了他对未来的无限希望和坚定信念。

诗词四：《赠白马王彪》

作者：曹植（魏）
白马饰金羁，连翩西北驰。
借问谁家子，幽并游侠儿。
少小去乡邑，扬声沙漠垂。
宿昔秉良弓，楛矢何参差。
控弦破左的，右发摧月支。
仰手接飞猱，俯身散马蹄。
狡捷过猴猿，勇剽若豹螭。
边城多警急，虏骑数迁移。
羽檄从北来，厉马登高堤。
长驱蹈匈奴，左顾凌鲜卑。
弃身锋刃端，性命安可怀？
父母且不顾，何言子与妻？
名编壮士籍，不得中顾私。
捐躯赴国难，视死忽如归！

诗词鉴赏：曹植生活在三国时期，这是一个政治动荡、战乱频繁的时代。曹植一生怀有建功立业的理想，但由于曹丕的猜忌和政治迫害，他始终无法施展抱负。《赠白马王彪》这首诗，表面上是描写一位游侠少年的英勇事迹，实际上反映了曹植内心的抱负与理想，以及对现实的无奈与愤懑。“白马饰金羁，连翩西北驰”，开篇即描绘了一位骑白马、戴金羁的少年英雄，他轻捷地向西北奔驰。这种描写不仅展现了少年的英姿飒爽，更暗示了他不畏艰险、勇往直前的勇气。“狡捷过猴猿，勇剽若豹螭”，诗人用“猴猿”和“豹螭”来形容少年的敏捷与勇猛，展现出他在战场上无所畏惧、勇往直前的英雄气概。这种勇气不仅是身体上的无畏，更是精神上的坚定。“控弦破左的，右发摧月支。仰手接飞猱，俯身散马蹄”，这几句通过描写少年精湛的武艺，进一步突出了他的勇气。他能够在战场上左右开弓，轻松击破强敌，展现出非凡的战斗能力。这种勇气来源于对国家和民族的责任感，以及对理想的执着追求。“少小去乡邑，扬声沙漠垂”，少年自幼离开家乡，投身于边疆的战斗中。这种“少小离家”的描写，不仅体现了他的早熟与勇敢，更暗示了他对理想的坚持。他不畏艰难，远离家乡，只为在战场上建功立业。“捐躯赴国难，视死忽如归”，这句诗是全诗的高潮，也是曹植对勇气与坚持的最高礼赞。少年为了国家的安危，不惜牺牲自己的生命。这种视死如归的精神，正是勇气与坚持的完美结合。他将个人的命运与国家的命运紧密相连，展现出一种超越生死的坚定信念。“名编壮士籍，不得中顾私”，这句诗表明，少年将自己的名字写在壮士的名册上，意味着他放弃了个人的私利，一心为国家效力。这种坚持不仅体现在对理想的追求上，更体现在对国家和民族的责任感上。《赠白马王彪》通过描写一位游侠少年的英勇事迹，展现了勇气与坚持的伟大精神。诗中的少年不畏艰险，勇往直前，为了国家的安危不惜牺牲自己的生命。这种勇气与坚持不仅是个人的英雄气概，更是对国家和民族的责任感的体现。曹植通过这首诗，表达了自己内心深处的抱负与理想。他虽然在现实中无法施展抱负，但他始终坚守着对理想的追求，展现出一种不屈不挠的精神。这种勇气与坚持的精神，不仅在当时具有重要意义，更在后世激励了无数仁人志士。综上所述，《赠白马王彪》是曹植的代表作之一，诗中通过对游侠少年的描写，展现了勇气与坚持的伟大精神。少年的无畏勇气和坚定信念，正是曹植内心理想的写照。这首诗不仅具有很高的文学价值，更蕴含着深刻的哲理，激励着后人在面对困难时，要勇敢地追求自己的理想，坚守自己的信念。

【阅悟人生】

在现代社会，勇气与坚持是人生旅途中不可或缺的双翼，它们相辅相成，共同铸就了我们生命的辉煌。勇气是面对未知与挑战时内心那份不屈的力量，它让我们敢于迈出第一步，去探索未知的领域。正如尼采所说：“真正的勇敢是在绝望的时候依然坚持希望。”这种乐观的勇气，能够帮助我们克服生活中的困难，走出阴霾。而坚持则是让我们在面对挫折时不轻言放弃的力量，它让我们在逆境中咬牙坚持，一步步向前。勇气与坚持的关系，恰如鸟之双翼，缺一不可。没有勇气的坚持，可能会沦为盲目的固执；而没有坚持的勇气，只是短暂的冲动。真正的成功，往往属于那些既敢于梦想又勇于实践，并且在遇到困难时能够坚持不懈的人。在追求梦想的道路上，勇气让我们敢于开始，坚持则让我们能够抵达。在生活的实践中，无论是学习新技能、克服个人障碍，还是追求事业上的突破，都需要勇气去迈出第一步，用坚持去跨越重重难关。当我们面对挑战时，不妨问问自己："我是否有足够的勇气去尝试？"在遭遇失败时，更要问问自己："我是否愿意再坚持一下？"正是这些看似微小却至关重要的选择，累积成了我们通往成功之路的坚实基石。勇气与坚持不仅是成功的双翼，更是生命中最美的风景。它们让我们在人生的道路上，无论风雨，无论晴朗，都能向着心中的光明，不懈前行。

【写作锦囊】

写作训练

选择一个你熟悉或亲身经历的故事，围绕"勇气与坚持"展开叙述，写一篇800字的记叙文。注意细节描写和心理刻画，让人物的情感和成长过程真实可感。或者以"勇气与坚持是成功的基石"为题，写一篇800字议论文。要求结合历史、现实和理论，层次清晰地论证你的观点。

写作提示

记叙文：在记叙文中，勇气与坚持可以通过具体的故事和人物经历来展现。写作时，可以围绕一个核心事件展开，通过细腻的描写和情感渲染，突出人物在面对困难时所表现出的勇气与坚持。例如，可以讲述一个年轻运动员在训练中屡次失败，但始终不放弃，最终在比赛中取得胜利的故事。通过描写他在训练中的汗水、失败时的沮丧、重新站起来的决心，以及最终胜利时的喜悦，让读者感受到坚持的力量。还可以通过环境描写来烘托氛围，比如寒冷的清晨、炎热的午后，或是比赛时紧张的气氛，进一步凸显人物的毅力和勇气。在叙述过程中，可以加入人物的内心独白，展现他在面对挫折时的心理变化。比如，他可能会怀疑自己，甚至想过放弃，但最终因为对梦想的热爱或他人的鼓励而重新振作。这种心理描写能够让故事更加真实感人，也让"勇气与坚持"的主题更加深入人心。此外，可以通过对比手法，展现人物前后的变化。比如，最初的他可能胆小怯懦，但在经历了一系列挑战后，逐渐变得坚强勇敢。这种成长的过程不仅让故事更加丰满，也让主题更加鲜明。

议论文：在议论文中，勇气与坚持可以从理论层面进行探讨，结合历史、现实和哲学观点，阐述其重要性。首先，可以从历史角度切入，列举一些著名的例子，比如祖逖"闻鸡起舞"的勤奋、苏秦"锥刺股"的毅力，或是现代社会中那些通过坚持改变命运的人物。这些例子不仅能够增强论点的说服力，还能让文章更具文化底蕴。接着，可以从现实角度分析勇气与坚持在当今社会的意义。比如，在竞争激烈的环境中，只有具备勇气面对挑战、坚持追求目标的人，才能脱颖而出。可以结合社会现象，如创业者的奋斗历程、科研工作者的长期坚守等，进一步论证这一观点。此外，可以从哲学或心理学角度探讨勇气与坚持的内在动力。比如，勇气不仅仅是面对危险时的无畏，更是一种对未知的探索和对自我极限的挑战；坚持则是对目标的执着追求，是对信念的坚守。可以引用一些名言警句，如“勇气不是没有恐惧，而是战胜恐惧”“坚持就是胜利”，来增强文章的深度和说服力。最后，可以结合个人或社会的实际，提出一些建议。比如，如何在日常生活中培养勇气与坚持的品质，如何面对失败和挫折，以及如何将这些品质转化为实际行动。通过层层递进的论述，让读者不仅理解勇气与坚持的重要性，还能从中获得启发和力量。

第十一讲：惜物与惜时

【主题解读】

一、惜物：岁月温柔，万物皆有情

在岁月的长河中，每一物皆承载着时光的温度与生命的痕迹。惜物，是一种对生活的深情，是对万物的尊重，更是对岁月的温柔以待。它如同一盏静谧的灯，在喧嚣尘世中照亮我们内心的宁静角落。

惜物，是将平凡之物化为珍贵之宝的魔法。它让我们在日常的琐碎中发现美好，赋予物品以情感与温度。一件旧物，或许承载着童年的回忆，或许见证着岁月的变迁，或许寄托着对亲人的思念。它们或许已不再光鲜，却因这份情感而变得无价。惜物，让我们懂得珍惜那些看似微不足道的事物，因为它们是生活的馈赠，是岁月的见证。

惜物，也是一种对资源的敬畏与珍惜。在这个物欲横流的时代，我们常常被消费主义所裹挟，轻易地丢弃那些仍可使用的物品。然而，每一件物品的诞生都耗费了无数的资源与劳动。惜物，让我们在使用物品时心怀感恩，不浪费、不挥霍，以一种节俭而有爱的方式对待生活。它提醒我们，万物皆有情，每一件物品都值得被尊重与珍惜。

惜物，更是一种生活哲学，它教会我们在快节奏的生活中放慢脚步，用心感受生活的细节。它让我们在忙碌中停下，去抚摸一件旧物的纹理，去聆听一段旧时光的故事。在这个过程中，我们不仅珍惜了物品，更珍惜了与之相伴的时光，让生活变得更加丰富而有温度。

二、惜时：岁月不居，时光易逝

时光，是世界上最温柔又最无情的旅人，它悄无声息地流逝，从不为任何人停留。惜时，是对生命的一种敬畏，是对岁月的一种珍惜，更是对自我价值的一种追求。它如同一缕晨光，在生命的清晨提醒我们，每一刻都值得被珍视。

惜时，是将短暂的生命化为永恒的智慧。它让我们明白，生命有限，而梦想无限。每一分钟，每一小时，都是我们实现梦想的宝贵机会。惜时，让我们在忙碌中找到方向，在迷茫中找到希望。它让我们懂得，时间是公平的，它给予每个人同样的份额，而如何使用这些时间，却决定了我们的人生轨迹。

惜时，也是一种对生活的热爱与积极态度。它让我们在有限的时光中，努力追求自己的梦想，不虚度、不浪费。惜时，让我们在清晨的第一缕阳光中开始新的征程，在夜晚的最后一抹星光中反思自己的成长。它提醒我们，时光易逝，青春不再，唯有珍惜当下，才能不负韶华。

惜时，更是一种生活哲学，它教会我们在忙碌的生活中找到平衡，在追求梦想的同时享受生活。它让我们在奋斗中不忘停下脚步，去欣赏沿途的风景，去感受生活的美好。在这个过程中，我们不仅珍惜了时间，更珍惜了与之相伴的每一个瞬间，让生命变得更加充实而有意义。

惜物与惜时，是生活的双翼，让我们在岁月的长河中，既能感受生活的温度，又能追逐梦想的光芒。让我们以惜物之心，珍惜每一件物品背后的故事；以惜时之心，追逐每一个梦想中的未来。在生活的舞台上，用珍惜书写属于自己的美好篇章。

【名言精粹】

名言一：一粥一饭，当思来处不易；半丝半缕，恒念物力维艰。

出处：《朱子家训》

解读：这句话的意思是，每一碗粥、每一碗饭，都应当想到它们的来之不易；衣服的每半根丝、每半缕线，都要时刻牢记这些物资的获取是多么艰难。这句话反映了中华民族勤俭节约的传统美德，强调了珍惜资源、感恩生活的重要性。它告诫人们要珍惜每一份劳动成果，不要浪费，不要奢侈。这种思想不仅是一种生活态度，更是一种对劳动者的尊重和对自然资源的敬畏。在现代社会，这句话依然具有重要的现实意义。尽管物质生活条件已经大大改善，但勤俭节约依然是中华民族的重要价值观。习近平总书记多次强调要制止餐饮浪费行为，提倡“厉行节约、反对浪费”的社会风尚。这种节约意识不仅有助于个人和家庭的经济健康，更是对社会资源的合理利用和对环境的保护。《朱子家训》作为一部经典的家训，集儒家做人处世方法之大成，思想植根深厚，含义博大精深。这句话作为其中的重要内容，不仅在家庭教育中被广泛引用，也成为全社会倡导勤俭节约的重要文化依据。总之，“一粥一饭，当思来处不易；半丝半缕，恒念物力维艰”这句古训，不仅是对后人的谆谆教诲，更是中华民族生生不息的“生存密码”。

名言二：谁知盘中餐，粒粒皆辛苦。

出处：《悯农》（其二）

解读：“谁知盘中餐，粒粒皆辛苦”出自唐代诗人李绅的《悯农》（其二）。这句诗的意思是有谁知道人们碗里的米饭每一粒都是农民辛辛苦苦种出来的呢?它通过生动的描写，描绘了农民在烈日下辛勤劳作的场景，深刻地反映了劳动的艰辛和粮食的来之不易,表达了诗人对农民辛勤劳动的同情与尊重，同时也警示人们要珍惜粮食，不要浪费。诗中“锄禾日当午，汗滴禾下土”形象地描绘了农民在炎热的夏日劳作的场景，突出了劳动的艰辛。诗人通过“粒粒皆辛苦”强调了粮食的珍贵，提醒人们珍惜每一粒粮食，不要浪费。这首诗不仅赞美了劳动人民的辛勤付出，还反映了当时社会的不公，表达了诗人对劳动者的尊重和对社会问题的关注。这句诗至今仍具有重要的现实意义。它提醒我们在物质丰富的今天，依然要珍惜粮食，尊重劳动者的付出。同时，它也倡导人们关注社会公平，关心弱势群体。

李绅的《悯农》不仅在文学史上具有重要地位，更以其深刻的社会意义和教育价值，成为千古传诵的经典。

名言三：一寸光阴一寸金，寸金难买寸光阴。

出处：《白鹿洞二首》（其一）

解读：“一寸光阴一寸金，寸金难买寸光阴”是一句流传千古的名言，它以简洁而深刻的语言，生动地揭示了时间的宝贵与不可逆转性，成为激励人们珍惜时间、勤奋努力的经典语句。这句话的意思是一寸光阴就像一寸黄金一样珍贵，而一寸黄金却买不到一寸光阴。这里的“一寸光阴”和“一寸金”都是比喻，用以形象地说明时间的价值。黄金是世间最珍贵的财富之一，但时间的价值却远胜于黄金，因为时间一旦流逝，就永远无法挽回。从哲学的角度来看，这句话体现了时间的绝对性和不可逆性。时间是宇宙间最公平的存在，它对每个人都是平等的，一天只有24小时，谁也无法多得一分一秒。然而，时间又是最无情的，它一旦过去，就永远不会回来。这种不可逆性使得时间具有了独特的价值，而“寸金难买寸光阴”正是对这种价值的深刻体现。这句名言蕴含着深刻的人生智慧，提醒人们要珍惜时间，不要虚度光阴。在人生的道路上，时间是每个人最宝贵的资源。一个人无论多么富有，都无法用金钱买到更多的时间；一个人无论多么贫穷，只要珍惜时间，努力奋斗，都有可能改变自己的命运。“一寸光阴一寸金”强调了时间的珍贵，提醒人们要珍惜当下。每一寸光阴都如同黄金般珍贵，不可轻易浪费。无论是在学习、工作还是生活中，我们都应该抓住每一个当下，充分利用时间，努力提升自己，实现自己的目标。“寸金难买寸光阴”则进一步提醒人们，时间是无法用金钱买回的，因此要把握每一个机会。人生中充满了各种机遇和挑战，只有珍惜时间，才能在有限的生命中抓住更多的机会，实现自己的理想。这句话还鼓励人们要勤奋努力。时间是有限的，只有通过不懈的努力，才能在有限的时间内取得更大的成就。勤奋是成功的关键，而珍惜时间则是勤奋的基础。只有珍惜时间，才能在人生的道路上走得更远。从文化的角度来看，“一寸光阴一寸金，寸金难买寸光阴”不仅是一句简单的俗语，更是一种深刻的文化传承。它体现了中华民族对时间的敬畏和对生命的尊重，是中华民族传统文化中“惜时”观念的集中体现。

名言四：盛年不重来，一日难再晨。及时当勉励，岁月不待人。

出处：《杂诗十二首》（其一）

解读：这四句诗是陶渊明对人生短暂和时光易逝的深刻感慨。盛年不重来，即青春年华一旦过去，就再也不会重来，一日难再晨，即一天之中，早晨的时光也不会再次出现。及时当勉励，即应当趁年富力强之时勉励自己，努力奋斗。岁月不待人，即时光流逝，不会因任何人而停留。这四句诗深刻地表达了陶渊明对时间的珍惜和对生命的感慨。他提醒人们，青春易逝，时光宝贵，应当珍惜当下，抓住机会，努力奋斗。这种思想不仅反映了陶渊明对人生短暂的深刻认识，也体现了他对生命价值的积极追求。这四句诗常被用来勉励年轻人要抓紧时机，珍惜光阴，努力学习，奋发上进。它告诫人们不要虚度光阴，而应在有限的生命中追求自己的理想和目标。这种对时间的珍惜和对生命的敬畏，是陶渊明留给后人的宝贵精神财富。陶渊明的这四句诗不仅在文学上具有很高的价值，更在文化传承中发挥了重要作用。它体现了中华民族对时间的敬畏和对生命的尊重，成为后世无数文人墨客表达对时光易逝感慨的经典语句。在现代社会，这四句诗依然具有重要的启示意义。无论是在学习、工作还是生活中，我们都应该珍惜时间，抓住每一个机会，努力提升自己。只有这样，我们才能在有限的生命中实现自己的价值，不辜负时光的馈赠。

名言五：少壮不努力，老大徒伤悲。

出处：《长歌行》

解读：这句诗的意思是年轻力壮的时候不奋发图强，到了老年再悲伤也没用了。这首诗通过“托物起兴”的手法，以园中葵的生长过程来比喻人生。诗人从园中葵的蓬勃生长写起，联想到自然界的万物都有春华秋实的过程，而人生也有少年努力、老有所成的过程。然而，与自然界的万物不同，人如果没有自身的努力，就无法实现生命的价值。诗中“常恐秋节至”表达了对青春稍纵即逝的珍惜，而“百川东到海，何时复西归”则进一步强调了时间的不可逆性。最后，诗人以“少壮不努力，老大徒伤悲”作为全诗的总结，警示人们要珍惜青春，努力奋斗。这句诗告诫人们要珍惜时间，不要虚度光阴，而应在年轻时努力奋斗，以免老来后悔。它强调了“及时努力”的重要性，提醒人们在有限的生命中追求自己的理想和目标。这种积极的人生态度，不仅在古代有着重要的意义，在现代社会依然具有深刻的启示作用。总之，“少壮不努力，老大徒伤悲”是一句充满智慧的名言，它以生动的比喻和深刻的道理，警示人们要珍惜青春，努力奋斗，不要等到老来才后悔莫及。

名言六：莫等闲，白了少年头，空悲切。

出处：《满江红》

解读：岳飞，字鹏举，是南宋的抗金名将。他一生致力于抗击金兵，收复失地，但因朝廷内部的投降派阻挠，最终壮志未酬，含冤而死。这首词反映了岳飞在面对国家危难和个人命运的双重压力下，依然坚守信念、奋发图强的精神。这句词不仅是岳飞的自勉之语，更是激励后人珍惜时光、奋发有为的经典名句。“莫等闲”意为不要虚度时光，不要无所事事；“白了少年头”指的是青春年华的流逝，少年的头发逐渐变白，象征着时间的流逝；“空悲切”表达了对虚度光阴的遗憾和悔恨。这句词出自岳飞的《满江红》，全词充满了壮志未酬的悲愤和对国家命运的忧虑。岳飞通过这句词告诫自己和后人，不要轻易地虚度年华，等到年老时才后悔莫及。它体现了岳飞对时间的珍视和对理想的执着追求，也反映了他强烈的爱国情怀和责任感。这句词提醒我们，青春是人生中最宝贵的时光，应当珍惜时间，努力奋斗，追求自己的理想和目标。它鼓励年轻人不要虚度光阴，而要在有限的青春岁月里，为自己的事业、为国家的发展贡献自己的力量。总之，“莫等闲，白了少年头，空悲切”不仅是岳飞的个人感慨，更是对后人的谆谆教诲。它激励着我们在人生的道路上，珍惜时间，奋发有为，不要等到年老时才后悔莫及。

【人物逸事】

故事一：汉文帝节俭爱民

孝文帝从代来，即位二十三年，宫室苑囿狗马服御无所增益，有不便，辄弛以利民。尝欲作露台，召匠计之，直百金。上曰：“百金中民十家之产，吾奉先帝宫室，常恐羞之，何以台为！”上常衣绨衣，所幸慎夫人，令衣不得曳地，帏帐不得文绣，以示敦朴，为天下先。治霸陵皆以瓦器，不得以金银铜锡为饰，不治坟，欲为省，毋烦民。

出处：《史记·孝文本纪》

译文：汉文帝从代地入继大统，即位二十三年间，宫室、园林、犬马、车驾及日常用度一概不曾增添。凡有不便利百姓的制度，皆废除以利民生。他曾想建造一座露台，召工匠估算费用，需耗费百金。文帝叹道：“百金相当于十户中等百姓的家产啊！我继承先帝的宫室已心怀惶恐，唯恐愧对先祖，何必再建此台？”文帝平日身着粗绸衣裳，宠爱的慎夫人也被勒令衣裙不可拖地，帷帐不得刺绣花纹，以此彰显质朴之风，为天下表率。修建霸陵时，皆用陶器陪葬，禁用金银铜锡装饰，不筑高大坟冢，一切从简，力求不劳民伤财。

解读：汉文帝的节俭之风，堪称帝王典范。其惜物之心与恤民之志浑然一体，展现出“以天下为家”的治理智慧，我们可从三个方面来认识了解。首先是汉文帝克己奉公，以俭养德。文帝身居九五之尊，却将“百金之费”换算为“十户中产之资”，以百姓生计衡量帝王用度，足见其以民为本的价值观。他衣粗帛、简帷帐，甚至约束宠妃衣食规格，主动消解皇权象征的奢靡属性，使节俭从个人德行升华为政治符号。这种“帝王与民共冷暖”的姿态，既消弭了统治阶层与百姓的物质对立，亦以道德感召力凝聚民心，为“文景之治”奠定了精神根基。其次，汉文帝修改规制，以俭利民。文帝不满足于“不增益”宫室的消极节俭，更进一步“弛不便之法”，主动废除劳民旧制。露台之议的搁置，实为“不与民争利”的执政缩影：他将宫廷营建与民生疾苦置于同一价值天平，使节俭政策超越道德说教，成为调节资源分配的政治杠杆。这种“减法治国”的智慧，在汉初经济凋敝的背景下，有效减轻了社会负担，为休养生息创造了制度空间。第三，汉文帝留下陵墓从简的遗训，以节俭来警示后世。霸陵“瓦器为葬，不饰金银”“不治封土”的遗诏，尤显其节俭之彻底。古代帝王多视陵寝为身后威权的延续，厚葬之风盛行。文帝却将简葬作为政治遗嘱，以“毋烦民”为终极关怀，打破了“事死如事生”的传统桎梏。这一破天荒之举，既避免了“国贫于徭役，家困于赋敛”的恶性循环，更以“生死皆俭”的极致实践，将惜物精神铭刻为帝国记忆，深刻影响了汉代薄葬之风。汉文帝的节俭绝非琐碎用度之省，而是贯通修身、治国、垂训的宏大政治叙事。他以物观民，化朴为治，使“惜物”成为权力约束的伦理枷锁，让“节俭”化作社会复苏的经济密码。这种将帝王私德与公共福祉深度绑定的治理艺术，恰如霸陵瓦器——虽无金玉之光，却以陶土的温厚承载了一个盛世崛起的重量。

故事二：郭子仪节俭清廉

子仪性宽厚，御下以恩，士乐为用。每出师，未尝以私财赏士，及还，必以所获分赐将士，家无余财。及薨，家无余赀，唯图书数箧而已。

出处：《旧唐书·郭子仪传》

译文：郭子仪性情宽厚，对待部下以恩德相待，将士们都乐意为他效力。每次出征，他从不以私财赏赐士兵，等到凯旋时，一定会将所得的战利品分给将士，家中没有多余的财物。到他去世时，家中没有多余的财产，只有几箱书籍而已。

解读：郭子仪“性宽厚，御下以恩”，表明他为人宽宏大量，对待部下以恩德相待，而非严苛的惩罚或压迫。这种宽厚的性格使得将士们“乐为用”，即心甘情愿地为他效力。这种领导方式不仅增强了军队的凝聚力，也体现了他的人格魅力和智慧。“每出师，未尝以私财赏士，及还，必以所获分赐将士”，说明郭子仪在治军时非常公正。他从不以个人财产赏赐士兵，而是将战利品公平地分配给将士。这种做法不仅体现了他大公无私的品质，也增强了将士们的信任和忠诚。“家无余财”和“及薨，家无余赀，唯图书数箧而已”这两句，突出表现了郭子仪的清廉节俭。作为一位功勋卓著的将领，他本可以积累大量财富，但他却选择将战利品分给将士，自己家中几乎没有多余的财产。到他去世时，家中只有几箱书籍，这进一步说明他将精神财富（知识）看得比物质财富更为重要。郭子仪的行为不仅是对个人的约束，更是对当时社会的示范。在唐朝中后期，官场腐败、奢侈之风盛行，而郭子仪却以清廉节俭著称，为官员和将领树立了榜样。他的行为不仅赢得了将士和百姓的尊敬，也对当时的官场风气产生了积极影响。郭子仪的故事对现代社会仍有重要的启示意义。他的宽厚待人、大公无私、清廉节俭等品质，不仅为古代为官者树立了典范，也是现代人应当学习的品质。在当今社会，节俭和清廉依然是重要的价值观，而郭子仪的故事提醒我们，真正的成功不仅在于功成名就，更在于如何以正直和无私的态度对待他人和社会。

这段文字通过对郭子仪性格和行为的描述，展现了他作为一代名将的卓越品质。他的宽厚、公正、清廉和节俭，不仅为他赢得了将士和百姓的尊敬，也为后世树立了榜样。郭子仪的故事告诉我们，真正的伟大不仅在于功绩，更在于品德。

故事三：苏轼被贬黄州后的节俭计划

初到黄，廪入既绝，人口不少，私甚忧之，但痛自节俭，日用不得过百五十。每月朔，便取四千五百钱，断为三十块，挂屋梁上，平旦用画叉挑取一块，即藏去叉，仍以大竹筒别贮用不尽者，以待宾客。度囊中尚可支一岁有余，至时别作经画。

出处：《东坡志林》

译文：刚到黄州时，官府的俸禄已经断绝，家中人口不少，我心里非常担忧。于是，我下定决心节俭度日，每天的用度不得超过一百五十文钱。每月初一，我便取出四千五百文钱，分成三十份，挂在屋梁上。每天早晨用画叉挑取一份，然后将画叉藏起来。另外，我还用一个大竹筒存放用不完的钱，以备招待宾客之用。我估算了一下，按照这样的用度，家中的钱还能支撑一年有余，等到那时再另作打算。

解读：苏轼被贬黄州时，官职仅为“检校水部员外郎”和“充黄州团练副使”，且“本州安置，不得签书公事”，实际上是一个被软禁的官员。他的薪俸被取消，生活陷入困境，只能依靠有限的积蓄维持生计。没有了俸禄收入，家中人口众多，生活开支成为一大问题。为了应对困境，他严格控制日常开支，每天的生活费用不得超过一百五十文钱。每月初一，他取出四千五百文钱，分成三十份，每份一百五十文，用绳子穿好，挂在屋梁上。每天早晨，用画叉挑取一份，用完后将画叉藏起来。如果当天没用完的钱，则放入大竹筒中储存起来，用于招待客人。尽管生活困苦，苏轼依然保持乐观豁达的心态。他在信中提到“水到渠成，不须预虑”，表明他对未来充满信心，相信困境总会过去。这种乐观精神不仅帮助他度过了黄州的艰难岁月，还激发了他的文学创作灵感。在黄州期间，苏轼的生活虽然清苦，但他的文学创作却达到了高峰。他写下了许多流传千古的诗词，如《念奴娇·赤壁怀古》《定风波》等。此外，他还通过躬耕东坡。自给自足，进一步改善了生活条件。苏轼在黄州的节俭计划不仅体现了他的生活智慧和自律精神，也为后人树立了榜样。他的故事提醒我们，在面对困境时，通过合理规划和节俭生活，可以有效应对困难，保持乐观心态。总之，苏轼在黄州的节俭计划不仅是他应对生活困境的智慧之举，更是他乐观豁达精神的体现。这种精神不仅帮助他度过了艰难岁月，也为后世留下了宝贵的精神财富。

故事四：朱熹一寸光阴不可轻

少年易老学难成，一寸光阴不可轻。未觉池塘春草梦，阶前梧叶已秋声。

出处：《劝学诗》

译文：青春年少容易老去，学问却难以成就；一寸光阴也不可轻易浪费。还未察觉池塘边春草的美梦，台阶前的梧桐叶已传来秋天的声音。

解读：朱熹是南宋著名的理学家、教育家，他一生致力于学问和教育事业，深知学问难成、时光易逝。这首诗既是他对年轻人的劝诫，也是他自身的感悟。“少年易老学难成”这句诗表达了朱熹对人生易老、学问难成的深刻认识。青春时光短暂，而学问的积累却需要漫长的时间和不懈的努力。因此，年轻人应该珍惜青春，抓紧时间学习。“一寸光阴不可轻”这句诗是全诗的核心，强调了时间的宝贵。朱熹用“一寸光阴”来形容时间的短暂，告诫人们不要轻易放过每一寸光阴。这里的“轻”不仅指时间的短暂，也指人们对时间的轻视。“未觉池塘春草梦，阶前梧叶已秋声”这两句通过生动的比喻，进一步说明时间的飞逝。还没从春天的美梦中醒来，秋天的梧桐叶已经沙沙作响。这种对比突出了时间的流逝之快，提醒人们要珍惜时光。朱熹的这首诗不仅是对年轻人的劝诫，也是对全社会的警示。他通过这首诗告诉人们，青春易逝，学问难成，因此必须珍惜时间，勤奋学习。这种思想不仅在当时具有重要意义，对后世也产生了深远影响。在现代社会，朱熹的“一寸光阴不可轻”依然具有重要的现实意义。它提醒我们，无论身处何种时代，时间都是宝贵的资源。我们应该珍惜每一寸光阴，努力学习，不断提升自己，以免虚度年华。

【诗词精华】

诗词一：《咏史二首》（其二）

作者：李商隐（唐）

历览前贤国与家，成由勤俭破由奢。
何须琥珀方为枕，岂得真珠始是车。
运去不逢青海马，力穷难拔蜀山蛇。
几人曾预南薰曲，终古苍梧哭翠华。

诗词鉴赏：李商隐生活在唐朝末期，社会动荡不安，政治腐败，国家逐渐走向衰落。他通过这首诗，回顾历史，总结经验教训，表达了对国家命运的忧虑和对勤俭节约的倡导。“历览前贤国与家，成由勤俭破由奢”这句诗是全诗的核心，诗人通过回顾历史，指出国家和家庭的兴衰成败，都与勤俭节约密切相关。勤俭是成功的基础，而奢侈则是失败的根源。这句话不仅是对历史的总结，也是对现实的警示。“何须琥珀方为枕，岂得真珠始是车”这两句通过反问的形式，批判了当时社会的奢侈风气。诗人认为，真正的财富和地位并不是靠奢华的物品来体现的，而是靠勤俭和努力得来的。“运去不逢青海马，力穷难拔蜀山蛇”这两句进一步说明了国家衰落的原因。诗人认为，运气和力量的不足，使得国家难以摆脱困境。这里的“青海马”和“蜀山蛇”都是象征性的表达，暗示了国家面临的内外困境。“几人曾预南薰曲，终古苍梧哭翠华”，最后两句，诗人通过“南薰曲”和“苍梧”等典故，表达了对国家命运的忧虑和对历史的感慨。诗人希望后人能够吸取历史教训，避免重蹈覆辙。李商隐的这首诗不仅是对历史的回顾，也是对现实的批判和警示。在现代社会，勤俭节约依然是我们应当秉持的重要品质。通过这首诗，我们可以深刻认识到，无论个人还是国家，都应该珍惜资源，避免浪费，才能实现可持续发展。总之，《咏史二首》（其二）通过回顾历史，总结经验教训，表达了对勤俭节约的倡导和对奢侈浪费的批判，具有深刻的现实意义。

诗词二：《明日歌》

作者：钱福（明）
明日复明日，明日何其多。
我生待明日，万事成蹉跎。
世人若被明日累，春去秋来老将至。
朝看水东流，暮看日西坠。
百年明日能几何？请君听我明日歌。

诗词鉴赏：《明日歌》是明代文人钱福所作，旨在劝诫人们珍惜时间，不要拖延，要抓住当下。这首诗通过反复提到“明日”，告诫人们不要将事情推到明天，而应珍惜今天。“明日复明日，明日何其多”这句诗表达了时间的无限性和人们的拖延心理。诗人指出，人们总是习惯性地将事情推迟到明天，却不知明天永远也做不完。“我生待明日，万事成蹉跎”这句诗深刻揭示了拖延的后果。如果人们总是等待明天去做事，那么一生中的许多事情都将被耽误，最终一事无成。“世人若被明日累，春去秋来老将至”这句诗进一步强调了时间的宝贵。诗人提醒人们，如果总是被“明日”所累，时间就会在不知不觉中流逝，最终人也会老去。“朝看水东流，暮看日西坠”，诗人通过描写自然现象，形象地说明了时间的流逝。早晨看到河水向东流去，傍晚看到太阳向西坠落，时间就这样一天天过去。“百年明日能几何？请君听我明日歌”，最后，诗人以反问的形式，强调了时间的有限性。人生能有多少个“明日”呢？诗人呼吁人们珍惜时间，不要虚度光阴。全诗语言简洁明了，用词通俗，易于理解，适合各个年龄段的人阅读。诗中多次提到“明日”，通过重复强调，使读者深刻感受到拖延的危害。如“朝看水东流，暮看日西坠”等句子，生动地描绘了时间的流逝，增强了诗歌的感染力。《明日歌》通过浅显易懂的语言，传达了珍惜时间、抓住当下的重要性。这首诗告诫人们不要拖延，要积极行动，珍惜每一天。它提醒我们，时间是宝贵的，一旦错过，就无法挽回。

诗词三：《示诸子》

作者：况钟（明）
遗尔黄金财，纵多难久守；
遗尔清白风，万世常悠久。
遗尔好子孙，他日多贤否；
遗尔好身心，一生无病瘦。
遗尔好田园，土瘠多稂莠；
遗尔好书田，子孙读不朽。

诗词鉴赏：况钟，字伯律，号如愚，江西靖安人，明代著名的清官。他一生为官清廉，政绩显著，尤其在任苏州知府期间，以清正廉洁、勤政爱民著称。《示诸子》是况钟写给子孙的家训诗，旨在教导他们如何为人处世，尤其是强调节俭和廉洁的重要性。“遗尔黄金财，纵多难久守；遗尔清白风，万世常悠久”这两句诗对比了物质财富与精神财富的不同价值。况钟认为，留给子孙再多的金银财宝，也难以长久保存，而“清白风”（即清廉正直的家风）却能代代相传，成为永恒的财富。这里强调了节俭不仅是对物质的节约，更是对品德的传承。清廉的家风比物质财富更珍贵，更能长久地影响子孙。“遗尔好田园，土瘠多稂莠；遗尔好书田，子孙读不朽”，况钟在这里进一步阐述了节俭的意义。他指出，留给子孙肥沃的田园固然重要，但如果子孙不努力，土地也会荒芜。相反，留给子孙“书田”（即知识和文化）则更为重要。通过读书和学习，子孙可以获得永恒的财富，这种财富不会因时间而贬值，也不会因挥霍而消失。这体现了况钟对知识和节俭的双重推崇。“遗尔好子孙，他日多贤否；遗尔好身心，一生无病瘦”这两句诗从侧面强调了节俭的重要性。况钟希望子孙能够继承优良的品德和健康的身体，而不是依赖物质财富。节俭的生活方式不仅能培养人的品德，还能保持身心健康。这种观念体现了古代儒家“修身、齐家、治国、平天下”的思想，即从个人的修养做起，逐步影响家庭和社会。况钟的《示诸子》不仅是对子孙的劝诫，更是对整个家族的期望。他通过这首诗，希望子孙能够继承清廉、节俭的家风，不做贪图享乐的纨绔子弟。这种家风传承在古代社会尤为重要，因为它不仅关系到家族的兴衰，更影响到社会的风气。“遗尔好书田，子孙读不朽”这句诗体现了况钟对知识的重视。他认为，读书是节俭生活的重要内容之一。通过读书，子孙可以获得智慧和能力，从而更好地适应社会。这种观念与“书中自有黄金屋，书中自有颜如玉”的传统观念有所不同，况钟更强调读书的内在价值，而非外在的功利性。“遗尔清白风，万世常悠久”这句诗则是对节俭和廉洁的总结。况钟希望子孙能够继承清廉的家风，不贪图物质享受，不追求奢华生活。这种节俭的品德不仅能帮助子孙在社会中立足，更能成为家族的骄傲，代代相传。综上所述，况钟的《示诸子》是一首充满智慧和深意的家训诗。他通过对比物质财富与精神财富的不同价值，强调了节俭和廉洁的重要性。况钟认为，节俭不仅是对物质的节约，更是对品德的培养和传承。通过读书和修身，子孙可以获得永恒的财富，这种财富比金银财宝更为珍贵。这首诗不仅反映了况钟的清廉为官之道，也体现了他对子孙的殷切期望。在现代社会，况钟的这种节俭观念依然具有重要的启示意义：只有通过自身的努力和品德修养，才能获得真正的幸福和成功。

诗词四：《今日良宴会》

作者：佚名（汉）
今日良宴会，欢乐难具陈。
弹筝奋逸响，新声妙入神。
令德唱高言，识曲听其真。
齐心同所愿，含意俱未申。
人生寄一世，奄忽若飙尘。
何不策高足，先据要路津？
无为守穷贱，轗轲长苦辛。

出处：《古诗十九首》

诗词鉴赏：诗中“人生寄一世，奄忽若飙尘”一句，以“飙尘”（狂风中的尘埃）比喻人生，形象地描绘了生命的短暂和时光的易逝。这种比喻不仅生动地表达了诗人对生命无常的感慨，也暗示了诗人对时间的珍惜。诗人意识到，人生如同尘埃般短暂，稍纵即逝，因此应当珍惜每分每秒，不要虚度光阴。在后文中，“何不策高足，先据要路津”进一步体现了诗人对时光的珍惜。诗人劝诫人们要抓住机会，积极进取，不要在短暂的人生中碌碌无为。这种对时间的珍视和对人生价值的追求，反映了诗人对生命意义的深刻思考。诗的前半部分通过对宴会场景的描写，展现了音乐的美妙和宴会的奢华。例如，“弹筝奋逸响，新声妙入神”描绘了宴会上的音乐表演，筝声激越，新曲美妙，令人陶醉。然而，诗人并未沉溺于这种物质享受，而是通过“含意俱未申”暗示了人们内心的隐忧和对时光的无奈。这种描写既体现了诗人对美好事物的珍惜，也反映了他对人生意义的反思。诗人意识到，尽管物质享受令人愉悦，但人生的意义不应仅仅局限于眼前的奢华。真正的价值在于珍惜时间，追求更高的人生目标。整首诗以宴会为背景，通过听曲感怀，抒发了诗人对人生短暂和时光易逝的感慨，同时也表达了对功名利禄的追求和对贫贱的不满。诗人以“无为守穷贱，轗轲长苦辛”结尾，劝诫人们不要固守贫贱，而应积极进取，珍惜时光，追求人生的价值。从艺术手法来看，这首诗结构浑然一体，语言质朴自然，却蕴含着深刻的情感和哲理。通过惜时与惜物的描写，诗人不仅展现了宴会的热闹场景，更引发了读者对人生意义的思考。综上所述，《今日良宴会》通过宴会场景的描写，巧妙地融入了对时间的珍惜和对人生价值的思考。诗人以“飙尘”比喻生命的短暂，劝诫人们珍惜时光，积极进取；同时，通过对音乐和奢华场景的描写，表达了对美好事物的珍惜，但又不沉溺于其中。这首诗不仅展现了汉代文人的生活场景，更反映了他们对人生意义的深刻思考，具有很高的艺术价值和思想深度。

【阅悟人生】

在现代社会，惜物与惜时是两种珍贵的生活智慧，给予我们深刻的启示与感悟。惜物，是对物品背后情感与资源的尊重，它提醒我们在物质丰富的时代，依然要珍惜每一件物品，因为它们承载着回忆、情感和劳动的价值。从日常的节俭到对旧物的珍视，惜物让我们在快节奏的生活中感受到岁月的温度，学会在细节中发现生活的美好。而惜时，则是对生命的一种敬畏，它告诫我们时光宝贵且易逝，每一刻都值得被充分利用。在忙碌的生活中，惜时让我们学会规划，珍惜当下，不虚度光阴，从而在有限的时间内追求梦想，实现自我价值。惜物与惜时，共同构成了对生活的热爱与尊重，让我们在岁月的长河中，既能感受生活的温度，又能追逐梦想的光芒，成就更加充实而有意义的人生。

【写作锦囊】

写作训练

以“一件旧物的故事”为题，写一篇800字记叙文，围绕一件旧物展开叙述，突出惜物与惜时的主题。注意细节描写和心理刻画，让人物的情感和故事的意义真实可感。或以“惜物与惜时：现代生活的必修课”为题，写一篇800字议论文，结合历史、现实和理论，论证惜物与惜时的重要性。要求论点明确，论证严密，层次清晰。

写作提示

记叙文：在记叙文中，惜物与惜时可以通过具体的故事和细腻的描写来展现。可以围绕一个核心事件展开，通过人物的行动、心理和环境描写，突出惜物与惜时的重要性。例如，可以讲述一个老人如何珍惜一件旧物，这件旧物可能是他年轻时的一本书、一块手表，或是一件手工制作的工具。通过描写老人如何小心翼翼地保存和修复这件旧物，以及这件旧物背后的故事，展现他对过去的怀念和对时间的珍视。还可以通过对比手法，描写年轻人对时间的浪费和对物品的随意丢弃，从而形成强烈的反差，突出主题。在叙述过程中，可以通过细节描写增强感染力。比如，描写老人修复旧物时的专注神情，或是他抚摸旧物时的温柔动作；还可以通过环境描写烘托氛围，比如阳光透过窗户洒在旧物上，或是秋风吹落树叶的萧瑟景象。这些细节不仅能让故事更加生动，也能让读者感受到惜物与惜时的深刻意义。此外，可以通过人物的内心独白，展现他们对时间和物品的思考。比如，老人可能会回忆起年轻时如何珍惜时间、努力奋斗，而年轻人则在老人的影响下逐渐意识到时间的宝贵和物品的价值。这种心理描写能够让故事更加真实感人，也让主题更加深入人心。

议论文：在议论文中，惜物与惜时可以从理论层面进行探讨，结合历史、现实和哲学观点，阐述其重要性。首先，可以从历史角度切入，列举一些著名的例子，比如古人“物尽其用”的节俭思想，或是“一寸光阴一寸金”的惜时观念。这些例子不仅能够增强论点的说服力，还能让文章更具文化底蕴。接着，可以从现实角度分析惜物与惜时在当今社会的意义。比如，在资源日益紧张的今天，惜物不仅是一种美德，更是对环境和社会的责任；而在快节奏的现代生活中，惜时则是提高效率、实现目标的关键。可以结合社会现象，如浪费资源的现状、拖延症的普遍性等，进一步论证这一观点。此外，可以从哲学或心理学角度探讨惜物与惜时的内在价值。比如，惜物不仅是对物品的珍惜，更是对劳动成果的尊重和对生活的热爱；惜时则是对生命的敬畏和对未来的负责。可以引用一些名言警句，如“时间就是生命”“节俭是美德之首”，来增强文章的深度和说服力。最后，可以结合个人或社会的实际，提出一些建议。比如，如何在日常生活中培养惜物与惜时的习惯，如何通过合理规划时间提高生活质量，以及如何通过珍惜资源保护环境。通过层层递进的论述，让读者不仅理解惜物与惜时的重要性，还能从中获得启发和力量。

第十二讲：诚实与守信

【主题解读】

一、诚实：心灵的底色，生命的基石

诚实，如同清晨的露珠，纯净而透明，折射出心灵的清澈与纯净。它是人性中最质朴的美德，是生命中最坚实的基石。诚实，是心灵的底色，是我们与世界沟通的桥梁，是我们内心深处最真实的表达。

在生活的每一个角落，诚实都散发着独特的光芒。它是朋友之间的坦诚相待，是家人之间的信任与理解，是陌生人之间的真诚与善意。诚实，让我们在面对自己的内心时，能够坦然自若；在面对他人时，能够赢得尊重与信任。它是心灵的灯塔，照亮我们前行的道路，让我们在纷繁复杂的世界中，始终保持内心的宁静与纯净。

诚实，是一种无声的力量，它让我们在面对诱惑时，能够坚守底线；在面对错误时，能够勇敢承认并改正。它告诉我们，真正的伟大并非来自外在的光环，而是来自内心的坦荡与真诚。正如雨果所说："最高的道德就是不断地为人服务，为人类的爱而工作。"诚实，正是这种道德的基石，让我们在生命的旅途中，始终保持一颗善良而真诚的心。

二、守信：承诺的重量，灵魂的担当

守信，是承诺的重量，是灵魂的担当。它是人与人之间最珍贵的纽带，是社会和谐的基石。守信，如同一座坚固的桥梁，连接着彼此的心灵，让我们在相互信任中共同前行。

在生活的每一个阶段，守信都扮演着重要的角色。它是朋友之间的默契，是合作伙伴之间的信任，是社会成员之间的责任。守信，让我们在面对承诺时，能够毫不犹豫地履行；在面对困难时，能够坚守初心，不轻易放弃。它是心灵的誓言，是我们对他人、对社会的一种庄重承诺。

守信，是一种无声的力量，它让我们在面对挑战时，能够赢得他人的支持与帮助；在面对成功时，能够收获更多的尊重与认可。它告诉我们，真正的力量并非来自外在的权威，而是来自内心的坚守与担当。正如孔子所说："人而无信，不知其可

也。”守信，正是这种坚守的体现，让我们在生命的旅途中，始终保持一颗坚定而可靠的心。

诚实是守信的基础，只有诚实的人，才能真正守信；守信是诚实的升华，只有守信的人，才能赢得他人的信任与尊重。诚实让我们在面对自己时，能够坦然自若；守信让我们在面对他人时，能够赢得尊重与支持。在现代社会，诚实与守信不仅是个人的美德，更是社会的基石。它们让我们在复杂的人际关系中，能够建立起真正的信任与合作；在快节奏的生活中，能够保持内心的宁静与纯净。诚实与守信，让我们在生命的旅途中，始终保持一颗善良而坚定的心，用真诚与担当书写属于自己的美好篇章。

【名言精粹】

名言一：诚者，天之道也；思诚者，人之道也。

出处：《孟子·离娄章句上·第十二节》

解读：这句话是孟子关于“天道”与“人道”关系的经典论述。“诚者，天之道也”：诚是自然的本性，是天道的体现，即宇宙万物运行的自然规律是真实无妄的。“思诚者，人之道也”：追求诚，是做人的根本准则，即人应当通过自我反省和努力，达到与天道相合的“至诚”境界。孟子通过这句话，将“人道”与“天道”相连接，赋予“诚”以天道的根据。他认为，只有通过“思诚”，人们才能达到与天道相合的境界，实现天人合一。这里的“诚”不仅是道德上的真实无妄，更是实现个人修养和社会和谐的重要原则。在儒家思想中，“诚”与“善”“仁”密切相关，是一种“善德”。孟子将“反身而诚”的“强恕而行”作为求仁的“近路”，认为通过“思诚”达到的“至诚”境界，是“仁心”“善性”的彻底显现。《中庸》也提到“诚者，物之终始，不诚无物”，进一步强调了“诚”在天、人、物之间的贯通作用。这句话提醒我们，诚信不仅是个人修养的基础，也是社会和谐的重要保障。在现实生活中，无论是个人交往还是社会事务，都应以诚信为本，通过不断自我反省和努力，追求真实无妄的境界。

名言二：君子以言有物，而行有恒。

出处：《易传·象传下·家人》

解读：这句话的意思是君子应当注重自己的言行，说话要有根据、内容充实，做事要有恒心、持之以恒。言有物：说话要有根据，内容充实，不空洞。行有恒：做事要有恒心，持之以恒，不能半途而废。这句话强调了言行一致的重要性，体现了中国传统文化中对君子品德的高标准要求。君子不仅要在言语上做到言之有物，避免空洞无物的虚谈，还要在行动上保持恒心和毅力，坚持自己的原则和目标。从文化的角度来看，这句话反映了儒家思想中对个人修养和社会责任的重视。儒家强调“修身、齐家、治国、平天下”，而“言有物”和“行有恒”正是修身的基础。只有通过自我反省和不断努力，才能达到言行一致的境界，进而影响家庭、社会乃至国家。在现代社会，这句话依然具有重要的启示意义。无论是在个人成长还是职业发展中，都需要做到言行一致。在个人层面，这有助于建立良好的信誉和人际关系；在职业层面，这有助于提高工作效率和职业素养。总之，“君子以言有物，而行有恒”不仅是对个人修养的要求，也是对社会责任的担当。它提醒我们在日常生活中，要注重言行的品质和持久性，做到言行一致，持之以恒。

名言三：君子以行言，小人以舌言。

出处：《孔子家语·颜回》

解读：这句话深刻地揭示了君子与小人在言行上的本质区别，体现了儒家思想中对道德修养和行为准则的重视。“君子以行言”：君子通过实际行动来表达自己的观点和立场。“小人以舌言”：小人则主要依靠言语来表达，往往缺乏实际行动。这句话反映了儒家思想中对“言行一致”的高度重视。君子注重实际行动，他们的言行能够体现道德和正义，因此能够赢得他人的尊重和信任。相反，小人往往言过其实，只说不做，甚至为了私利而损害他人利益，最终难以赢得他人的认可。从文化角度来看，这句话体现了儒家思想中对个人修养和社会责任的重视。儒家强调“修身、齐家、治国、平天下”，而“言行一致”是修身的基础。这句话提醒人们，真正的品德和价值不是通过空洞的言语来体现的，而是通过实际行动来证明的。在现代社会，这句话依然具有重要的启示意义。无论是在个人成长还是职业发展中，我们都应该注重实际行动，而不是仅仅停留在口头上。只有通过实际行动，才能真正实现自己的目标，赢得他人的尊重和信任。“君子以行言，小人以舌言”不仅是对个人品德的深刻总结，也是对社会行为的一种规范和引导。它提醒我们在日常生活中，要注重实际行动，做到言行一致，以实际行动来证明自己的观点和立场。

名言四：人之操履无若诚实。

出处：《宋名臣言行录》

解读：这句话的意思是人的操守没有比诚实更重要的了。其中，“操履”指的是操守，即一个人的行为准则和道德品质。这句话强调了诚实是人的最高品德，是个人修养和行为的基石。朱熹认为，一个人的品行中最重要的是诚实，它是一个人立足社会的根本。朱熹通过这句话，表达了对个人品德修养的高度重视。诚实不仅是个人道德的核心，也是社会交往的基础。一个人只有具备诚实的品德，才能赢得他人的信任和尊重，才能在社会中立足。从文化角度来看，这句话体现了儒家思想中对“诚信”的重视。儒家强调“修身、齐家、治国、平天下”，而诚信是修身的基础。只有做到诚实守信，才能实现个人的道德修养，进而影响家庭、社会乃至国家。在现代社会，这句话依然具有重要的启示意义。无论是在个人生活还是职业发展中，诚实都是最重要的品质之一。诚实的人更容易获得他人的信任和合作，能够在社会中建立良好的人际关系，从而实现个人的目标。

名言五：小信诚则大信立。

出处：《韩非子·外储说左上》

解读：这句话的意思是在小事情上能够做到诚实守信，就能够建立起更大的信誉。韩非子通过这句话，深刻地阐述了诚信的积累过程，强调了诚信从小事做起的重要性。“小信诚”指的是在日常生活中，即使是小事也要做到诚实守信；“大信立”则表示通过这些小事积累起来的诚信，能够让人在大事上也值得信任。这句话揭示了诚信的积累过程，强调了诚信从小事做起的重要性。韩非子认为，只有在日常生活中做到诚实守信，才能在大事上赢得他人的信任。这不仅是个人品德的体现，也是社会交往的基础。从文化角度来看，“小信诚则大信立”体现了中国古代思想家对诚信的高度重视。诚信被视为一种基本的道德品质，是人与人之间建立信任和友谊的基石。儒家思想也强调“人无信不立”，认为诚信是个人立足社会的根本。在现代社会，这句话依然具有重要的启示意义。无论是在个人生活还是职业发展中，诚信都是最重要的品质之一。只有通过在小事上积累诚信，才能在大事上赢得他人的信任。例如，一个企业如果在日常经营中做到诚信，就能树立良好的品牌形象，赢得消费者的信任。综上所述，“小信诚则大信立”不仅是对个人品德的深刻总结，也是对社会行为的一种规范和引导。它提醒我们在日常生活中，要注重诚信的积累，从每一件小事做起，做到言行一致。只有这样，才能在社会中建立起良好的信誉，赢得他人的尊重和信任。

名言六：言不信者，行不果。

出处：《墨子·修身》

解读：这句话的意思是说话不守信用的人，做事很难取得成功。这句话是墨子对个人修养和行为准则的阐述。墨子，名翟，是战国时期著名的思想家、教育家和科学家，墨家学派的创始人。墨子生活在战国时期，社会动荡不安，诚信缺失是当时社会的一大问题。他通过这句话，强调诚信在个人修养和社会交往中的重要性，倡导人们以诚信为本，修身齐家治国平天下。他主张兼爱、非攻、尚贤等理念，强调个人品德修养和社会责任。字面含义：说话不守信用的人，做事很难取得好结果。深层寓意：这句话强调了诚信的重要性。诚信不仅是个人品德的核心，也是实现目标的基础。一个人如果说话不算数，缺乏诚信，那么他在做事时很难获得他人的信任和支持，最终难以取得成功。因此，“言不信者，行不果”不仅是对个人品德的深刻总结，也是对社会行为的一种规范和引导。它提醒我们在日常生活中，要注重诚信的积累，从每一件小事做起，做到言行一致。只有这样，才能在社会中建立起良好的信誉，赢得他人的尊重和信任。诚信不仅是个人成功的基石，也是社会和谐与发展的保障。

【人物逸事】

故事一：商鞅立木取信

商鞅令既具，未布，恐民之不信己，乃立三丈之木于国都市之南门，募民有能徙置北门者予十金。民怪之，莫敢徙。复曰："能徙者予五十金。"有一人徙之，辄予五十金。民信之，卒下令。

出处：《史记·商君列传》

译文：商鞅的新法令已经制定完成，但还未公布。他担心百姓不相信自己，于是在秦国都城的南门立了一根三丈高的木头，招募百姓，说谁能把这根木头搬到北门，就赏赐十金。百姓对此感到奇怪，没有人敢去搬。商鞅又宣布："谁能搬走这根木头，赏赐五十金。"有一个人将木头搬到了北门，商鞅立刻赏赐了他五十金。百姓因此相信了商鞅，随后新法令得以顺利颁布。

解读：公元前361年，秦孝公即位，决心发愤图强，搜罗人才。商鞅来到秦国，得到秦孝公接见并提出变法主张，虽得到秦孝公认可，但遭到秦国一些贵族和大臣的竭力反对，变法之事暂时搁置。两年后，秦孝公君位坐稳，拜商鞅为左庶长，让其主持改革之事。商鞅起草了改革法令，为让老百姓相信并遵守新法令，他先叫人在都城南门竖了一根三丈高的木头，下令谁能把木头扛到北门，就赏十两金子。百姓们觉得此事轻而易举却有如此重赏，都不敢相信，无人尝试。于是，商鞅把赏金提到五十两。最终，有一个人扛起木头搬到了北门，商鞅立刻派人兑现承诺，赏给此人五十两金子。商鞅通过立木取信，向秦国百姓展示了自己言出必行的决心，让百姓相信朝廷推行变法是认真的，为后续变法的顺利实施奠定了坚实的民意基础。新法施行后，秦国出现路不拾遗、山无盗贼的太平景象，百姓勇于为国作战，不敢再行私斗，乡野城镇都治理得很好。通过"城门立木"，商鞅向秦国百姓展示了自己言出必行的决心，让百姓相信朝廷推行变法是认真的，为后续变法的顺利实施奠定了坚实的民意基础。这一举措体现了商鞅变法以法治为核心的理念，向民众展示了法律的威严和公正，使民众逐渐养成遵守法律的习惯，为秦国的统治提供了有力保障。商鞅用简单的方式激发了民众的积极性和创造力，让民众意识到自己的力量能够影响国家的变革，使民众成为了秦国变法和皇朝建设的重要力量。

故事二：延陵季子赠剑

延陵季子将西聘晋，带宝剑以过徐君。徐君观剑，不言而色欲得之。延陵季子为有上国之使，未献也，然其心许之矣。致使于晋，顾反，则徐君死于楚。于是脱剑致之嗣君。从者止之曰："此吴国之宝，非所以赠也。"延陵季子曰："吾非赠之也。

先日吾来，徐君观吾剑，不言而其色欲得之。吾为有上国之使，未献也。虽然，吾心许之矣。今死而不进，是欺心也。爱剑伪心，廉者不为也。”遂脱剑致嗣君。嗣君曰：“先君无命，孤不敢受剑。”于是季子以剑带徐君墓树而去。徐人嘉而歌之曰：“延陵季子兮不忘故，脱千金之剑兮带丘墓。”

出处：《新序》

译文：延陵季子奉命向西出使晋国，佩带宝剑拜访了徐国国君。徐国国君观赏季子的宝剑，嘴上没有说什么，但脸色透露出想要宝剑的意思。延陵季子因为有出使上国的任务，就没有把宝剑献给徐国国君，但是他心里已经答应给他了。季子在晋国完成了出使任务，返还，可是徐君却已经死在楚国。于是，季子解下宝剑送给继位的徐国国君。随从人员阻止他说：“这是吴国的宝物，不是用来作赠礼的。”延陵季子说：“我不是送给他的。前些日子我经过这里，徐国国君观赏我的宝剑，嘴上没有说什么，但是他的脸色透露出想要这把宝剑的表情；我因为有出使上国的任务，就没有献给他。虽是这样，在我心里已经答应给他了。如今他死了，就不再把宝剑进献给他，这是欺骗我自己的良心。因为爱惜宝剑就使自己的良心虚伪，方正、刚正的人是不这样的。”于是解下宝剑送给了继位的徐国国君。继位的徐国国君说：“先君没有留下遗命，我不敢接受宝剑。”于是，季子把宝剑挂在了徐国国君坟墓边的树上就走了。徐国人赞美延陵季子，歌唱他说：“延陵季子兮不忘故，脱千金之剑兮带丘墓。”

解读：孔子以仁为核心，他发现一个人大仁大义，非常想拜他为师，但是他晚生了20年，当孔子找到他，想向他学习的时候发现这个人已经死了。孔子非常伤心，他慨然地为这个人写下了历史上非常有名的十字碑文，“呜呼有吴（今江苏）延陵君子之墓”。这个人就是季子。究竟是什么力量让孔子如此感动呢？即季子的“爱剑不伪心”。伪：诈也。有人刻意的去做叫做伪，解释成欺骗。延陵季子有一颗怎样的心呢？高洁的、真实的、高尚的心。一般来说，如果做一个真人，就会心有所想，口有所言，身有所行。我怎么想就怎么说，我怎么说就怎么做。而延陵季子跳过了“言”，只是心许这样就去做了。这是一个很诚信的人。什么叫信？人言为信，一字千金，讲出来就是守诺，欺诈了自己的真心就是伪，跟伪相关的，有所不为就是“佛”，不去做蒙蔽自己真心的事情。这就是佛的境界。这个故事只是延陵季子诚信无欺的一个方面、一件事情，但是确实是他身上的贤、义的具体写照。尽管几千年后我们再读这个故事好像觉得仍然有点不可思议，那是因为我们蒙蔽了自己的内心，每一个人都有向上的、光明的心。延陵季子在中国的历史上有着非常深远的文化影响。李白在诗中写道“延陵有宝剑，价重千黄金，归来挂坟松，万古知其心。”

故事三：吕元膺辞退棋友

吕元膺为东都留守，常与处士对棋。棋次，有文簿堆拥，元膺方秉笔阅览，棋侣谓吕必不顾局矣，因私易一子以自胜。吕辄已窥之，而棋侣不悟。翼日，吕请棋处士他适，内外人莫测，棋者亦不安，乃以束帛赆之。如是十年许，吕寝疾将亟，儿侄列前。吕曰："游处交友，尔宜精择。吾为东都留守，有一棋者云云，吾以他事俾去。易一着棋子，亦未足介意，但心迹可畏。亟言之，即虑其忧慑；终不言，又恐汝辈灭裂于知闻。"言毕，惆然长逝。

出处：《唐国史补》

译文：吕元膺担任东都留守时，常常与一位处士下棋。有一次，下棋时，桌上堆满了公文，吕元膺正拿着笔批阅。棋友以为吕元膺不会注意棋局，便偷偷换了一颗棋子，想要赢得比赛。吕元膺其实已经看到了，但棋友并未察觉。第二天，吕元膺请这位棋友到别处去，内外的人都不知道原因，棋友也感到不安，于是吕元膺送了他一些财物作为饯别之礼。这样过了大约十年，吕元膺病重将逝，儿侄们都站在他床前。吕元膺说："与人交往，你们一定要谨慎选择。我担任东都留守时，有一位棋友做了某事，我借故让他离开了。他换了一颗棋子，本不是什么大事，但他的心思和行为令人畏惧。如果当时说出来，怕他担忧害怕；如果一直不说，又怕你们日后疏忽大意，不知人心险恶。"说完，吕元膺怅然长逝。

解读：吕元膺是唐朝时期的一位名臣，以处事得体、品德高尚著称。他在任东都（洛阳）留守期间，曾与一位处士（隐士或幕僚）对弈棋局。一天，吕元膺与这位处士下棋时，突然有公文需要处理，他便暂时离开棋局去批阅文件。处士趁机偷偷挪动了一个棋子，试图赢得比赛。然而，这一举动被吕元膺看在眼里，但他没有当场揭穿。第二天，吕元膺以其他理由请这位处士离开，并赠送了丰厚的礼物，以保全对方的颜面。十年后，吕元膺病重，临终前，他将儿子和侄子们叫到床前，讲述了这段往事，告诫他们交友要慎重，不要因小失大，更要警惕那些品德不端之人。吕元膺通过这件小事，展示了诚信的价值。处士挪动棋子的行为虽小，但反映出其不诚信的品性，这种品性在更重要的事务中可能带来更大的危害。吕元膺没有当场揭穿处士，而是以一种温和的方式处理，既保全了对方的尊严，又给了对方深刻的教训。这种处理方式体现了他的智慧和厚道。此外，吕元膺临终前告诫子孙交友要慎重，不要因一时的疏忽而结交不端之人。这不仅是对个人品德的要求，也是对人际关系的深刻洞察。

吕元膺将这件事记在心中多年，最终用来教育子孙，体现了他对品德修养的重视。他希望通过自己的经历，让子孙明白诚信和品德的重要性。通过这个故事，我们可以深刻感受到诚信的重要性，以及在处理人际关系时，既要坚持原则，又要心存厚道，这样才能赢得他人的尊重和信任。

故事四：李苦禅焚画守信

李苦禅是我国当代著名画家，他为人爽直，凡答应给人作画，从不食言。有一次，一位老朋友请他作一幅画，李苦禅欣然应允，但因事务繁忙未能及时完成。

不久，当他接到老友病故的讣告后，面有愧色，立即走到画案前，画了一幅“百莲图”，并郑重其事地题上老友的名字，盖上印章，随后携至后院，肃立将画烧毁。事后，李苦禅对儿子说：“今后再有老友要画，及时催我，不可失信啊！”

出处：《李苦禅传》

解读：李苦禅是中国当代著名的大写意花鸟画家，他的画作以质朴、雄浑、豪放著称，深受人们喜爱。李苦禅不仅在艺术上造诣深厚，更以高尚的人品和诚信的品德著称于世。有一次，李苦禅在家中作画时，一位相交多年的老友来访。两人相谈甚欢，老友临走时提到希望李苦禅能为其作一幅画。李苦禅爽快地答应了，但随后因事务繁忙，未能及时完成这幅画。不久，李苦禅接到老友病故的讣告，深感愧疚。为了弥补遗憾，他抱病作了一幅“百莲图”，郑重地题上老友的名字，盖上印章，随后将画作带到后院焚烧，以此祭奠亡友。李苦禅的行为体现了他对承诺的重视。他深知“人而无信，不知其可也”的道理，即使面对朋友的离世，也通过焚烧画作的方式表达自己的歉意和诚信。李苦禅对朋友的深情厚谊令人动容。他不仅在朋友生前答应作画，更在朋友去世后以一种特殊的方式完成承诺，展现了他的重情重义。此外，李苦禅通过自己的行为教育子女和后人，强调诚信的重要性。他叮嘱儿子今后若有朋友索画，要及时提醒，不可失信。李苦禅的画品如人品，他的作品不仅展现了高超的艺术技巧，更蕴含了高尚的品德和人格魅力。李苦禅焚画的故事，生动地诠释了诚信的价值，提醒我们在生活中要言出必行，珍惜承诺，这样才能赢得他人的尊重和信任。

故事五：《贾人食言》

济南有贾人，舟航为业。利甚博，然不诚，数负人债。

一日，夜半泊绝壁下。天方阴雨，忽闻崖上有呼救声，心知是落水者，念利薄，不欲救。

已而闻其语曰：“不救则死，死则金尽矣。”贾人曰：“诺。”

乃援以上。

其人曰：“我商也，舟覆于此，货尽矣。赖君得生，今无所归，愿以身为奴。”

贾人许之。

比至岸，出囊中装，得白金数十两，谓贾人曰：“此吾囊中装也，今无可报，以此相赠。”

贾人见金，目眩心喜，受之。

其人曰：“吾有约在前村，当往赴之。君可自去。”

贾人曰：“诺。”

其人去后，贾人思之，曰：“是人也，舟覆而金在，其言必诈。吾当追之。”

遂急呼其仆，追及之。

其人曰：“吾以身相许，君受吾金，是卖我矣。我不复还。”

遂投崖而死。

贾人得金，喜甚。

未几，舟行至中途，忽风起浪涌，舟覆，贾人亦溺死。

人曰：此商人食言之报也。

出处：《阅微草堂笔记》

译文：济南有个商人，以船运为职业，获利颇丰，但为人不诚实，经常拖欠别人的债务。有一天，半夜时分，他的船停泊在悬崖下面。当时正下着阴雨，商人忽然听到悬崖上有呼救的声音，知道是有人落水了。他心想救起来也没多少好处，所以不想去救。但后来听到落水者喊道："你不救我，我就要死了，我死了，我的钱财也就没了。"商人听了，觉得有利可图，于是答应去救他。商人把落水者拉了上来。落水者说："我是个商人，船在这里翻了，货物全没了。幸亏你救了我，我现在无家可归，愿意卖身为奴来报答你。"商人答应了。等到了岸边，落水者从自己的包裹里拿出几十两银子，对商人说："这是我身上的全部财物。现在我没办法报答你，就把这些银子送给你吧。"商人看到银子，眼睛都亮了，非常高兴地收下了。落水者接着说："我前面村里还有个约会，得赶紧去。你可以自己先走。"商人答应了。落水者走后，商人想了想，觉得不对劲，说："这个人船翻了，但银子还在身上，他的话肯定是骗人的。我得追上去。"于是商人赶紧叫上仆人，追了上去。商人追上落水者后，落水者说："我刚才已经把自己的性命许给你，你接受了银子，这就是把我卖了。我不会再回去了。"说完，就跳下悬崖，死了。

商人拿到银子，非常高兴。没过多久，他的船行到中途，忽然狂风大作，巨浪翻涌，船翻了，商人也淹死了。人们都说：这是商人不守信用的报应啊。

解读：《贾人食言》讲述了一个商人因贪图小利而不守信用，最终自食恶果的故事。故事的主角是一位以船运为生的商人，他虽然获利颇丰，但为人贪婪且不讲诚信，常常拖欠债务。这种性格在故事中被进一步放大，最终导致了他的悲剧结局。故事中，商人在听到落水者的呼救声时，最初是不想施救的，因为他觉得"利薄"——救了人也得不到什么好处。然而，当落水者提到"金尽矣"（钱财会丢失）时，商人立刻心动了。这种以利益为导向的行为，反映了他贪婪的本性。他只看到眼前的利益，却没有意识到，救人本身是一种道德责任，而不应以回报为前提。落水者上岸后，为了报答商人，主动提出以身相许，但商人却只接受了钱财，放走了落水者。这一行为表面上看似无伤大雅，但实际上已经违背了他最初的承诺——他救落水者是为了得到回报，而落水者以身相许也是一种报答的方式。商人接受了钱财，却拒绝了落水者的报答方式，这种行为本质上是一种背叛。商人的贪婪和短视最终导致了他的悲剧。当他意识到落水者可能欺骗了他时，他选择追上去，试图挽回自己的"损失"。然而，他的行为已经激怒了落水者，最终导致落水者投崖自尽。而商人自己，也因为违背了道德和承诺，最终在一场意外中丧生。

《贾人食言》的核心寓意在于强调诚信和道德的重要性。商人虽然在物质上获得了短暂的利益，但他的行为违背了道德和诺言，最终导致了他的死亡。这说明，诚信不仅是人际交往的基石，更是一个人立足社会的根本。违背诺言不仅会失去他人的信任，还可能给自己带来不可挽回的后果。故事中，落水者的投崖自尽也值得深思。他以死明志，表明自己对承诺的重视。相比之下，商人的贪婪和失信显得尤为可耻。这种对比进一步强化了故事的主题：诚信是不可替代的，违背诺言终将付出代价。在现实生活中，我们常常会面临利益与道德的抉择。《贾人食言》提醒我们，诚信是一种无形的财富，它比任何物质利益都更为重要。一个人如果失去了诚信，就会失去他人的信任，最终也会失去自己的立足之地。故事还警示我们，不要因为贪婪而忽视道德和责任。在面对诱惑时，我们需要坚守自己的原则，不要被眼前的利益蒙蔽双眼。只有这样，我们才能在复杂的社会中保持清醒的头脑，避免因短视而陷入困境。

【诗词精华】

诗词一：《正气歌》

作者：文天祥（宋）

天地有正气，杂然赋流形。
下则为河岳，上则为日星。
于人曰浩然，沛乎塞苍冥。
皇路当清夷，含和吐明庭。
时穷节乃见，一一垂丹青。
在齐太史简，在晋董狐笔。
在秦张良椎，在汉苏武节。
为严将军头，为嵇侍中血。
为张睢阳齿，为颜常山舌。
或为辽东帽，清操厉冰雪。
或为《出师表》，鬼神泣壮烈。
或为渡江楫，慷慨吞胡羯。
或为击贼笏，逆竖头破裂。
是气所磅礴，凛烈万古存。
当其贯日月，生死安足论。
地维赖以立，天柱赖以尊。
三纲实系命，道义为之根。
嗟予遘阳九，隶也实不力。
楚囚缨其冠，传车送穷北。

鼎镬甘如饴，求之不可得。
阴房阒鬼火，春院闭天黑。
牛骥同一皂，鸡栖凤凰食。
一朝蒙雾露，分作沟中瘠。
如此再寒暑，百沴自辟易。
嗟哉沮洳场，为我安乐国。
岂有他缪巧，阴阳不能贼。
顾此耿耿在，仰视浮云白。
悠悠我心悲，苍天曷有极。
哲人日已远，典刑在夙昔。
风檐展书读，古道照颜色。

诗词鉴赏：文天祥，南宋末年著名抗元将领、政治家、文学家。《正气歌》创作于文天祥被俘后囚禁于大都（今北京）的土牢中。当时，南宋已经灭亡，文天祥被俘后多次遭受元军的威逼利诱，但他始终坚守气节，宁死不屈。在这样的背景下，他写下了这首《正气歌》，以表达自己对正义、忠诚和高尚道德的坚守。

《正气歌》开篇为："天地有正气，杂然赋流形。下则为河岳，上则为日星。"这里的"正气"是一种浩然之气，它象征着正义、忠诚、勇敢和高尚的道德品质。诚信作为道德的核心，是"正气"的重要组成部分。诚信不仅是个人品德的体现，更是坚守正义和忠诚的基础。从儒家思想来看，"诚"是"正"的前提。孔子说："言必信，行必果。"（《论语·子路》）孟子也强调："诚者，天之道也；思诚者，人之道也。"（《孟子·离娄上》）文天祥在《正气歌》中所弘扬的"正气"，正是这种以诚信为根基的高尚道德。《正气歌》中列举了许多历史人物，他们以生命捍卫正义和忠诚，成为"正气"的象征。这些人物的行为也体现了诚信的力量："在齐太史简，在晋董狐笔"：齐国太史和晋国董狐都是古代的史官。齐太史在记录崔杼弑君时，宁死不屈，坚持写下"崔杼弑其君"；董狐则在赵盾弑君事件中，如实记载"赵盾弑其君"。他们坚守的是史官的职责和诚信，即使面对死亡也不改其志。

"为严将军头，为嵇侍中血"，严颜在刘备攻取益州时，坚守城池，宁死不降，展现了对故主的忠诚；嵇康因拒绝为司马氏政权效力，最终被杀，他的鲜血是坚守信念的象征。他们的行为不仅是对忠诚的坚守，更是对内心信念的诚信。"为张睢阳齿，为颜常山舌"，张巡守睢阳时，城破被俘，宁死不屈，牙齿都被敌人打落；颜杲卿在安禄山叛乱时，坚守常山，最终被叛军割舌而死。他们的坚守不仅是对国家的忠诚，更是对内心道德的诚信。这些历史人物虽然身处不同的时代，但他们都以诚信为基础，坚守正义和忠诚，成为"正气"的化身。"时穷节乃见，一一垂丹青"这句诗深刻地揭示了诚信与气节的关系。在困境中，一个人的诚信和气节才会真正显现出来。文天祥自己就是这种精神的践行者。他被俘后，面对元军的威逼利诱，始终坚守对南宋的忠诚，宁死不屈。他的行为不仅是对国家的忠诚，更是对内心信念的坚守。“鼎镬甘如饴，求之不可得”，即使面对死亡，他也毫不畏惧，因为他坚守的是内心的诚信和正义。这种诚信的力量，使他成为千古传颂的英雄。《正气歌》不仅是一首文学作品，更是一篇充满力量的道德宣言。文天祥通过这首诗，向我们展示了诚信的力量。在现实生活中，诚信不仅是个人品德的基础，更是社会和谐的基石。一个人如果失去了诚信，就会失去他人的信任，最终也会失去自己的立足之地。“哲人日已远，典刑在夙昔。风檐展书读，古道照颜色”，他通过阅读古人的事迹，汲取道德的力量。我们也可以从《正气歌》中汲取力量，坚守诚信，弘扬正气，做一个有道德、有气节的人。综上所述，文天祥的《正气歌》虽然并未直接以“诚信”为主题，但诚信作为道德的核心，贯穿于整首诗所弘扬的“正气”之中。诗中列举的历史人物，都以诚信为基础，坚守正义和忠诚，成为“正气”的象征。文天祥自己也是这种精神的践行者，他以生命捍卫诚信和正义，成为千古传颂的英雄。《正气歌》不仅是一首文学作品，更是一篇充满力量的道德宣言，提醒我们在现实生活中坚守诚信，弘扬正气。

诗词二：《陈情赠友人》

作者：李白（唐）
延陵有宝剑，价重千黄金。
观风历上国，暗许故人深。
归来挂坟松，万古知其心。

诗词鉴赏：李白的《陈情赠友人》是一首以历史典故为背景的短诗，通过对延陵季子（即吴国公子季札）的赞美，展现了诚信与坚守承诺的高尚品质。这首诗虽然篇幅短小，但意蕴深远，尤其在诚信这一主题上具有深刻的启示意义。这首诗的创作背景与延陵季子的典故密切相关。延陵季子是春秋时期吴国的公子季札，他以品德高尚、重情重义著称。据《史记·吴太伯世家》记载，季札出使中原各国时，途经徐国，徐国国君对季札的佩剑十分喜爱。季札心中明白，但因出使任务未完成，不便相赠。等到他返回时，徐君已死，季札便将宝剑挂在徐君墓前的树上，以示对故人的怀念和对承诺的坚守。

李白的这首诗正是基于这一典故创作的，通过简洁的语言，高度概括了季札的高尚品德和诚信精神。“延陵有宝剑，价重千黄金”，这句诗开篇点明了宝剑的价值，它不仅是一把珍贵的武器，更是季札身份和品德的象征。宝剑的价值虽高，但与季札的诚信相比，显得微不足道。宝剑的价值虽高，但季札并未因它的珍贵而违背承诺。这种对承诺的坚守，体现了诚信的高尚品质。“观风历上国，暗许故人深”，这句诗描绘了季札出使中原各国的过程。他在出使过程中，心中已经默默许下承诺，要将宝剑赠予徐君。季札的承诺虽未明言，但他心中始终铭记。这种内心的坚守，是诚信的最高体现。诚信不仅体现在言行一致，更体现在内心的真诚和坚定。“归来挂坟松，万古知其心”，这句诗是全诗的高潮，描绘了季札归来后，发现徐君已死，便将宝剑挂在徐君墓前的松树上。这一行为不仅表达了对故人的怀念，更体现了季札对承诺的坚守。季札的这一行为，是对诚信的极致诠释。他没有因为徐君的去世而违背承诺，而是以一种特殊的方式完成了自己的诺言。这种行为不仅令人感动，更令人敬佩。诚信在这里超越了生死，成为一种永恒的品质。因此，《陈情赠友人》通过季札的故事，深刻地揭示了诚信的重要性。诚信不仅是个人品德的基石，更是社会交往的基础。季札的诚信，不仅赢得了他人的尊重，更成为千古传颂的佳话。季札将宝剑挂在徐君墓前的行为，体现了诚信的力量。他的承诺并未因徐君的去世而终止，反而通过这一行为，成为永恒的象征。李白创作这首诗，不仅是对季札的赞美，更是对诚信精神的传承。通过诗歌，他希望读者能够理解诚信的重要性，并在日常生活中践行这一美德。

诗词三：《衔命使本国》

作者：晁衡（唐）
衔命将辞国，非才忝侍臣。
天中恋明主，海外忆慈亲。
伏奏违金阙，騑骖去玉津。
蓬莱乡路远，若木故园林。
西望怀恩日，东归感义辰。
平生一宝剑，留赠结友人。

晁衡，日本人，原名阿倍仲麻吕。唐开元初，阿倍大约二十八岁时，受日本政府派遣，到长安留学。经过在太学九年的学习，因酷爱中国文化，改名晁衡（亦作朝衡），在中国任官职，唐大历三年死于中国，终年七十二岁。在中国先后结识了储光羲、李白、王维等大诗人。这首诗作于天宝十二年。这一年，唐玄宗批准晁衡以唐使臣身份随日本遣唐使团回国探亲，所以诗题为《衔命使本国》，当时晁衡已六十多岁。后来船队在海上遇风，长安传说晁衡遇难，李白闻讯十分悲痛，写了一首《哭晁卿衡》：“日本晁卿辞帝都，征帆一片绕蓬壶。明月不归沉碧海，白云愁色满苍梧。”其实晁衡等一行漂流到印度支那，又返回长安。储光羲与王维也都有诗赠晁衡，王维的《送秘书晁监还日本国》也是情真意切的感人之作，“秘书监”是晁衡当时的官职，相当于后来国家图书馆馆长。

译文：我就要奉命回国探亲了。我本来才力不够，却一直在中国皇帝身边担负重任。在中国，我舍不得离开对我很重视的皇帝，但是在日本，却有我无时不在想念的双亲。我终于在金殿上要求回国，蒙圣上批准我去探望老人。我的故乡路途遥远，远在太阳的家乡。回去以后，我西望中国，会怀念在中国受到的恩宠，想起东归时的一片感激之情。我要学中国古代的侠风，把心爱的宝剑留赠给中国朋友。衔命：因当时是皇帝指派晁衡以唐使节名义归国，所以说“衔命”，即奉命，肩负着使命。非才：不才，谦虚词。忝：忝列，谦虚词。 天中：中国。明主：指当时皇帝唐明皇。违金阙：意思是当时中国皇帝不愿放他回国，他要求回国是违背中国意愿的。騑骖：古代驾车的马，这里指马车。蓬莱、若木：都指日本。

诗词鉴赏：“衔命将辞国，非才忝侍臣。”这两句诗在开篇点明了晁衡的身份和使命。他肩负着国家的使命，即将离开大唐返回日本。尽管他自谦“非才”，但实际上他是一位才华横溢的使者，深受唐玄宗的赏识。作为使者，晁衡深知自己的责任。他不仅要在异国他乡完成使命，更要将大唐的文化和友谊带回日本。这种责任感正是诚信的体现。“天中恋明主，海外忆慈亲。”这两句诗表达了晁衡对大唐明君的眷恋和对故国亲人的思念。他虽然身在异国，但始终心系两国，这种情感体现了他对使命的忠诚。晁衡的忠诚不仅体现在对大唐的感恩，更体现在他对故国的责任。他希望通过自己的努力，促进两国的友好关系，这种双重的忠诚正是诚信的体现。“伏奏违金阙，騑骖去玉津。”这两句强化了离别的庄重与不舍。有记载说晁衡随日本藤原清河大使一行辞别长安，往扬州延光寺邀请鉴真和尚东渡。四个月后他们分乘四船从苏州起航回国。当时唐玄宗并不太愿意让晁衡回国，晁衡多次请求才让皇上下诏，让晁衡以使臣的身份随日本遣唐使出使日本，因而诗人说“违金阙”。“玉津”没有明确记载，疑为具体地名或桥梁名，但有待考证，也可以理解为与“金阙”相对而称某个渡口为“玉津”。“蓬莱乡路远，若木故园林。”两句借神话意象渲染思乡的缥缈与深切。蓬莱是传说中的仙山，这里比喻故乡遥远，若木是神话中的树，又称扶桑，可用来形容故乡的景色。这两句表达了对故乡的深切思念与归乡的急切之情。公元716年，十九岁的仲麻吕被举为遣唐留学生来到长安，不久就进入国子监太学学习，仲麻吕聪敏勤备，成绩优异。太学毕业后参加科试，一举考中进士。酷爱学习中国文化的仲麻吕，不以自己的成就为满足。为了继续深造，他决心留在长安而暂不回国。一晃就是37年，此时的仲麻吕思乡心切，能找到这样一个机会，当然要把握住。“西望怀恩日，东归感义辰。”这两句中“西望”指回望朝廷恩泽，“东归”遥想归乡之期，时空转换中交织对君恩的感念与对归程的期待。“平生一宝剑，留赠结友人。”这是最被称道的两句，暗用了延陵季子赠剑给徐君的典故，以“宝剑”赠友，既象征友情的坚贞，亦暗含使命必达的信念，豪迈中见深情，戛然而止却余韵悠长。

晁衡的赠剑之举不仅体现了他对使命的忠诚，更体现了他对未来的信心。他希望通过自己的努力，促进两国的友好关系，这种责任感正是诚信的体现。因此，《衔命使本国》通过晁衡的使命，深刻地揭示了诚信的重要性。作为使者，晁衡肩负着两国的期望，他的诚信不仅体现在对使命的忠诚，更体现在对两国人民的责任。晁衡的诚信不仅体现在对大唐的感恩，更体现在对故国的责任。他希望通过自己的努力，促进两国的友好关系，这种责任感正是诚信的体现。晁衡的《衔命使本国》不仅是对使命的忠诚，更是对诚信精神的传承。通过诗歌，他希望读者能够理解诚信的重要性，并在日常生活中践行这一美德。综上所述，晁衡的《衔命还国作》虽然篇幅不长，但意蕴深远。晁衡的诚信精神，不仅在古代受到赞誉，在今天依然具有重要的启示意义。在现实生活中，我们常常面临各种选择和诱惑，但诚信始终是我们应当坚守的底线。正如晁衡所言："衔命将辞国，非才忝侍臣。"诚信的力量，不仅能够赢得他人的尊重，更能够成就我们自己的品德和人生。

【阅悟人生】

在现代社会，诚实与守信不仅是道德的基石，更是我们在生活和工作中不可或缺的实践准则。诚实让我们在面对选择时，能够坚守内心的正直，不被利益诱惑所左右，从而赢得他人的信任与尊重。守信则让我们在承诺面前，勇于担当，不轻易失信于人，从而在团队合作和社会交往中建立稳固的人际关系。在职场上，诚实与守信是职业素养的体现，能够帮助我们赢得客户的信赖，提升工作效率，赢得合作伙伴的尊重，从而为个人和企业的发展奠定坚实的基础。在生活中，它们更是构建和谐家庭、亲密友谊的纽带，让我们在与家人、朋友相处时，能够坦诚相待，相互理解，相互支持。诚实与守信不仅是一种美德，更是一种智慧，它们让我们在纷繁复杂的世界中，始终坚守内心的宁静与从容，以真诚为笔，以担当为墨，绘就属于自己的精彩人生画卷。

【写作锦囊】

写作训练

以"承诺的重量"为题，写一篇800字记叙文，围绕"诚实与守信"的主题展开叙述。注意通过人物的言行、心理活动以及环境描写，突出诚实与守信的重要性，让人物的情感和故事的意义真实可感。或者以"诚实与守信：立身之本"为题，写一篇800字议论文，结合历史、现实和理论，论证诚实与守信的重要性。要求论点明确，论证严密，层次清晰。

写作提示

记叙文：在记叙文中，诚实与守信可以通过一个具体的故事来展现。比如，可以讲述一个孩子在考试中是否作弊的选择，或者一个成年人是否遵守承诺的故事。通过人物的内心挣扎、行为表现以及周围环境的描写，突出诚实与守信的重要性。例如，可以描写一个学生在考试中看到同学作弊时的矛盾心理，他既想保持沉默以免得罪同学，又觉得违背了自己的道德准则。通过描写他在考场上的紧张神情、手心的汗水，以及他最终选择诚实面对的坚定眼神，展现诚信的力量。此外，可以通过对比手法，描写另一个选择作弊的学生在被发现后的羞愧和后悔，从而形成鲜明的反差。在叙述过程中，可以通过细节描写增强感染力。比如，描写孩子在面对诱惑时的犹豫，或是他在坚守承诺后的释然；还可以通过环境描写烘托氛围，比如考场的安静、窗外的阳光，或是教室里同学们的窃窃私语。这些细节不仅能让故事更加生动，也能让读者感受到诚实与守信的深刻意义。此外，可以通过人物的内心独白，展现他们对诚信的思考。比如，孩子可能会在内心挣扎中回忆起父母的教诲，或是老师对诚信的强调，最终做出正确选择。这种心理描写能够让故事更加真实感人，也让主题更加深入人心。

议论文：在议论文中，诚实与守信可以从理论层面进行探讨，结合历史、现实和哲学观点，阐述其重要性。首先，可以从历史角度切入，列举一些著名的例子，比如古人“君子一言，驷马难追”的诚信观念，或是“曾子杀猪”的故事。这些例子不仅能够增强论点的说服力，还能让文章更具文化底蕴。接着，可以从现实角度分析诚实与守信在当今社会的意义。比如，在商业活动中，诚信是企业的立身之本，是赢得客户信任的关键；在人际关系中，诚信是友谊和爱情的基石。可以结合社会现象，如商业欺诈的严重性、人与人之间信任的缺失等，进一步论证这一观点。此外，可以从哲学或心理学角度探讨诚实与守信的内在价值。比如，诚信不仅是对他人的尊重，更是对自己的负责；诚信是内心的道德准则，是人格的体现。可以引用一些名言警句，如“诚信为人之本”“人无信不立”，来增强文章的深度和说服力。最后，可以结合个人或社会的实际，提出一些建议。比如，如何在日常生活中培养诚信的习惯，如何通过教育和制度建设提升社会诚信水平。通过层层递进的论述，让读者不仅理解诚实与守信的重要性，还能从中获得启发和力量。